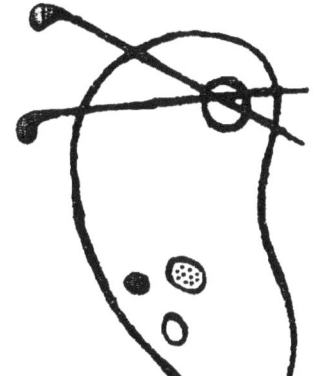

I0269349

Début d'une séri
en co

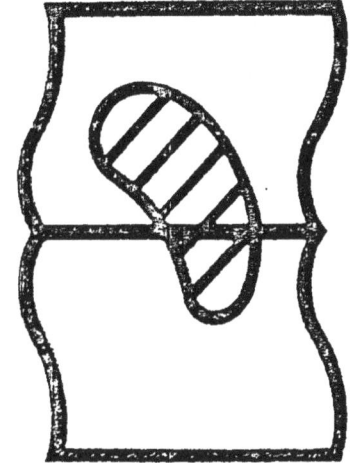

Pagination partiellement illisible

Contraste insuffisant
NF Z 43-120-14

VALABLE POUR TOUT OU PARTIE
DU DOCUMENT REPRODUIT

NOUVELLE COLLECTION A UN FRANC LE VOLUME

ERNEST CAPENDU

LE
ROI DES GABIERS

LES DEUX CORSAIRES

II

PARIS
LIBRAIRIE MONDAINE
CHARLES GAUSSE, ÉDITEUR
9, rue de Verneuil, 9

A LA MÊME LIBRAIRIE

LES VIERGES FIN DE SIÈCLE, par Jean Bruno, 1 fort volume de 396 pages environ, in-18 jésus, couverture illustrée : 2 francs

NOUVELLE COLLECTION A 1 FRANC LE VOLUME

CAPENDU (Ernest)
Marcof le Malouin	1 vol.
Le Marquis de Loc-Renan	1 —
Le Chat du bord	1 —
Blancs et Bleus	1 —
Mary Morgan	1 —
Vœu de haine	1 —
L'Hôtel de Niorres	4 —
Le Roi des Gabiers	3 —
Le Tambour de la 32e demi-brigade	3 —
Bibi-Tapin	4 —
Arthur Gaudinet	2 —

CHINCHOLLE (Charles)
Le Joueur d'orgue	1 vol.
Paula, roman parisien	1 —
La Grande Prêtresse	1 —

MONTÉPIN (Xavier de)
Pivoine	1 vol.
Mignonne	1 —

DAUDET (E.)
Tartufe au village	1 vol.
L'Envers et l'Endroit	1 —

FOUDRAS (Marquis de)
Suzanne d'Estanville	2 vol.
Lord Algernon	2 —
Madame de Miremont	1 —

LANDELLE (Gustave de la)
Les Géants de la mer	4 vol.

NOIR (Louis)
La Banque juive	1 vol.
Le Médecin juif	1 —
Le Colporteur juif	1 —
Le Roi des chemins	1 —
Le Ravin maudit	1 —
La Coupeur de têtes	2 —
Le Lion du Soudan	2 —

PIGAULT-LEBRUN
Le Citateur	1 vol.

COLLECTION SPÉCIALE, LITTÉRATURE, ROMANS

D'HERVILLY (Ernest)
Aventures d'un petit garçon préhistorique, illustré par Frédéric Régamey, 1 vol.	7 fr.

MONTET (Joseph)
Hors des Mers, illustré par Frédéric Régamey, 1 vol.	5 »

BERTHET (Elie)
Mme Arnaud, directrice des Postes, 1 vol.	3 fr.

FOUDRAS (Marquis de)
Les Gentilshommes chasseurs, 1 vol.	3 »
L'Abbé Tayaut, 1 vol.	3 »

BIBLIOTHÈQUE DES BONS ROMANS ILLUSTRÉS

AIMARD (Gustave)
Les Maîtres espions, complet	9 »
Le Loup-Garou	1 80
Pris au piège	1 80
Les Fouetteurs de femmes	1 80
La Revanche	1 80
Une Poignée de coquins	1 80

BERTHET (Elie)
Mademoiselle de la Fougeraie	» 60
Paul Duvert	» 60
M. de Blangy et les Rupert	» 60
Les Trois Spectres, complet	3 00

CAPENDU (Ernest)
La Mère l'Étape	1 80
L'Hôtel de Niorres	3 »
Le Roi des Gabiers	3 »
Le Tambour de la 32e demi-brigade	3 »
Bibi-Tapin	3 50
Mademoiselle La Ruine	1 80
Siège de Paris, complet	5 »

CHARDALL
Trois Amours d'Anne d'Autriche	1 20
Capitaine Dix	1 20

DUPLESSIS (Paul)
Les Boucaniers	3 »
Les Étapes d'un volontaire	3 »
Les Mormons	2 40

NOIR (Louis)
Jean Casse-Tête	3 »
Le Trésor d'Ouada	3 »
Mort et ressuscité	1 80
Le Corsaire noir	2 40
Les Mystères de la Savane	1 50
Le Pacte de sang	1 »
Le Roi des Chemins, complet	5 »
Le Roi des Chemins	1 50
Le Trou de l'enfer	2 »
La Ville fantôme	1 50
Les Goélands de l'Iroise, complet	8 »

Imprimerie Paul SCHMIDT, Paris-Montrouge (Seine).

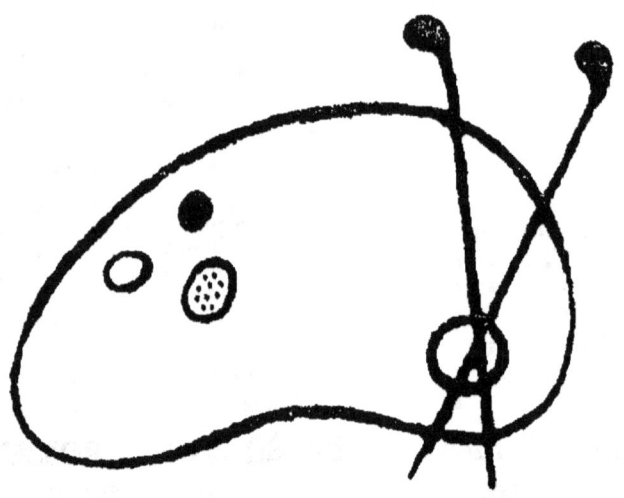

Fin d'une série de documents
en couleur

LE
ROI DES GABIERS

II

LES DEUX CORSAIRES

DU MÊME AUTEUR

A LA MÊME LIBRAIRIE

L'Hôtel de Niorres . . . . 3 vol.

Le Tambour de la 32ᵉ demi-brigade . . . . . . 3 vol.

Bibi Tapin . . . . 4 vol.

Les Rascals . . . . 1 vol.

Le Mat de fortune . . . . 1 vol.

SAINT-AMAND, CHER. — IMP. DESTENAY, BUSSIÈRE FRÈRES

LE
ROI DES GABIERS

PAR

ERNEST CAPENDU

II

LES DEUX CORSAIRES

LIBRAIRIE MONDAINE

Ancienne Maison d'Édition DEGORCE-CADOT

GAUSSE, ÉDITEUR
9, rue de Verneuil, 9
PARIS

LE
ROI DES GABIERS

I

LE GOULET.

Le *Portsic*, ce fort construit par Vauban, domine la falaise qui est à l'entrée du *goulet*, et protége les deux rades de Brest.

En cette année 1794, le colonel Augereau avait pris le commandement du *Portsic*, et des batteries du *Conquet* et de *Lanildut*.

Pendant la nuit de cette attaque de Gouesnou, Augereau, recevant l'ordre de retourner immédiatement à Portzic, que la flotte anglaise menaçait, arriva avec une grande vitesse, et les canons et les batteries défendirent si violemment la passe, que pas un navire ne put s'approcher du *goulet*.

Le lendemain, la journée fut calme.

Le commandant Brune, qui remplissait les fonctions de chef d'État-Major, était descendu par un sentier abrupte, conduisant au pied des falaises, pour examiler minutieusement la situation, afin de prévenir toutes chances d'attaques nouvelles et de débarquement des Anglais.

Il avait avec lui un jeune capitaine, à la physionomie franche et pleine de bravoure, aux moustaches fines et au regard ardent.

Deux soldats d'ordonnance les suivaient.

La nuit commençait à descendre, mais la lune était dans tout son éclat. Brune continua ses investigations.

Dans ces falaises, il y avait à hauteurs différentes des successions d'ouvertures.

— Si ces grottes étaient profondes, dit le commandant, elles serviraient d'embuscades et elles empêcheraient toute tentative de débarquement.

— Mon commandant, dit vivement le jeune capitaine, veux-tu que je grimpe jusqu'à ces grottes ?

— Toi, Lannes ! mais si tu tombais...

— Oh ! je me retiendrais aux escarpements !

— Va, alors !

Le jeune capitaine gravit rapidement la basse rocheuse.

Sur un ordre nouveau du commandant, les deux soldats se tenaient au pied de la falaise, prêts à recevoir l'officier en cas de chute.

Brune le suivait des yeux.

Il atteignit la première grotte, puis il visita toutes les autres, et il redescendit.

— Eh bien ? lui demanda Brune.

— Ces cavernes, hormis une seule, n'offrent pas grande importance, dit le jeune capitaine, en replaçant son sabre à son côté. Mais la seconde, celle située précisément au dessus de ma tête, là... est une véritable grotte sans autre issue que celle que tu vois, et qui est assez spacieuse pour contenir facilement dix ou douze hommes.

— Ah ! fit le commandant, cela est bon à savoir

— Crois-tu donc que les Anglais reviennent ?

— Ma foi ! je le désire.

— Et moi donc ! quelle belle partie à jouer ! Ah ! la première n'a pas été vilaine. Si tu avais vu avant-hier.

à cette heure-ci, comme les Anglais roulaient dans la mer !...

— C'est vrai ! dit Bruno. Tu faisais déjà partie de la garnison du *Portzic*. L'attaque a été vive ?

— Oui, mais pas tant que la défense. Et toi, commandant, tu étais au Conquet ?

— Non ; j'étais à Gouesnou avec le colonel.

— Tiens ! on s'est donc battu là aussi ?

— Contre les chouans.

Jean fit la grimace.

— J'aime mieux me battre contre les Anglais ! dit-il.

Bruno lui appuya la main sur l'épaule avec une pression amicale.

— Tu n'es pas le seul qui pense ainsi, mais avant tout le devoir et l'amour de la patrie !

— De sorte, reprit le capitaine, que l'affaire a été chaude aussi avec les chouans !

— Très-chaude... comme toujours.

Bruno secoua la tête avec une expression de tristesse. Puis une pensée subite parut changer tout à coup le cours de ses idées.

— Eh ! mais, dit-il, j'ai appris à Gouesnou quelque chose qui doit t'intéresser !

— Qu'est-ce donc ? demanda Jean.

— Te rappelles-tu notre voyage à Saint-Nazaire, il y a neuf ans bientôt, alors que ni toi ni moi ne pensions à devenir soldats de la France ?

— Notre voyage à Saint-Nazaire ! reprit Jean en tressaillant. Oh ! oui, je me souviens ! Pauvre madame Bernard ! Elle sera toujours là, devant moi ! Je vivrais cent ans que je la verrais étendue sur son lit, levant vers le ciel ses mains suppliantes, demandant sa fille, *la jolie mignonne*, avec des cris qui vous déchiraient l'âme... Je vivrais cent ans que l'écho de son dernier soupir retentirait encore à mon oreille ! Et lui ! Bernard !... mort fou !... fou de douleur, de chagrin, de désespoir !... Pauvres gens ! Excellents cœurs ! Ah ! vois-tu, commandant, je regarde l'ingratitude, moi, comme une infamie, comme une lâcheté ! Certes, je suis dans une position maintenant que je n'aurais jamais ambitionnée, et, qui sait?... on peut tout espérer de l'avenir à nos âges !... Eh bien ! quoi que je devienne un jour... je me souviendrai toujours des excellents procédés que Bernard et sa femme ont eus envers moi, dans ma première jeunesse, et si leur fille vivait encore, si elle avait jamais besoin de moi...

Que ferais-tu? demanda Brune.

Tout! répondit simplement le jeune officier.

Le commandant regarda son interlocuteur. Jean était réellement beau à contempler aux reflets pâles des rayons lunaires : sa physionomie expressive reflétait les plus nobles instincts ; son regard brillait, et une émotion profonde et sincère se peignait éloquemment sur ses traits animés.

— Eh bien ! reprit Brune après un moment de silence, je me suis trouvé avant-hier soir, au milieu du combat, face à face avec un personnage qui m'a rappelé le serment prêté par moi jadis, à Bernard et à sa femme, de tout faire pour retrouver la *Jolie Mignonne*, et de l'aimer et de la protéger.

— Mais ce serment, dit Jean, je l'ai fait, et si l'occasion s'en présente, n'importe à quelle époque, je le tiendrai !

— Alors, fais tes apprêts, capitaine, car l'occasion est probablement proche.

— Comment? Que veux-tu dire?

— Celui qui est venu me remettre en mémoire, par un seul mot, toute cette histoire dont je ne croyais plus jamais entendre parler, c'est Jacquet!...

— L'ancien agent de police?

— En personne !

— Celui que Fouché a si bien retourné à Saint-Nazaire que, de contre nous qu'il était, il est devenu pour nous?

— Lui-même!

— Et il a des nouvelles de la *Jolie Mignonne*.

— Du moins, il me l'a dit...

— Elle existerait encore?

— Jacquet me l'a affirmé.

— Mais où est-elle, maintenant?

— Je l'ignore, mais elle était avant-hier encore dans une maison de Gouesnou, maison occupée par les chouans et dont nous allions nous emparer quand l'attaque des Anglais a fait une diversion qui nous a contraints à abandonner immédiatement le village.

— La *Jolie Mignonne* existe! dit Jean en levant les mains au ciel. Pauvre chère enfant! Comme elle m'aimait! Comme elle m'entourait le cou avec ses bras, et puis elle me tirait les cheveux avec ses petits doigts! Était-elle jolie; quel amour d'enfant!... Mais elle doit avoir treize ans maintenant. Ce doit être presque une jeune fille! Elle est malheureuse sans doute?... Oh! il faudra que nous voyons cela, commandant.

— J'ai l'intention dès demain, de retourner à Gouesnou, capitaine!

— Tu me permettras de t'accompagner?

— Volontiers, si le colonel y consent!

— Le colonel! s'écria Jean. Mais il connaît aussi toute cette histoire, quoiqu'il n'ait jamais vu la *Jolie Mignonne!* Il était avec nous lors de notre voyage à Saint-Nazaire, à preuve qu'il nous a rendu un si beau service à Arpajon, en expédiant cette espèce de Croquemitaine qui voulait prendre nos chevaux et notre voiture. Il doit se souvenir de cela!...

— Je le crois, répondit Brune, bien que nous ayons été tous longuement séparés les uns des autres, depuis cette époque et que je n'aie jamais reparlé de ces événements avec le colonel.

Jean secoua la tête.

— Que de choses accomplies depuis ces neuf années! dit-il: une monarchie qui était et qui n'est plus; un peuple esclave devenu peuple libre; des institutions vicieuses anéanties, d'autres, belles et sages, constituées à leur place. Et les hommes! quel changement pour eux!... Tenez! pensez donc! rien qu'en ce qui concerne ceux qui étaient partis à la recherche de la *Jolie Mignonne*... Il y avait vous, d'abord, mon commandant...

— J'étais étudiant alors dit Brune en souriant et

mon plus bel avenir m'apparaissait au loin tracé sur un diplôme d'avocat!...

— Et puis, le citoyen Fouché...

— Alors professeur à Juilly...

— Maintenant membre de la Convention nationale et l'un de nos tribuns influents...

— Le colonel Augereau, qui n'était que maître d'armes, est chef de bataillon dans l'armée de la Moselle et chef d'état-major du général Lefebvre!...

— Lefebvre! Le général Lefebvre qui est resté dix ans dans les gardes françaises pour devenir caporal, car il n'était que caporal en 85, mon commandant! Vous souvenez-vous des dîners que faisait sa femme à Versailles? Ah! qu'elle doit être fière, la *mère Lefebvre*.

— Non! dit Bruno, elle n'a pas changé. Toujours la même : bonne et excellente. Je l'ai vue à Paris, il y a quelques mois. Elle dit toujours que son mari ne saura jamais faire son chemin.

— Comment! elle n'est pas contente! Général aujourd'hui, de caporal il y a neuf ans! Après cela, ce n'est pas étonnant... Je n'étais rien, moi, il y a neuf ans... aujourd'hui je suis capitaine... et je ne suis pas satisfait encore! On verra!... c'est égal! nous avons fait tous assez promptement notre chemin depuis le temps!... Et Hoche, mon ancien camarade... aujourd'hui général. Mais, à propos de voyage à Saint-Nazaire, mon commandant, et ces deux imbéciles à qui nous avons fait payer nos frais de route et qui étaient chargés de nous espionner... vous souvenez-vous?

— Oh! très-bien!

— Comment donc s'appelaient-ils?...

— Attends donc! Deux noms bien faciles à retenir, cependant... Les citoyens... Ah!... vingt fois leur physionomie ridicule m'est revenue en mémoire... et j'ai même rencontré l'un d'eux à Paris... à mon dernier passage... Ah!... Gorain!

— Et Gervais!

— C'est cela même.

— Est-ce qu'ils sont aussi sur le chemin de la gloire, eux ?

— Je ne crois pas... Il paraît que Gervais a disparu subitement... on ne ne sait pas ce qu'il est devenu ?

— Et Gorain ?

— Il est toujours à Paris... Il s'était fait le sé¹le de Danton... son locataire, vous vous rappelez ? Il était devenu un patriote enragé... il briguait des honneurs, je ne sais plus lesquels...

— Mais maintenant que Danton a été condamné et exécuté ?

— Ah ! je ne sais pas ce que le pauvre Gorain sera devenu... Il aura peut-être acheté la maison où demeure Robespierre afin de devenir son propriétaire! ajouta Brune en riant.

— C'est possible... Eh ! eh ! fit Jean en se retournant.

— Voici la mer qui nous gagne, mon commandant, La marée monte...

— Rentrons au fort ! Aussi bien mes investigations sont terminées et la lune se cache derrière les pointes du Conquet. Si nous tardons, nous aurons peine à gravir le sentier.

La marée haute envoyait ses lames, aux crêtes mousseuses, qui, pressées dans le goulet causaient un remous que provoquait le ressac.

Lannes, qui était à quelques pas en avant du commandant, se baissa pour examiner la surface écumante de la mer.

— Commandant ! fit-il en parlant à voix basse. Qu'est-ce que j'aperçois donc là-bas ?... »

Et il désignait du doigt une ombre noire dominant par moments le sommet des vagues

Brune, braquant sa lorgnette, examina l'horizon.

— Quelque barque de pêche ? reprit le capitaine.

— Ce n'est point une barque de pêche, c'est un canot...

— Il vient vers nous ?

— Oui...

— C'est peut-être une ordonnance du représentant Prieur...

— Cette embarcation ne vient pas de Brest. Si elle venait du port, elle suivrait l'autre côté du *goulet* pour obéir au courant, et si elle devait aborder elle l'aurait fait déjà...

— Que crois-tu donc que ce soit?

— Je l'ignore, mais il faut veiller, capitaine!

— Oh! commandant, les Anglais ne viendraient pas de ce côté...

— Non, certes, mais leurs espions, et ils doivent en avoir, ne peuvent choisir une autre heure pour traverser le *goulet* et aller à bord de l'escadre.

— C'est vrai, commandant! mais si ce sont des espions, nous n'avons pas d'embarcation pour les poursuivre, et ils gagneront la haute mer sans que nous puissions rien contre eux.

— Eh bien! ils passeront, mais nous pourrons les reconnaître, car ils sont obligés de longer la falaise en face de nous, et à leur retour, tout sera prêt pour les happer lestement.

— Compris!... Pourvu que la mer ne monte pas trop vite maintenant.

— As-tu peur de te mouiller les pieds?

— Appuyons-nous contre la falaise, reprit le commandant, et ne bougeons pas. Là!... Voici la lune qui disparaît complètement... Ah! ils ont bien calculé leur temps pour naviguer en sûreté; mais ce qui m'étonne, c'est que je n'entends pas le moindre bruit de rames, et cependant cette embarcation ne navigue pas à la voile!... Ce silence plein de précautions ne dénote rien de bon, capitaine!

Les deux officiers s'étaient blottis dans une crevasse et disparaissaient complètement dans l'ombre. La marée montait rapidement, les vagues les atteignaient.

L'embarcation se dessinait plus nettement au milieu des ténèbres: c'était un canot de moyenne grandeur, de ceux dont on se sert dans les ports pour le service des dépêches. Un homme tenait le gouvernail, deux femmes et une petite fille étaient assises sur le banc. Un autre à l'avant, et deux rameurs maniaient leurs avirons sans le moindre bruit.

— Les avirons sont garnis d'étoupe, dit Brune.
— Autant que j'en puis juger, répondit Lannes qui était doué d'une vue excellente, les hommes sont matelots.
— Tiens !... ils cessent de ramer !
— On dirait qu'ils s'orientent pour aborder là !
— Attention !... Es-tu armé ?
— Je n'ai que mon sabre.
— Prends ce pistolet.
— Mais toi, commandant ?
— J'en ai un second.

La chaloupe n'avançait plus et les deux rameurs, faisant manœuvrer adroitement leurs longs avirons, la maintenaient en place en dépit du vent et de la marée.

Les hommes du canot paraissaient se consulter entre eux.

Enfin les deux rameurs se penchèrent sur leurs bancs : celui qui était au gouvernail appuya sur la barre, et le canot, tournant son avant vers la falaise, offrit son travers aux vagues.

— Plus de doutes ! murmura Brune, ce sont des espions qui viennent explorer la falaise... Attention, capitaine, et surtout ne fais rien sans mon ordre !

Les vagues venaient se briser au pied des falaises et le canot, tirant peu d'eau, s'approcha du rocher, avec une grande précaution des rameurs.

— C'est ici ? demanda celui qui tenait la barre.
— Oui ! Troun de l'air ! répondit un rameur.
— Et toi, Papillon ?
— Moi ? fit l'autre rameur, j'irais dans la grotte les yeux fermés. J'y ai passé jadis plus d'une nuit !
— Mais si cette grotte est aussi connue, elle ne nous offre aucune sûreté.
— Tout Brest ne la connaît pas. Si on sait qu'elle existe, on sait aussi qu'elle n'est guère habitée que par les mouettes. D'ailleurs, je ne connais pas de meilleure cachette dans tout Brest.
— Le séjour de la ville nous est désormais impossible ! dit l'homme placé à l'avant et qui n'avait point

1.

encore prononcé une parole. Puis nous ne resterons pas ici longtemps. La flotte anglaise nous offrira un asile...

Brune poussa le coude de son compagnon.

— Non ! non ! dit vivement celui qui tenait le gouvernail. Nous ne devons rien demander aux ennemis de la France.

— Alors, décidons-nous ! Abordons ici !

— Soit, Papillon, tu as les cordes et l'échelle ?

— Oui.

— Donne-les au matelot : il ira les fixer à l'entrée de la grotte.

La chaloupe fut poussée sur la falaise. L'un des rameurs prit une brassée de cordages qu'il enroula sur ses épaules, et regardant le rocher avec attention, il quitta le canot et sauta sur une saillie.

Le capitaine fit un mouvement comme pour s'élancer, mais Brune le retint du geste.

— Qu'est-ce donc ? je viens d'entendre remuer... là !... dans cette anfractuosité de la falaise, dit l'homme qui, saisissant une gaffe placée au fond du canot, la plongea dans la mer et poussa l'embarcation le long de la falaise.

Il se trouvait précisément en face de l'endroit où se tenaient Brune et Lannes.

— Des hommes ! s'écria-t-il en arrachant un pistolet passé à sa ceinture. On nous espionnait !

D'un seul bond, Papillon, un couteau à la main, fut près de lui.

Les femmes poussèrent à la fois un même cri d'épouvante.

— Au nom de la République ! qui êtes-vous, et que venez-vous faire ici ? demanda Brune d'une voix ferme.

Celui qui était penché plongea ses regards dans l'anfractuosité du roc.

— Le commandant Brune ! s'écria-t-il.

— Qui êtes-vous ? répéta Brune, qui, depuis quelques instants, était moins convaincu d'avoir affaire à des espions anglais qu'à des fugitifs français.

— Jacquet ! répondit l'homme. Et voici l'enfant que vous avez fait serment de sauver !

Et du geste, Jacquet désigna la jeune paysanne placée entre les deux femmes.

— La fille de Bernard ! s'écria Brune.

— La *Jolie Mignonne!* dit Jean en s'accrochant au bordage pour s'élancer dans le canot.

— Ah ! fit Jacquet avec joie. Nous n'avons rien à craindre, car cette fois nous ne sommes plus en face de sans-culottes, mais de soldats de la France !

Le vicomte de Renneville qui venait de menacer Brune :

— Commandant, dit-il, j'ai appris à vous connaître. Ces deux femmes sont deux religieuses : leur tête doit tomber sur l'échafaud et la mienne est mise à prix.

II

LA GROTTE

Une heure après, Brune allait réveiller le colonel Augereau et lui faisait part de la rencontre miraculeuse qui venait d'avoir lieu au pied de la falaise du fort.

Augereau était un enfant du peuple, souvent trivial dans ses expressions, mais son cœur était bon, son esprit droit et juste et sa générosité était à la hauteur de son étourdissante bravoure.

Le récit de Brune lui remit en mémoire tous les événements accomplis jadis et auxquels il avait pris une part si active.

— La *Jolie Mignonne!* s'écria-t-il. Mais moi aussi, je me suis engagé à la protéger et à l'arracher aux mains qui s'étaient emparées d'elle! Pauvre petite! la voilà orpheline maintenant. Eh bien! ce sera notre fille à tous! Eh mais! fit-il après un moment de réflexion, si Fouché nous a dit vrai autrefois, le ci-devant comte de Sommes était pour beaucoup dans cet enlèvement d'enfant.

— D'après ce que Jacquot m'a encore répété tout à l'heure, je ne doute pas qu'il n'en ait été le principal auteur, répondit Brune.

— Eh bien! dis donc, le loup n'était pas loin de la bergerie, la nuit dernière à Gouesnou.

— C'est une remarque que j'ai déjà faite.

— Et ce pauvre citoyen Renneville? ces deux malheureuses religieuses? tous ces gens-là m'intéressent aussi.

— Alors, colonel, tu n'as pas l'intention de les livrer à Prieur de la Marne!

— Hein? fit Augereau avec colère. Livrer quelqu'un, moi! Tonnerre! La guerre et la guillotine, cela fait deux! Je suis soldat, moi, et tous ceux que je pourrai arracher aux griffes des bourreaux, je les arracherai sans me faire prier. Mais voyons! pourquoi sont-ils au *Portzic?*

— Pour se cacher. Un matelot qui est tout dévoué au citoyen Renneville, leur a indiqué la grotte de la falaise comme un moyen certain d'échapper momentanément aux poursuites... ils ne pouvaient ni rester à Gouesnou, ni demeurer à Brest.....

— Il faudrait leur faire porter des vivres...

— Le capitaine Lannes s'en est chargé!

— Bravo! maintenant, qu'est-ce que nous pouvons encore pour eux?

— Empêcher qu'ils ne soient pris.

— C'est facile. Je commande au *Portzic*, et j'aimerais assez à voir que les sans-culottes vinssent ici faire une visite domiciliaire! Cependant, cette protection-là ne peut pas durer longtemps! Si Jean-Bon Saint-André a des doutes, il peut nous faire changer de garnison, et alors.....

— Dans deux jours ils seront en sûreté.

— Où cela?

— A bord de la flotte expéditionnaire de Victor Hugues. Tout est convenu. Le citoyen Renneville s'embarque avec les deux femmes et la jeune fille. Ils reviendront en France plus tard. En attendant, il veut aller se battre contre les Anglais!

— Très-bien ! c'est un brave.

— Je connais Victor Hugues, poursuivit Bruno. Je vais envoyer ce matin à Brest pour obtenir les ordres d'embarquement nécessaires. Les femmes et l'enfant se déguiseront en mousses. Donc, il s'agit de les préserver durant quarante-huit heures au plus.

— Convenu ! dit Augereau.

Les deux officiers se séparèrent, pas d'autres du fort ne connaissaient la présence des fugitifs dans la grotte des falaises.

Le matin qui suivit cette nuit, un fantassin s'avança vers le chef d'état-major Bruno :

— Mon commandant, un citoyen demande à te parler !

— Quel citoyen ?

— Il vient de Brest, et il est envoyé de la part de Prieur de la Marne.

— Envoie-le vers moi ?

— Il dit qu'il veut parler au commandant du fort

— Eh bien ! préviens le colonel Augereau.

— Le colonel est dans sa chambre, et il a défendu qu'on le dérange.

Bruno fit un geste d'impatience.

— Amène ici le citoyen !

Le militaire tourna sur les talons de ses souliers et partit vivement dans la direction des bâtiments du fort.

Quelques instants après, il revenait accompagné d'un homme portant le costume des élégants de l'époque : redingote longue, couleur vert bouteille, culottes de daim collantes, bottes à revers jaunes, gilet rayé à larges revers, *à la Robespierre*, cravate nouée très-lâche, cheveux plats en *chien-canard*, et chapeau *à la Suisse*. Une énorme cocarde resplendissait sur le tricorne. Le citoyen salua courtoisement le commandant.

— Ah ! c'est encore toi, citoyen Sommes ! fit Bruno avec un accent dans lequel perçait le mépris le plus profond.

— Eh ! oui, citoyen commandant, c'est encore moi ! répondit l'ex-comte. Je viens voir si les ordres de

Prieur sont exécutés.

— Nous n'avons pas besoin des ordres de Prieur pour faire bonne veille.

— Aussi n'est-ce pas des ennemis extérieurs de la République qu'il s'agit, mais bien de ses ennemis *intérieurs*. As-tu arrêté les aristocrates que je t'ai signalés hier?

— Je n'ai pas arrêté d'aristocrates, par l'excellente raison que je n'en ai rencontré aucun!

De Sommes frappa du pied avec colère.

— Hier, je t'ai apporté le signalement de quatre ennemis de la nation. Celui du ci-devant vicomte de Renneville, celui d'un nommé Jacquet, son complice, et ceux de deux ex-religieuses déguisées en paysannes: les citoyennes Niorres! J'ai ajouté que ces brigands et leurs compagnes, qui avaient fait couler le sang des bons citoyens à Gouesnou, étaient des émissaires des Anglais, et qu'il était de toute urgence de s'emparer d'eux.

— Pour que je m'empare d'eux, il faut d'abord que je les trouve!

— Ils ont débarqué la nuit dernière sous les batteries de ce fort!

— Qu'en sais-tu?

— Deux bons citoyens les suivaient...

— Les espionnaient, tu veux dire.

— C'est possible, mais enfin ils les ont vus...

— Pourquoi ne les ont-ils pas arrêtés, alors?

— Parce qu'ils ont perdu leurs traces au moment où ils atteignaient le fort.

— Et d'où venaient-ils, ces aristocrates?

— De Brest, où ils s'étaient réfugiés après leur fuite de Gouesnou. Mais les ordres étaient donnés; ils étaient traqués dans la ville... Ils sont parvenus à s'embarquer. Or, depuis ce moment, tous les environs du fort sont gardés: aucun d'eux n'a pu fuir, ni par terre, ni par mer... Donc, ils sont ou dans le fort ou dans quelque cachette pratiquée dans la falaise, et que tu eusses dû déjà découvrir. Ton inaction est un manque de civisme!

— Hein ? fit Brune en tressaillant. Tu dis ?

— Je dis que peut-être es-tu d'accord avec les aristocrates, mais prends garde !

Brune fit claquer ses doigts avec un geste de colère, et, marchant sur son interlocuteur :

— Citoyen Marcus-Tullius Sommes, dit-il en abaissant sur lui un regard chargé de mépris, ci-devant comte de Sommes, ex-ami d'une Altesse royale, ex-talon rouge, il est digne de toi, renégat éhonté, de te faire pourchasseur de malheureuses femmes et pourvoyeur de la guillotine ! mais il n'appartient pas à un homme de guerre de faire un métier d'espion. Si c'est Prieur qui t'envoie, dis-lui que le commandant Brune a trop de cœur pour descendre au rôle ignoble des misérables de ton espèce !

Le citoyen Sommes était devenu livide, et son œil, au regard faux, s'abaissait devant le regard net et ferme de Brune. Il fit un pas en arrière. En ce moment, Augereau apparaissait sur le terrain de la batterie.

— Colonel ! lui cria Brune, voici un citoyen qui vient de la part de Prieur nous gourmander parce que nous n'accomplissons pas notre devoir en nous faisant pourchasseurs de femmes...

Augereau toisa le citoyen Sommes :

— Je connais l'oiseau ! dit-il avec cet accent trivial et joyeux qui lui était ordinaire. Eh ! grenadiers ! prenez-moi délicatement le citoyen et déposez-le tendrement à la porte du fort. S'il se présente jamais de nouveau pour entrer, il sortira par la falaise ! C'est dit ! En deux temps !

Quatre grenadiers se levèrent vivement, mais le citoyen menacé n'attendit pas qu'ils exécutassent les ordres de leur colonel. Tournant rapidement sur lui-même, il s'éloigna, la face blême, la rage dans le cœur, avec un geste de menace.

A ce moment, où le citoyen Sommes quittait le fort, Blanche, Léonore et Berthe étaient étendues sur un lit de mousse, dans la grotte, et elles dormaient d'un profond sommeil. La fatigue, en brisant leurs membres délicats, avait vaincu les tortures de l'esprit au profit du repos du corps.

Henri et Jacquet causaient à voix basse. Papillon, placé à l'entrée de la grotte, veillait attentivement.

— D'après ce que nous a rapporté Papillon, disait Jacquet, il est impossible que ce Bamboula sache d'une manière positive où nous nous sommes réfugiés. Ses espions, lancés à notre poursuite, ont perdu de vue le canot à la hauteur de *la pointe de l'Armorique*, grâce au détour que nous avons fait, et qui leur a laissé supposer que nous venions aborder à Roscanvel. Seulement il a appris qu'aucun débarquement n'avait eu lieu, et d'un autre côté il a su qu'aucune embarcation n'avait gagné la haute mer, donc il a dû supposer que nous avions débarqué au *Portzic*, et il a agi en conséquence; mais cela n'est qu'une supposition, et il doit avoir des doutes. Ce sont ces doutes qui, habilement exploités, pourront nous sauver!

— Papillon, dit Henri, tu as vu tous ceux qui étaient dévoués à Bonchemin?

— Tous!

— Et ils sont prêts!

— A obéir à tes moindres ordres, à s'embarquer avec toi si tu t'embarques.

— Bien! Ces hommes, tout en servant la France, tout en se réhabilitant, seront, pour nous, de merveilleux auxiliaires. Ils nous aideront à veiller sur Blanche, sur Léonore et sur cette petite fille. Puis, une fois aux Antilles, nous commencerons nos recherches... Mon Dieu! Charles doit être vivant! Oh! si un pareil miracle pouvait s'accomplir... la vie serait belle encore!.. Que Victor Hugues accepte seulement les propositions que je lui ai faites jadis, et que le commandant Brune s'est chargé de lui renouveler! C'est là notre suprême espoir. La flotte appareille demain soir... nous serions tous sauvés!...

— Et le *Roi du bagne?* dit Jacquet à voix basse.

— Pâquerette, m'a dit Papillon, s'est chargé de savoir la vérité: à notre retour en France, dans un temps meilleur, nous pourrons agir... Mais le matelot ne nous fait pas le signal convenu, continua Henri avec impatience. Il a dû voir Victor Hugues ce matin, il devrait être dans le *goulet* maintenant !...

— Il est sans doute retenu par l'exécution des autres ordres que vous lui avez donnés. Pourquoi l'avoir envoyé à la prison?

— Pourquoi? reprit le vicomte. Et le docteur Harmant, prisonnier pour nous, celui qui a protégé si longtemps Blanche et Léonore, celui qui nous a sauvés en nous envoyant Marie... faut-il donc l'abandonner? Non! non! S'il est dans les prisons de Brest, je le délivrerai avant de fuir... La nuit même de notre embarquement il sera libre, et il pourra partir avec nous!

— Mais comment le délivrer, s'il est incarcéré?

— Je ne sais encore, mais, au besoin, j'emploierai la force! Une surprise est possible, et j'ai à Brest bien des bras prêts à frapper pour servir ma cause!

— Cependant...

— Écoutez! dit vivement Henri.

En ce moment, un chant monotone et cadencé, un véritable chant de matelot halant sur une manœuvre, monta jusqu'à la grotte.

— Le maucot! dit Papillon.

Henri et Jacquet se baissèrent pour prêter une oreille plus attentive.

La voix, qui parvenait jusqu'à eux, devint progressivement plus claire, et les deux hommes purent entendre les paroles suivantes, modulées sur un air impossible :

>Le plus fort des nœuds est un amarrage
>Fait sans épissoir, goudron ni filin ;
>En temps de combat, en temps de naufrage,
>Ce nœud-là tient bon et jusqu'à la fin !
>Le plus fort des nœuds s'appelle *courage!*
>Le bon Dieu le fit au cœur du marin !

La voix se tut, et le bruit d'avirons, frappant régulièrement la mer, lui succéda. Au même moment un coup de pistolet retentit, sur la falaise, dans les batteries du *Portzic*.

Blanche, Léonore et Berthe furent éveillées subitement.

— Nous sommes sauvés! s'écria Henri avec une joie délirante. Le matelot et Brune nous font le double signal! Victor Hugues accepte! Demain soir, nous voguerons vers les Antilles!

— Oh! firent les deux sœurs en s'agenouillant, le bon Dieu nous bénit!...

En ce moment où le canot, monté par le mousse, longeait le pied de la falaise, à quelques brasses au-dessous de la grotte, Henri se pencha doucement pour le voir, mais il rentra précipitamment la tête.

Dans une embarcation, filant dans la piste du canot du Provençal, il vit Bamboulà.

III

L'EMBARQUEMENT

Une frégate, un brick et deux corvettes, embarquant huit cents hommes armés dans le port de Brest, devaient se diriger vers la mer des Antilles, pour débarquer dans nos îles dont les Anglais s'étaient emparés.

Cette escadrille, sous le commandement de Victor Hugues, avait le pavillon sur la frégate *la Perle*.

A huit heures du soir l'appareillage était préparé, et les fanaux n'avaient pas été allumés. Un grand silence régnait dans cette préparation du départ, qui devait attendre la pleine mer et l'instant de la nuit le plus ténébreux pour passer, sans être vue, entre les navires de la flotte anglaise qui bloquaient l'entrée du goulet.

Victor Hugues et Brune échangeaient une conversation confidentielle, dans la chambre du commandant.

— L'homme que tu me recommandes, disait Victor Hugues n'a pas tramé contre la nation?

Non! et la preuve de sa nationalité, c'est qu'il a refusé de se mettre sous la protection de la flotte anglaise qu'on lui avait proposée pour le sauver!

— Ah! alors c'est un bon Français.

— C'est un ancien officier de marine, brave et déterminé, et que Suffren appréciait à sa juste valeur!

— Il pourra me servir, et les soixante forbans qu'il m'a proposé d'emmener avec lui, m'aideront à battre les Anglais. Quant aux trois femmes, elles ne s'habilleront pas en mousses, elles ne monteront pas sur le pont, et, en prenant la mer, je les mettrai sous ma protection!

— Merci! dit simplement Bruno, en tendant la main au nouveau général.

Victor Hugues répondit à ce geste amical, et le jeune commandant, s'élançant hors de la cabine, monta vivement sur le pont. Se frayant un chemin au milieu des embarras de tous genres qui menaçaient, à chaque pas, d'arrêter sa marche, il atteignit le mât de misaine.

Un matelot se tenait là, accroupi dans l'ombre : c'était le maucot. En apercevant Bruno, il se leva vivement et s'avança vers lui :

— Eh bien? demanda-t-il.

— Elles peuvent demeurer à bord! répondit le commandant.

— Le citoyen l'a permis?

— Oui. Où sont-elles?

— Près de la soute aux poudres; c'est Petit-Pierre qui les a conduites là, comme si c'étaient deux moussaillons attachés à l'artillerie.

— Puis-je les voir encore une fois?

— Facilement. Petit-Pierre a les clefs de la soute.

Et le maucot fit signe à l'artilleur, qui se trouvait à peu de distance, de venir vers lui. Il lui parla bas à l'oreille en désignant le commandant.

Petit-Pierre regarda Bruno, fit le salut militaire et se dirigea vers la grande écoutille : Bruno le suivit. Tous deux descendirent; l'artilleur prit une lanterne dans la batterie et continua à s'enfoncer dans l'intérieur de la frégate. Ils atteignirent le faux-pont, alors complétement désert : toute la cargaison était embarquée depuis la veille, tous les magasins avaient été remplis, et, au moment de l'appareillage, tout l'équipage était sur le pont.

Le profond silence qui régnait là, contrastait avec le tumulte qui avait lieu aux étages supérieurs du navire. Petit-Pierre et Brune traversèrent la soute aux voiles et le magasin à cordages.

— Où donc sont-elles ? demanda Brune à voix basse.

— Là, répondit Petit-Pierre en désignant une porte cadenassée, dans le magasin aux grenades : c'était l'endroit le plus sûr de la frégate, et moi seul ai la clef de ce cadenas.

Brune entra.

— Blanche ! ma sœur ! s'écria Léonore en se précipitant vers Brune, n'est-elle donc pas avec vous ?

— Elle va venir, mademoiselle, répondit le commandant. Je ne suis pas retourné à terre depuis que je vous ai conduites toutes deux à bord de la frégate ; mais, ne craignez rien, votre sœur ne peut tarder à arriver... J'ai vu Victor Hugues ; il sait que toutes trois vous allez être à son bord. Il a dans son équipage des hommes entièrement dévoués au citoyen Renneville. En cas d'événements graves et imprévus, vous auriez, pour vous défendre, le matelot provençal dont vous connaissez le dévouement et le courage, et que j'ai réussi, ce matin même, à faire inscrire sur les rôles de *la Perle*, et cet artilleur qui est là, et dont le père a été sauvé, par votre ami, de l'échafaud sur lequel il allait monter... D'autres hommes encore dont je...... répond...

— Mais Blanche ! mais Henri ! dit Léonore.

— Ils vont venir, je vous le répète. Le plan arrêté sera suivi ligne pour ligne. La prudence n'exigeait-elle pas qu'un temps, relativement assez long, séparât votre embarquement du leur ? Mais le colonel va amener lui-même votre sœur à bord ; puis M. de Renneville viendra ensuite. Ils sont dans la cachette du chantier des constructions... Je vais retourner près d'eux ; le colonel et mademoiselle Blanche arriveront pendant ce temps. Je dirai à votre ami que je vous ai laissée à bord, et que Victor Hugues fermera les yeux sur votre présence à toutes trois. Demeurez ici sans vous faire voir de personne. Une fois en mer, tout danger sera passé, et Victor Hugues vous donnera une cabine...

Léonore saisit les mains du commandant.

— Oh ! vous êtes bon ! dit-elle. C'est Dieu qui vous a envoyé vers nous... vous et le colonel !

— Ne nous remerciez pas, répondit Brune. Le hasard seul nous a permis de vous être utiles ; mais la cause première du dévouement dont je suis prêt à faire preuve pour vous, la voici !...

Et il désigna du geste Berthe, qui n'avait pris aucune part à cet entretien rapide.

— C'est cette petite fille, continua-t-il, sur laquelle j'ai juré de veiller ! A votre tour, promettez-moi de devenir, pour elle, une sœur aînée...

— Je vous le jure ! dit vivement Léonore en prenant Berthe dans ses bras.

— Adieu, mademoiselle ! fit Brune en s'inclinant et en n'employant pas la formule républicaine, alors dans toutes les bouches.

Léonore le comprit, et lui sut gré de cette nouvelle et délicate attention.

Brune, adressant un dernier geste, sortit de la soute aux grenades. Petit-Pierre referma la porte.

— Ceux qui doivent venir seront ici dans un quart d'heure ! dit Brune à l'artilleur.

— Sois tranquille, commandant, répondit Petit-Pierre ; j'ai de quoi payer ma dette !

Brune monta sur le pont.

— Nous appareillons à minuit ! lui glissa le maucot à l'oreille, au moment où il passait devant lui. Qu'ils se hâtent.

Le commandant lui répondit par un regard d'intelligence, et, gagnant la tête de l'escalier de tribord, il sauta dans une embarcation amarrée à la frégate. Deux matelots du port tenaient les avirons.

— Au quai ! dit Brune en s'asseyant à l'arrière.

L'un des marins poussa au large : au moment où le canot se détachait de la frégate, un autre canot arrivait comme une flèche droit sur la *Perle*.

Quatre vigoureux rameurs l'enlevaient et un officier d'état-major se tenait debout à l'arrière.

En apercevant l'embarcation dans laquelle Brune était assis, il fit un geste impérieux à ses rameurs.

— Eh! commandant! cria-t-il.

Brune se retourna. Quelques brasses à peine séparaient les canots.

— Ordre du général! cria l'officier d'état-major.

Les matelots, obéissant à un même commandement, rapprochèrent les canots bord à bord.

— Qu'est-ce donc? demanda Brune.

— Il y a une heure que je cours après toi, commandant, repartit l'officier, quand j'ai appris, par le plus grand hasard, que tu devais être à bord de la *Perle*.

— Qu'y a-t-il, capitaine?

— Ordre du général de te rendre immédiatement, commandant, au *Portsic*.

— Bien! Je vais toucher au quai, et je me rends immédiatement au fort.

— Tu ne peux pas retourner à Brest, commandant; nous devons nous rendre au *Portzic*.

— Mais... dit Brune, j'arriverai au *Portsic* en même temps que toi!

— J'ai ordre de ne pas te quitter, commandant!

— Ordre du général?

— Oui, commandant. Le général m'a donné l'ordre de te rejoindre le plus promptement possible, et de te transmettre cet ordre de retourner au fort sans tarder d'une minute.

— Mais où est le général?

— Au fort, avec Prieur de la Marne.

— Depuis quand?

— Depuis une heure et demie environ. Nous sommes arrivés au *Portsic*, à sept heures et demie. Prieur était venu prendre le général pour l'accompagner dans sa tournée. Arrivés au *Portzic*, il n'y avait que le capitaine Lannes. Le colonel et toi, a-t-il dit au général, étiez tous deux à la ville. Le général et Prieur sont entrés dans une fureur épouvantable : Lallemand a été expédié vers le colonel, et moi vers toi, avec ordre de ne pas retourner au fort sans vous avoir rencontrés... Il paraît, ajouta l'officier à voix basse, que Prieur a été prévenu que les Anglais pourraient tenter, cette nuit, un nouveau débarquement.

— Les Anglais! dit Brune en tressaillant.

Et il fit un mouvement comme pour enjamber par-dessus les deux bordages et sauter dans le canot de l'officier d'état-major; mais, s'arrêtant brusquement, comme si une réflexion subite lui eût traversé l'esprit :

— André, reprit-il, quand Prieur est venu chercher le général, celui-ci avait-il manifesté déjà l'intention d'aller à *Portzic?*

— Non! répondit l'officier.

— La pensée ne lui en est donc venue qu'après avoir vu Prieur?

— Oui.

— N'est-ce pas Prieur qui aurait fait naître ce désir de visiter le fort?

— Je le crois, commandant.

— Et Prieur était-il seul quand il est arrivé chez le général?

— Non; il avait deux hommes avec lui.

— Quelle heure était-il?

— Sept heures.

— Ils sont partis immédiatement, alors?

— Oui.

— L'un de ces hommes n'est-il pas une espèce de muscadin au teint blême, aux lèvres pincées, au nez crochu, aux yeux verdâtres et au regard incisif?...

— Oui!... oui! dit l'officier comme quelqu'un qui se souvient.

— Redingote verte, gilet blanc à la Robespierre, bottes à revers, culotte de daim...

— C'est cela! c'est bien cela!

— Et il a accompagné Prieur et le général? Et il est au fort avec eux?

— Il a accompagné au *Portzic* Prieur et le général;

2

mais à peine ceux-ci entraient-ils en fureur en constatant que ni toi ni le colonel n'étiez au fort, qu'il s'est éclipsé vivement...

Brune se frappa le front du plat de sa main.

— André, reprit-il vivement et en baissant la voix, il faut que tu me rendes un grand service ! Je te donne ma parole d'honneur que je serai au *Portzic* en même temps que toi ; laisse-moi aller jusqu'au chantier de construction.

André secoua tristement la tête.

— Impossible, commandant, dit-il ; mes ordres sont précis !

— Laisse-moi remonter à bord de la *Perle*.

— Impossible encore !

— Capitaine !... s'écria Brune avec colère.

— Commandant ! reprit l'officier d'une voix ferme, mon général m'a donné un ordre formel, précis : celui de me mettre à ta recherche, de te trouver en quelque lieu que tu sois, et, dès l'instant même où je t'aurais rencontré, de me mettre en route avec toi, pour le *Portzic*, sans perdre une seule minute, sans te laisser t'arrêter en chemin, fût-ce l'espace d'une seconde. Il faut que j'obéisse aux ordres de mon général !... Maintenant, continua-t-il en changeant de ton, je suis ton inférieur en grade. Si tu refuses d'obéir aux ordres que je te transmets, je céderai ; mais par le temps qui court, commandant, tu joues, ce faisant, la tête d'un pauvre diable qui t'aime et t'estime ; car si je n'obéis pas, moi, Prieur m'a menacé de me faire jeter en prison et de m'envoyer à la guillotine ! Maintenant, que décides-tu ? Je retourne au *Portzic* ; m'accompagnes-tu, commandant, ou me laisses-tu partir seul ?...

Brune hésita un moment. Il jeta un regard désolé dans la direction de la ville, un autre sur la *Perle* qui se balançait au mouillage, et sautant dans le canot de l'officier de l'état-major :

— Au *Portzic !* dit-il d'une voix sombre.

IV

LE CHANTIER DE CONSTRUCTION

Le chantier de construction des navires avait, pour travailleurs, les forçats, et, la nuit venue, le chantier était désert.

Un matelot de grande taille était appuyé sur un de ces canons enfoncés dans la terre et qui servent à l'attache des bâtiments en rade qui sont près du quai.

Un sifflement retentit, et le matelot, lançant un regard autour de lui, se dirigea vers la clôture du chantier; se baissant, il passa par un trou pratiqué vers la porte d'entrée, et, se relevant, il se dirigea vers ces hautes piles de bois qui avaient, entre bas, des arcades formant des galeries aérées pour le sèchement.

Le matelot, s'engageant dans une de ces galeries, souleva une planche qui recouvrait une ouverture de cave, et il descendit l'escalier en laissant retomber la fermeture en bois.

Une torche de résine éclairait ce souterrain, qui servait d'asile à Renneville, à Jacquet, accompagnés de Cormoran, de Dent-de-Loup et de la Baleine.

Blanche était assise sur une pierre.

En voyant descendre Papillon, Henri lui dit :

— Le colonel?

— Pas encore venu! répondit Papillon.

— Alors, dit Jacquet, il ne viendra pas. Il devait être ici à huit heures et il en est neuf.

— Mais qui conduira Blanche à bord? Avec l'un de nous, elle n'est pas en sûreté! Le colonel devait la prendre et l'embarquer lui-même!... Brune, en emmenant Léonore et Berthe, nous avait assuré qu'une demi-heure après Augereau serait ici!...

— Il n'est pas venu! répéta Papillon.

Henri frappa le sol avec colère.

— Pourquoi le colonel ne tient-il pas sa parole? s'écria-t-il.

— Ne l'accusez pas, dit Jacquet. Peut-être y a-t-il là quelque machination de nos ennemis. Brune est bien venu, Augereau serait venu également s'il n'avait pas rencontré quelque obstacle sur sa route!

— Mais que faire? que faire? répéta Henri avec une anxiété profonde. L'heure de l'appareillage approche, et celle que nous avons fixée pour la délivrance du docteur va sonner!

— Ne vous occupez pas de moi! dit vivement Blanche; laissez-moi! Délivrez le bon docteur... et rejoignez Léonore. Oh! ma sœur est sauvée, elle, car le commandant ne l'a pas abandonnée...

— Brune devrait être revenu, cependant! dit Jacquet.

— Cela est vrai! ajouta Henri avec un regard sombre.

— Mon Dieu! s'écria Blanche, craignez-vous donc pour elle?

— Non! non!... dit vivement Henri. Et cependant Brune devrait être ici!... Que penser?...

— Voyons, dit Jacquet d'un ton ferme, l'heure s'avance. Ne perdons pas un temps inutile. Le colonel ne viendra pas; agissons sans lui. Récapitulons. Voici quel était notre plan primitif. Bruno devait se charger de l'embarquement de mademoiselle Léonore et de Berthe, il a tenu sa promesse. Le colonel devait, lui, partir avec mademoiselle Blanche... De cette façon, il ne restait plus que nous ici, et, avant de nous embarquer nous-mêmes, nous n'avions qu'à tenter la délivrance du docteur. Pour y parvenir, notre moyen est simple et infaillible. Roquefort, le prisonnier que j'ai fait à Gouesnou et que j'ai livré au commandant Bruno, a été envoyé par Augereau dans les prisons de la ville. Roquefort s'est réclamé immédiatement du citoyen Sommes, et celui-ci a obtenu un ordre d'élargissement signé de Prieur de la Marne. Cet ordre, confié heureusement à Cormoran, qui a eu l'adresse de capter la confiance des sans-culottes dont il s'est fait l'ami, cet ordre, le voici!

Jacquet montra un papier qu'il tenait à la main.

— Grâce à moi, continua-t-il, le nom de Roquefort a disparu du papier et celui du docteur Harmant a pris sa place. Cet ordre d'élargissement est daté de ce matin... Le faux est trop habilement fait pour être reconnu, surtout par des geôliers stupides... Ce faux-là, si la justice humaine peut me le reprocher, la justice divine me le pardonne, et il ne charge guère ma conscience. Donc, nous n'avons qu'à nous diriger vers la prison. Cormoran présentera l'ordre, réclamera la mise en liberté du docteur, qui nous rejoindra aussitôt... La Baleine nous affirme que le canot nous attend. Tous ceux qui doivent nous accompagner seront prêts... Nous nous embarquerons et nous irons attendre la frégate à l'entrée du goulet, ainsi que cela est convenu avec Victor Hugues. C'est bien cela? Je n'ai rien omis, rien oublié?

— Rien! répondit Henri.

— Donc, le seul obstacle à la réussite de notre plan est l'absence du colonel. La seule difficulté existante est l'embarquement de mademoiselle Blanche...

— Encore une fois, laissez-moi! s'écria mademoiselle de Niorres.

2.

— Vous abandonner, vous, ma sœur! dit Henri d'une voix frémissante. Nous mourrons tous plutôt que de ne pas assurer votre fuite. Il faut partir, il le faut!... Mais ni Jacquet, ni moi ne pouvons vous conduire à bord... Nos ennemis peuvent nous reconnaître... notre perte entraînerait la vôtre!... Oh! pourquoi le colonel n'est-il pas ici?... Pourquoi Brune n'est-il pas revenu?...

Jacquet ne répondit pas. Son esprit actif travaillait sans relâche. En présence des obstacles, des difficultés, des dangers, l'ex-agent de police sentait renaître ses inspirations d'autrefois.

— La difficulté la plus grande, dit-il, c'est d'accoster la *Perle*. Augereau levait tous les obstacles, car aucun de nos ennemis n'eût pu s'opposer à sa venue à bord; tandis que pour nous... Bamboula doit avoir là ses meilleurs espions. L'embarquement dans le goulet est impossible pour une femme : il faudra se hisser à bord à l'aide d'une corde tandis que le navire roulera, balancé par les vagues.

— Mais que faire? que faire?... répétait Henri avec désespoir.

L'œil de Jacquet lança un jet lumineux.

— J'ai trouvé! dit-il. Notre préoccupation la plus vive est la sécurité de mademoiselle Blanche. Or, il est bien convenu que vous, citoyen Bonchemin, ou moi, nous compromettrions cette sécurité, car de Sommes, qui jusqu'ici n'a pu retrouver nos traces, dont nous n'avons pas entendu parler depuis notre départ de Gouesnou, doit veiller cependant et mettre tout en œuvre pour nous poursuivre et nous arrêter. Nous allons quitter le chantier, à l'instant même, nous éloignant chacun par une route différente, mademoiselle de Niorres partira avec Papillon et Dent-de-Loup. Dans une demi-heure, nous serons tous réunis, dans les décombres des maisons incendiées, entre la prison et le quai du port. Cormoran, avec cet ordre d'élargissement, se rendra immédiatement à la geôle : il fera mettre en liberté le docteur, ainsi que cela était convenu. Pendant ce temps, La Baleine se sera procuré un canot ; mademoiselle Blanche se blottira sous un banc. Cormoran conduira le docteur dans l'embarcation, puis, comme il a eu l'intelligence de se mettre bien avec les sans-culottes, il recrutera deux ou trois de ses nouveaux amis, il les grisera dans un cabaret voisin, ce qui sera facile, et il leur proposera ensuite d'aller dire un dernier adieu aux patriotes qui partent pour les Antilles. Tu choisiras parmi les sans-culottes, Cormoran, les plus connus de la ville. Papillon, avec sa veste de matelot, sera le patron de la chaloupe : il ne voudra pas d'abord embarquer les sans-culottes; tu l'y contraindras, Cormoran : il faut jouer habilement cette comédie pour mieux tromper nos ennemis. Tu auras une torche allumée afin de bien éclairer le canot et que l'on puisse voir, de loin, les vêtements des sans-culottes. Grâce à cette précaution, le canot passera devant le poste de garde sans éveiller la moindre attention, et il trompera les espions de Bamboula. A bord de la *Perle*, mademoiselle Blanche et le docteur seront en sûreté.

— Mais, fit observer Henri, il nous faut près de deux heures pour accomplir ce plan ! Blanche, vous ou moi, pouvons être reconnus avant l'embarquement dans le canot...

— Y a-t-il un autre moyen? interrompit Jacquet. Rester ici est impossible; la prison est à l'autre bout de la ville... il nous faudrait plus de temps.

— Si Papillon conduisait immédiatement Mlle de Niorres à bord de la *Perle* ?

— Et la garde du port qui ne doit pas laisser sortir un canot sans le visiter? Et les embarcations de tous genres qui encombrent la rade et dans lesquelles nos ennemis doivent être disséminés pour mieux agir! L'inaction du citoyen Sommes n'est pas naturelle. Il nous savait dans la grotte du *Portzic* : il n'a tenté que deux démarches pour s'emparer de nous, et depuis hier matin, il n'a rien fait. S'il n'a pas essayé de forcer le colonel à nous livrer, c'est qu'il a un autre plan à suivre... Qui sait? peut-être a-t-il deviné nos intentions?... peut-être n'ignore-t-il pas nos projets d'embarquement?... Augereau n'a point tenu sa promesse ; Brune est parti, mais il n'est pas revenu... Le colonel, en induisant Mlle Blanche à bord, levait tous les obstacles que nous redoutons maintenant... A son absence, à celle de Brune, il y a une cause, et cette cause provient de notre ennemi, soyez-en certains ! Nous devons donc redoubler de précautions... D'ailleurs, le temps presse ! Victor Hugues ne nous attendra pas. Avez-vous un moyen meilleur que celui que je viens de vous proposer ?

— Non...
— Alors, acceptez ce moyen et agissons !

Henri se retourna vers Blanche :

— Acceptez-vous ? demanda-t-il.
— Tout !
— Alors, Jacquet a raison ! En route.
— Dans une demi-heure, reprit Jacquet, à l'endroit convenu... Tiens, Cormoran, voici l'ordre d'élargissement, et choisis bien tes sans-culottes !
— Sois tranquille ! répondit Cormoran en prenant le papier.
— Papillon, tu me réponds de mademoiselle de Niorres sur ta tête ! dit Henri.
— Quittons le chantier chacun par un côté différent ! reprit Jacquet.

Papillon appliqua une échelle vers l'ouverture, et tous quittèrent la cachette.

Henri et Jacquet s'élancèrent pour tourner la ville ; Cormoran et la Baleine se dirigèrent vers le quai ; Papillon, Blanche et Dent-de-Loup longèrent les bâtiments du bagne.

Les trois derniers, ayant pris la route la plus courte arrivèrent les premiers au lieu du rendez-vous. Aucune mauvaise rencontre n'avait été faite. Il était dix heures. La partie de la ville qu'ils venaient de traverser était sombre et déserte ; l'éclairage n'étant pas alors connu dans les villes de province et les habitants tranquilles de Brest n'osant pas s'aventurer dans les rues à pareille heure.

L'endroit où ils s'arrêtèrent était merveilleusement choisi pour échapper à toute attention. C'était une petite rue longue, étroite et tortueuse, dans laquelle il y avait eu précédemment un incendie considérable.

Trois maisons avaient brûlé et on avait à peine enlevé quelques décombres. Un véritable monceau de ruines s'élevait sur le côté gauche et présentait des cachettes sûres et nombreuses.

Papillon laissa Dent-de-Loup dans la rue pour veiller au dehors, et il dirigea Blanche au milieu des décombres.

Une cage d'escalier était encore praticable. Le colosse fit gravir à mademoiselle de Niorres les marches croulantes et à demi-consumées et il la conduisit sur un pan de mur à la hauteur du second étage. Un cabinet, dont la porte avait été brûlée, était demeuré intact.

— Restez là, mademoiselle, dit Papillon; vous n'avez rien à craindre : on ne peut monter ici que par cet escalier et je vais en garder l'accès. Ne bougez pas jusqu'à ce que je vienne vous chercher.

Et il redescendit en la laissant seule.

Dans ce cabinet l'obscurité était profonde, et un silence absolu régnait. Blanche éleva son âme vers Dieu en priant.

Et pendant cette prière, il lui sembla entendre un léger craquement à côté d'elle... Elle se retourna en frissonnant de crainte... Elle interrogea les ténèbres, mais son regard ne pouvait en percer l'épaisseur. Un second craquement plus prononcé, plus rapproché que le premier, lui provoqua un tressaillement pénible.

S'approchant de l'ouverture du cabinet, elle recula devant une ombre qui surgit devant elle.

— Ne quittez pas un seul instant le vicomte de Renneville : le plus grand danger le menace!

En entendant ces paroles prononcées à voix basse, elle poussa un cri de surprise et elle étendit les mains pour toucher celui ou celle qui, dans ces ténèbres, venait de lui parler si près. Mais ses doigts rencontrèrent le vide... l'ombre avait disparu sans que Blanche pût se rendre compte de quel côté elle s'était retirée.

— Qu'y a-t-il? demanda une voix forte.

C'était Papillon qui, au cri poussé par la jeune fille, s'était élancé sur l'escalier.

— Rien! répondit Blanche en se remettant; mais où conduit cet escalier?

— Cet escalier? Il ne conduit plus nulle part qu'à ce cabinet.

— Vous en êtes certain?

— Regardez tout autour de vous, mademoiselle, il n'y a que le vide!

Papillon disait vrai : les étages supérieurs n'existaient plus, et l'escalier n'aboutissait absolument qu'au seuil de la petite pièce.

— Et... ajouta Blanche en hésitant, vous étiez au bas de l'escalier?

— Sur les dernières marches!

— Vous n'avez vu passer personne près de vous?

— Personne!

Blanche leva ses beaux yeux vers la voûte sombre du ciel.

— Mon Dieu! murmura-t-elle, est-ce un rêve? N'ai-je pas été le jouet d'une hallucination!...

Un sifflement aigu retentit au dehors, dans la rue.

— Ah! fit Papillon, ce sont eux! Venez vite!

Et ils se dirigèrent vers la prison aux bâtiments noirs et où Henri et Jacquet attendaient devant la porte.

Henri plaça Blanche dans l'angle de cette porte, qui était sombre, et s'adressant à Jacquet :

— Cormoran ne vient pas!

— Il faut le temps que l'ordre d'élargissement soit visé par le greffier, puis que l'on transmette cet ordre au geôlier, qu'il aille chercher le prisonnier, qu'il fasse lever l'écrou... Toutes ces formalités demandent un certain temps, monsieur de Renneville...

— Chaque minute est une heure d'angoisse!

— Qu'importe l'angoisse à supporter si nous devons réussir! Tout marche admirablement. La Baleine a son canot, les sans-culottes choisis merveilleusement par Cormoran et grisés par lui sont là, dans ce cabaret, prêts à partir...

Jacquet désignait une sorte de taverne dont les fenêtres étaient closes, les contrevents fermés, mais au-dessous de la porte de laquelle on apercevait une traînée lumineuse se projetant sur les pavés de la rue.

— Il faudrait faire embarquer dès maintenant mademoiselle Blanche! continua Jacquet.

— Elle refuse de se séparer de moi, vous le savez!

— Cependant, il le faut!

— Oui, oui, il le faut! Elle s'embarquera! dit Henri d'une voix frémissante.

Dans un ignoble cabaret, chantaient les sans-culottes qui eussent avec joie livré sa tête au bourreau, et qui cependant, devaient servir à l'accomplissement de son plan.

Au-dessus de la toiture du cabaret on apercevait les mâts élevés des navires se balançant dans le port et dans la rade, et parmi ces navires était la *Perlo*, à bord de laquelle se trouvait enfermée la femme qu'il aimait plus que tout au monde, le seul être qui le rattachât encore à la vie.

Et l'heure avançait... et la frégate allait appareiller... et le docteur n'était pas encore sauvé... et il fallait attendre!... Attendre!... quand le sang bouillait dans les artères du vicomte, quand son cerveau recevait les chocs effrayants de ses pensées tumultueuses...

Jacquet, cet homme de ruse, de finesse, de malice, d'intrigue et de patience, Jacquet, toujours maître de lui, Jacquet comprenait ce qui se passait dans l'âme de son compagnon et lui serrait les mains pour l'inviter à se contenir.

Enfin la porte de la prison tourna sur ses gonds et s'ouvrit... Un flot de lumière inonda la petite place sur laquelle était bâti le terrible édifice...

L'âme d'Henri était passée dans ses regards... Étreignant la main de Jacquet, il la pressa avec une telle force que l'ex-agent de police retint un cri de douleur. Henri, lui, venait d'étouffer un rugissement de joie prêt à jaillir de sa poitrine.

— Sauvé! murmura-t-il.

La porte de la prison venait de se refermer : la petite place était de nouveau replongée dans les ténèbres mais deux ombres noires, deux ombres d'hommes se détachaient au milieu de l'obscurité.

Incapable de se contraindre plus longtemps, Henri s'élança vers ceux que la prison venait de rendre à la vie sociale.

— Pas un instant à perdre! dit-il rapidement à l'un des deux hommes. La Baleine, Papillon et Dent-de Loup sont sur le quai, le canot est prêt, nous y serons avant toi... Cours à tes sans-culottes et entraine-les vivement!

Cormoran s'élança vers le cabaret. Henri avait pris le bras du docteur; Jacquet et Blanche étaient près d'eux.

— Venez! dit Henri.

— Je ne vous quitte pas! s'écria Blanche.

— Il faudra l'embarquer de force! murmura Jacquet.

Henri fit un signe affirmatif, et retirant le bras que Blanche avait passé sous le sien, saisissant de l'autre main l'une de celles du docteur, il les entraîna tous deux; Jacquet les suivit.

Cormoran atteignit le seuil du cabaret. En ce moment même la porte s'ouvrit toute grande, et la lumière inondant intérieurement la taverne se répandit sur la place, qu'elle éclaira subitement, comme venait de l'éclairer la porte de la prison en tournant sur ses gonds.

Henri, Jacquet, Blanche et le docteur, se trouvèrent un moment au centre de cette zone lumineuse. Les sans-culottes ivres que renfermait le cabaret se ruaient sur la place en chantant.

Cormoran se jeta au-devant d'eux; Henri et ses compagnons venaient de rentrer dans les ténèbres en s'engageant dans une ruelle étroite conduisant au quai. Cormoran était entouré par les nouveaux amis qu'il s'était faits, mais dont le nombre lui paraissait triplé.

— Embarquons! embarquons! hurlaient les sans-culottes; allons faire nos adieux aux amis... aux purs patriotes!... Un canot!... un canot!...

Deux d'entre eux saisirent Cormoran par les deux bras; deux autres le poussèrent par derrière, et la troupe entière, avinée, criant, chantant, hurlant, se mit à courir dans la direction du port.

Soit hasard, soit préméditation, les sans-culottes s'engouffrèrent tous dans la ruelle que venaient de prendre les fugitifs.

Henri, Blanche, le docteur, et Jacquet couraient rapidement. En entendant derrière eux les cris tumultueux des sans-culottes, ils redoublèrent de vitesse. La ruelle n'était pas longue... Déjà ils apercevaient le port, déjà le quai dessinait, en face d'eux, sa ligne correcte, déjà ils pouvaient voir l'embarcation, que Papillon, Dent-de-Loup et la Baleine tenaient prête... Encore deux secondes peut-être, et ils allaient atteindre le but, lorsque l'extrémité de la rue qu'ils allaient franchir, et qui était noire et déserte, s'illumina soudain d'une clarté rougeâtre, et de deux maisons qui formaient l'angle avec le quai, s'élancèrent deux troupes d'hommes revêtus du sanglant uniforme bleu connu dans toute la France.

Henri, abandonnant le docteur, enleva Blanche pour s'élancer avec elle, dans l'espoir de franchir la ligne des sans-culottes, mais il n'en eut pas le temps.

Un homme venait d'arrêter le vicomte en lui présentant au visage une torche enflammée.

— Me reconnais-tu? hurla cet homme avec un ricanement féroce.

C'était Ance, le bourreau de Brest.

— Sauve-la! cria Henri en jetant Blanche aux bras de Jacquet.

Et, saisissant son poignard, il s'élança sur Ance... Mais les sans-culottes, qui entraînaient Cormoran, arrivaient alors comme un flot furieux.

Les deux troupes, en se joignant, enclavèrent les malheureux fugitifs.

Henri, assailli de tous côtés, terrassé, écrasé sous le nombre, devint incapable de tenter aucun mouvement.

Le docteur voulut faire un effort pour le protéger: le pauvre vieillard roula sur le pavé, frappé par Ance.

Les yeux du bourreau lançaient des éclairs de joie

sauvage; il tenait, entre ses mains, l'homme qui l'avait si cruellement et si justement châtié de ses infamies... Il allait pouvoir le faire souffrir!

Jacquet, avec sa rapidité et sa sûreté de coup d'œil ordinaires, avait vu tout perdu, toute chance de salut détruite.

Saisissant Blanche, il voulut l'entraîner en se glissant le long de la muraille; mais les sans-culottes obstruaient la rue, et deux d'entre eux, en apercevant Jacquet, sautèrent sur lui d'un seul bond.

Jacquet évita le choc par une brusque retraite, mais la main de Blanche lui échappa. Et elle fut saisie et enlevée de terre par l'un des deux sans-culottes.

Trois torches illuminaient la rue de leurs reflets sanglants et Blanche vit le visage de celui qui la retenait captive.

— Misérable et lâche! s'écria-t-elle en se roidissant.

Jacquet poussa un cri rauque.

— Roquefort! dit-il en frémissant de rage et en reconnaissant, dans celui qui lui barrait la route, l'homme dont il s'était emparé l'avant-veille à Gouesnou, celui qu'il avait confié à Brune, et qu'il croyait encore dans la prison de Brest...

Jacquet comprit subitement tout ce qui venait de s'accomplir : c'était l'exécution d'un plan habile dont lui et ses amis étaient les victimes. Tout avait été combiné : l'ordre d'élargissement surpris par Cormoran avait lui-même servi de leurre.

Roquefort sauta sur son adversaire; mais une détonation retentit, et le misérable retomba en arrière une jambe déchirée. Jacquet avait saisi un pistolet et avait eu le temps de tirer.

Au même instant un mouvement se fit parmi les sans-culottes : des cris furieux retentirent. C'étaient Papillon, Dent-de Loup et la Baleine qui, s'élançant du quai, s'efforçaient de venir au secours de ceux auxquels ils s'étaient dévoués.

Mais que pouvaient trois hommes, quels que fussent leur force et leur courage, contre plus de cinquante?

Cependant la diversion opérée jeta un instant d'hésitation parmi les sans-culottes. Jacquet en profita habilement. Renversant, par un effort désespéré, ceux qui s'opposaient encore à son passage, il bondit jusque sur le quai...

Papillon était là, tenant un aviron de ses mains formidables, et faisant tête aux sans-culottes. Dent-de-Loup et la Baleine, écrasés par le nombre, se rejetaient dans le canot, dans lequel leurs ennemis les poursuivaient encore.

Papillon, lui-même, ne pouvait résister longtemps : son aviron venait de se briser... Il jeta les débris de la rame, et de ses doigts de fer il étreignit à la gorge deux de ceux qui le serraient de plus près.

— Feu ! cria Ance. Tirez ! tirez !...

Les fusils s'abaissèrent... Papillon était sur l'extrême bord du quai.

Jacquet, s'élançant, s'accrocha à ses vêtements, et l'entraîna avec lui dans l'eau du port.

Trois coups de feu retentirent... mais les balles ne rencontrèrent que le vide.

V

L'APPAREILLAGE

Minuit sonnait et la *Perle*, orientant ses voiles avec tous ses feux éteints, pour ne pas éveiller l'attention de l'ennemi, s'aventurait dans la passe du *goulet*, poussée par la brise de terre.

Les troupes de débarquement s'étaient établies, tant bien que mal, dans la batterie basse ; le pont était encombré par les matelots, larguant les voiles et les orientant ; les officiers étaient à leur poste.

Le moment était critique ; à peine allait-on avoir franchi le goulet que l'on allait entrer dans la ligne de blocus, et il fallait passer au milieu des navires anglais sans être aperçu d'eux.

Le plus profond silence avait été recommandé à bord ; les commandements se transmettaient à voix basse, et les maîtres d'équipage laissaient pendre inactif, à leur boutonnière, le sifflet d'argent, dont le son aigu eût frappé au loin les oreilles ennemies.

La *Perle* filait rapidement. Déjà l'on pouvait distinguer, se dessinant sur le ciel noir, la silhouette des batteries redoutables du *Portzic* qui dominait la passe.

A l'avant du navire, penché au-dessus de la poulaine, un matelot se tenait accroché d'une main au beaupré, interrogeant les flots sombres d'un regard anxieux.

Derrière lui, dans une attitude tout aussi attentive, étaient trois hommes : deux matelots et un artilleur de marine.

— Eh bien! maucot, tu ne relèves rien? demanda un des matelots.

— Rien que les moutons des vagues, la Rochelle! répondit le marin toujours penché au-dessus des flots écumants.

— Pas une embarcation! dit l'artilleur.

— Rien, que je te dis, Petit-Pierre; rien, qué! Caramba! c'est pourtant à la hauteur de la *Roche Mengant* que Bonchemin devait accoster avec ses hommes. Et voilà la roche là, à tribord, qui montre son nez pointu. Et rien... rien!... Pas seulement un bout de mousse sur un espar!

— Tonnerre! fit Petit-Pierre, il lui sera arrivé malheur en ville, pour sûr! Et moi je n'étais pas là, moi dont il a sauvé le vieux père!

— Et moi, donc, qu'il a été repêcher sous la coque du *Sans Pareil*. Troun de Diou! j'ai envie de m'affaler à la mer et de nager un coup jusqu'à Brest!

— Pas de bêtises, vieux, dit la Rochelle. Peut-être que Bonchemin nous accostera en mer!

— Je ne crois pas, répondit l'artilleur. Ah! j'ai eu le cœur chaviré quand j'ai vu que je ne voyais pas l'autre demoiselle venir à bord avec le colonel. Je me suis dit : Le vent refuse là-bas, bien sûr! Bonchemin est en ralingue... et qu'il y est... tonnerre, et nous sommes là comme un tas de *propres à rien*.

— As-tu revu les citoyennes qui sont dans le faux pont? demanda la Rochelle.

— Non, j'ai pas osé. Depuis l'appareillage, je ne m'ai pas affalé en bas, quoiqu'elles me lorgnaient. Leur espérance doit être à bout de bordée. Elles m'auraient demandé un tas de choses... Enfin j'ai pas osé, que je dis!

— Pauvre Mahurec, heureusement qu'il a filé sa dernière écoute! murmura le troisième matelot qui n'avait encore rien dit.

— Qué que tu marmottes, vieux Normand? demanda Petit-Pierre.

— Je dis, répondit le matelot à la chevelure argentée, que si le pauvre Mahurec n'avait pas avalé sa gaffe, à cette heure, il aurait l'âme en peutenne!

— Et pourquoi, qué? demanda maucot. Mahurec n'a rien à débrouiller là-dedans?

— Oh! que si, matelot!

— Comment ça, Normand!

Le vieux matelot se rapprocha du groupe formé par l'artilleur, la Rochelle et le Provençal.

— Ton père et moi nous avons passé un quart de longueur ensemble, dit-il à Petit-Pierre. Le père Kervoura et moi, nous sommes des vieux de la cale; nous avons été amatelottés ensemble dans les temps, et pour lors la confiance n'est pas à la serre entre nous... Eh bien! le vieux avait un secret dans la soute... Ce secret, Kervoura m'en a largué le dernier mot, quoi... et il est là... depuis ce matin; mais j'ai rien dit! Tant que nous étions à Brest, la vie d'un homme était jumelée avec... Je ne voulais vous larguer la vérité à mon tour qu'une fois en mer...

— Mais quelle vérité, vieux? demanda le maucot avec impatience.

— Vous avez tous connu Mahurec, hein? reprit le Normand.

— Mahurec, le *roi des gabiers!* dit la Rochelle.

— Qu'il n'y avait pas un patineur de toile capable de lui nouer ses souliers... quand il en avait! ajouta le Provençal.

— Vous savez aussi que Mahurec était attaché, comme la flamme à sa drisse, à deux officiers du grand corps?

— Oui, oui, fit le maucot; comment donc qu'ils s'appelaient?

— Le marquis d'Herbois et le vicomte de Renneville!

— C'est ça! je me souviens de l'histoire... même que les officiers ont couru dans les temps un mauvais bord...

— T'as mis le grappin dessus, matelot.

— Eh bien?

— Eh bien! sais-tu qui que c'est qui t'a repêché de dessous la quille du *Sans-Pareil*, et qui a réchappé le père Kervoura de la guillotine?

— Tiens! cette bêtise ; c'est Bonchemin, donc!

— Il ne s'appelle pas Bonchemin!

— Bah!

— C'est pas un terrien!

— C'est un matelot?

— Mieux que ça!

— Un officier?

— Un ci-devant du grand corps!

La Rochelle, le maucot et l'artilleur se regardèrent avec un étonnement admiratif.

En dépit de l'égalité républicaine, des lois de la Convention, des décrets de Prieur de la Marne, des clubs et des sans-culottes, le titre : *officier du grand corps*, avait conservé, parmi les marins de Brest, une partie de son influence.

— C'est, reprit le Normand, après un silence, le ci-devant vicomte de Renneville, un ancien protégé du bailli de Suffren!

— Le ci-devant vicomte de Renneville! répétèrent les auditeurs, dont l'étonnement croissait encore.

— Eh! oui! continua le vieux matelot. L'autre jour dans la bagarre de la rue de la Chiourme, quand nous avons mis en machemoure les sans-culottes, j'avais relevé le gabarit du citoyen Bonchemin, et il me semblait que dans les temps j'avais dû courir plus d'un bord avec le particulier... Et voilà ce matin le père Kervoura qui me remet au vent! Le vieux aussi avait reconnu son ancien officier.

— Mais il n'est donc pas mort alors! dit Petit-Pierre. On disait que le vicomte, le marquis et Mahurec avaient bu un même coup à la grande tasse!

— Il paraîtrait voir qu'on avait fait fausse route?

— Mais si le vicomte est vivant, dit le maucot, le marquis l'est peut-être aussi... et Mahurec!...

Le Normand secoua la tête.

— J'ai navigué avec eux trois, dit-il. Pour que le vicomte soit seul, au moment du danger, faut que le marquis et Mahurec ne soient plus du monde des vivants.

Un autre silence suivit ces paroles : la *Perle* atteignait presque l'entrée du *goulet* : elle commençait à longer les falaises sur lesquelles se dressait le *Portzic*.

— Troun de Dieu ! fit le Provençal avec une colère sourde et en interrogeant encore la surface noirâtre des flots. Il ne viendra pas !...

— Ah ! dit la Rochelle, je comprends pourquoi maintenant les sans-culottes lui appuyaient si fort la chasse ! C'est un ci-devant !

— Ci-devant ou non, c'est un vrai matelot ! répondit l'artilleur.

— Les gueux l'auront croché ! ajouta le maucot. Mais je jure...

— En haut les gabiers ! interrompit une voix rude. Largue le clin-foc, les huniers et la brigantine ! Alerte, garçons ! Patine-toi vivement !

— Et les petites de la soute ? dit la Rochelle en s'élançant sur les bouts-dehors des focs.

— Celles-là deviennent les filles de la *Perle !* répondit le maucot, et elles naviguent sous le pavillon de la reconnaissance !

Et le gabier en deux bonds fut sur le bordage, puis sur les enfléchures.

— Tout de même, murmura le vieux Normand, en hâlant énergiquement sur une manœuvre, le comte est bien vivant !... si Mahurec l'était aussi, lui !... Ah ! Notre-Dame d'Auray aurait un fier cierge, quoique la République ait décrété la démolition de sa chapelle !...

La *Perle*, sortant du *goulet*, entrait en pleine mer.

Deux officiers, l'un debout et l'autre assis sur l'affût d'un canon, dans la batterie du nord du Portzic, suivaient des yeux la marche aventureuse de la frégate.

— C'est la *Perle* qui sort de la passe!

— Oui, colonel! Et que Dieu veuille que les pauvres gens soient tous à bord!

— Oh! ils ont dû m'accuser, car j'ai manqué de parole! Malheureuse jeune fille qui comptait sur moi! Mille tonnerres! S'il lui était arrivé malheur, Prieur de la Marne m'en répondrait!

— Prieur n'a été qu'un stupide instrument en nous faisant clouer ici aux arrêts par le général. Celui qui a agi, celui qui est la cause du malheur, si le malheur a eu lieu, c'est cet infâme de Sommes...

— Demain, commandant Brune, nous saurons tout, car à dix heures nos arrêts cessent et j'irai moi-même en ville. Corbleu! je veux apprendre à tous ces gens-là ce qu'il en coûte à se frotter au colonel Augereau!...

— Et si le vicomte et mademoiselle de Niorres avaient été arrêtés cette nuit?

— Nous arriverions encore à temps, car..

Un roulement de tambour interrompit la phrase commencée.

— Qu'est-ce que cela? fit Augereau en tressaillant.

— Colonel! cria une voix sonore, et le capitaine Lannes accourut près de ses deux chefs.

— Quoi? dit Augereau en s'avançant.

— Deux bataillons de la 19e arrivant au *Portzic*! répondit le capitaine.

— Deux bataillons! répéta Augereau avec un étonnement profond; et où les loger.

— A notre place, colonel. Nous avons ordre de quitter le fort à l'heure même et de nous diriger sur Vannes sans traverser Brest! L'aide de camp du général est là, et il m'a chargé de te prévenir...

Augereau regarda Brune.

— Tout a été prévu! dit celui-ci. Nous ne pouvons même pas savoir à temps ce qui s'est passé. Ah! la trame est ourdie!

Le colonel tenait à la main une baguette de coudrier:

3.

Il en donna un coup tellement violent sur l'affût d'un canon, que la baguette vola en éclats.

— Allons ! dit-il d'une voix sourde. Obéissons !

Brune lui saisit le bras.

— Une fois à Vannes, dit-il, fais-moi accorder un congé de quinze jours !

— Pourquoi faire ?

— Pour aller à Paris...

Augereau regarda Brune sans comprendre.

— Fouché est à Paris, poursuivit vivement le commandant. Fouché est un de ces hommes qui n'oublient jamais et qui ne pardonnent pas à leur ennemi, même quand le temps écoulé a amoindri l'offense. Je le verrai, je lui dirai tout : il s'intéressait jadis à cette affaire de la *Jolie Mignonne*. Ce faux comte de Sommes a lutté contre lui et l'a vaincu à cette époque ; aujourd'hui Fouché est en position de prendre une éclatante revanche, et je le connais assez pour être certain qu'il n'y manquera pas.

Le colonel réfléchit quelques instants :

— C'est une idée ! Arrivés à Vannes, je te ferai obtenir un congé !... Si toutefois il en est temps encore !

VI

BLANCHE

Blanche avait été conduite à la prison et écrouée.

Mais à peine était-elle dans son cachot que Bamboula entra avec un flambeau lumineux.

Blanche détourna ses regards avec une expression de tel mépris, que Bamboula tressaillit, en pensant que Blanche ne consentirait jamais à s'entendre avec lui.

Mais cet ancien forçat, qui ne reculait jamais devant un crime à accomplir, se posa carrément devant la sainte fille :

— Eh bien ! Tu me connais maintenant ; mais tu es en ma puissance et je peux faire de toi ce que je voudrai !

Blanche s'agenouilla, et joignant les mains, elle fit ses prières à voix haute, sans écouter un mot prononcé par le bandit du bagne.

— Depuis la fuite de Gouesnou, reprit Bamboulà, avec ta sœur, le vicomte de Renneville et celle qui a passé jusqu'ici pour la fille du marquis d'Orbigny, tu as pu croire, toi et tes amis, que vous aviez échappé à mes recherches.... Il n'en était rien cependant ! Vous ne rentriez pas tous à Brest que je savais votre arrivée dans la ville ; vous ne vous réfugiiez pas dans la grotte du *Portzic*, que j'étais instruit du lieu de votre cachette. Je savais qu'Augereau et Bruno voulaient vous sauver ; je savais que Victor Hugues avait consenti à votre embarquement ; je savais que le vicomte voulait rendre la liberté au docteur, je savais enfin que l'ordre d'élargissement avait été métamorphosé par Jacquet : je savais tout cela!... La preuve, c'est que mon plan a été dressé en conséquence et que rien n'en a entravé l'exécution. La présence de ta sœur près de toi gênait mes projets d'avenir ; j'ai aidé moi-même à l'embarquement de Léonore sur la *Perle*. L'existence de la *Jolie Mignonne* m'importait peu, puisque la mort de la véritable Bertha a été constatée par madame de Saint-Gervais et qu'elle a agi en conséquence. J'ai laissé cette fille suivre Léonore. Le colonel Augereau, qui devait et qui pouvait te sauver, lui, car une fois à bord tu m'échappais et son uniforme et son grade devaient te servir de sauvegarde, le colonel a été rappelé au fort à temps et par mes soins. Bruno, sa mission remplie (celle au moins que je lui permettais d'accomplir), a été aussitôt privé de sa liberté. Mes espions veillaient autour du chantier de construction. Grâce à l'ordre d'élargissement que j'avais laissé surprendre et dont je savais bien que Jacquet ferait usage, vous deviez vous diriger vers la prison. Vois jusqu'où peut atteindre la profondeur de mes vues, Blanche! continua Bamboulà avec une infernale expression d'orgueil. Sache enfin quel homme je suis! Comprends-tu pourquoi j'ai fait tomber aux mains de tes amis cet ordre de mise en liberté de l'un des miens, alors même que celui-là n'était plus déjà prisonnier? C'est que si j'avais agi autrement, le vicomte de Renneville, dont je connaissais l'intention formelle de délivrer le vieux docteur, le vicomte, sous son nom de Bonchemin, aurait pu se mettre à la tête des forçats qu'il a convertis et tenter une lutte dont l'issue, pour moi, était douteuse. Ce moyen si simple que je lui présentai, l'a fasciné... Il a éloigné les siens qu'il devait rejoindre ensuite et il est venu se jeter dans les filets que j'avais tendus sur sa route! Tu pouvais toi-même être placée la première dans le canot et m'échapper tandis que je me fusse saisi du vicomte. Rappelle-toi les ruines de la maison incendiée et les paroles prononcées à ton oreille par une voix inconnue! Elles te recommandaient de ne pas quitter le vicomte, et tu as suivi le conseil, Blanche! Comprends-tu maintenant toute l'étendue de ma puissance!... A cette heure ta sœur est en mer, et elle ne reviendra jamais en France! A cette heure Augereau et Brune, tes seuls défenseurs, ont quitté Brest pour n'y plus rentrer. A cette heure, Jacquet est noyé dans les eaux vaseuses du port. A cette heure, enfin, tu es prisonnière, ta liberté dépend de moi, et le vicomte de Renneville est là, enfermé au fond d'un cachot dont il ne sortira que pour monter sur l'échafaud!...

Blanche se redressa après ses prières et leva les yeux au ciel :

— Dieu me bénira et celui-là sera maudit!

Bamboulà sortit et referma violemment les verrous.

VII

LE COUVENT DES ANNONCIADES.

A quarante lieues marines au-dessous de Saint-Vincent, après avoir longé ces myriades de petits îlots, et en aboutissant à la *Grenada*, on contourne *Tabago*, et, en traversant un bras de mer, on entre dans la rade de *Puerto-Espana*.

Cette ville, capitale de *La Trinitad*, était située à l'entrée du golfe de *Paria* dont la première embouchure, à l'ouest, était le détroit du *Dragon* et la seconde, au sud, la *Bouche du Serpent*.

Point de départ de la chaîne des Antilles, *La Trinitad*, devenue *La Trinité*, et la plus rapprochée du continent de l'Amérique méridionale, était la plus féconde de toutes ces îles de l'équateur.

Des montagnes à pic, se dressant sur les côtés du nord, protégeaient, du vent et des ouragans, le centre et le midi couverts de plaines et de collines dont la végétation était luxuriante et pittoresque. Des forêts de palmiers, de cèdres, de cocotiers, d'orangers, de citronniers entouraient des champs de cannes à sucre, de maïs, de cacaos, de cafier, de tabacs, de cotonniers, de gingembres et d'indigotiers.

Toutes ces plantes ont toujours été les richesses de cette île.

Puerto-Espana, s'étalant à la base de sa dernière montagne, avait son port défendu par une grosse tour dominante et une batterie basse.

Une succession de rochers et d'îlots, servant de brise-lames, protégeaient la rade.

Cette ville, séjour favorisé du gouverneur, avait le cachet des cités mauresques de l'Andalousie. Les maisons de forme carrée, garnies de quatre gros murs percées d'ouvertures étroites à l'extérieur, avaient, pour entrée, une porte épaisse précédée d'une grille protectrice.

En franchissant le seuil, on passait sous une colonnade bordant la cour au centre de laquelle il y avait un bassin d'eau rafraîchissante. Un *tendido*, attaché aux angles des terrasses du toit, s'opposait à la chaleur.

Les murs, élevés et rapprochés, projetaient une ombre dans ces rues où se promenait la société aristocratique espagnole et à laquelle étaient mêlés les nobles colons des îles françaises que les Anglais avaient chassés.

Ces promeneurs et ces promeneuses, surtout les types d'*hidalgo* et de *señora*, avaient, pour suite, des cortéges d'indiens, de nègres abritant avec des gigantesques ombrelles et caressant d'un air frais en mettant en mouvement ces éventails en plumes étalées en haut d'un bâton doré.

A l'extrémité de la ville, du côté des plaines riches, se dressaient les bâtiments merveilleusement ornés du couvent des Bénédictines de l'Annonciade, entourés d'un jardin luxuriant et d'un parc où les bananiers dominaient.

La réputation de ce couvent s'étendait d'île en île, et les pensionnaires n'y étaient reçues que de grandes familles.

On était dans les premiers jours de juillet de cette année 1794.

Le soleil se couchait en rayonnant sur la mer des Antilles, et un vent du sud brûlait l'air.

Ce vent cessa tout à coup, mais la chaleur était encore accablante et les vapeurs nuageuses voilaient le ciel d'un bleu lapis. Pas un souffle n'agitait les feuilles.

Les religieuses, les novices et pensionnaires, sortaient de la chapelle où on venait de chanter l'*Angelus*.

Traversant les cours, la procession se dirigea vers le salon de travail.

Derrière l'abbesse marchaient les religieuses vêtues de blanc avec des voiles noirs qui descendaient jusqu'à terre et les enveloppaient de leurs plis gracieux.

Puis s'avançaient les novices et les pensionnaires en toilette de ville, rivalisant de luxe, d'élégance et de coquetterie.

Le salon dans lequel on entrait était décoré avec un grand goût, orné des tableaux de maître et ayant, à ses extrémités, deux fontaines avec des vasques superposés où retombaient, en cascades, des eaux dont la source était sur la pente élevée de la montagne.

Une fraîcheur délicieuse régnait dans ce salon.

Une collation, composée de mille friandises, était dressée sur une vaste table.

La vie du cloître se partageait entre l'église et le salon : les prières et les plaisirs avaient leurs heures et se succédaient sans interruption.

Les visites étaient reçues le soir et elles étaient nombreuses, car cet essaim de jeunes et fraîches beautés attirait la foule des adorateurs.

Les parents venaient visiter les pensionnaires et les *novios* (fiancés) soupiraient avec des regards langoureux enveloppant les jolies *novias*, et au dépit des novices.

C'était après la collation que les portes du cloître s'ouvraient devant les visiteurs.

Or, ce soir-là, une même préoccupation semblait assaillir tous les esprits, et les groupes de causeurs, loin de s'isoler, paraissaient disposés à se rapprocher pour échanger les nouvelles.

— Est-ce vrai, don José? demanda l'abbesse en s'adressant à un cavalier de bonne mine qui venait de la saluer.

— Oui, sainte mère! répondit don José.

— Ainsi le navire est encore dans la baie de Mayaro?

— Il y a jeté l'ancre aujourd'hui à deux heures.

— Et son équipage n'a pas l'air effrayé?

— Il a l'air d'être aussi tranquille qu'il le paraissait déjà les fois précédentes.

— N'est-ce pas la sixième fois qu'il vient mouiller dans la baie fatale depuis une année?

— Oui, sainte mère.

— O Jésus, mon sauveur! quels peuvent donc être les hommes qui osent ainsi venir mouiller près de l'entrée de l'enfer!

— Ce sont des démons! dit une voix.

Toutes les religieuses frissonnèrent et se signèrent.

— Ce qu'il y a de certain, reprit don José, c'est que personne, pas même le gouverneur, ne peut dire à quelle nation appartient ce navire, ni quelle langue parlent ceux qui le montent. Et cependant depuis un an, c'est la sixième fois que ce navire mouille dans cette baie dangereuse, près du gouffre! Ce qu'il y a de certain et de plus étrange, c'est qu'on ne le voit jamais arriver, et qu'on ne le voit que quand il est au mouillage et il s'en va un beau matin sans qu'on sache où il va!

— C'est un navire fantôme, murmura une religieuse.

— C'est à se croire revenu au temps des *Frères de la Côte*! dit en frissonnant une vieille religieuse.

— Oh! pas tout à fait, ma sœur, répondit don José, car la corvette mystérieuse ne fait aucun mal au pays. Si elle était montée par des flibustiers, nous eussions eu déjà dans l'île des preuves de la présence des bandits, et depuis une année que cette corvette vient au mouillage dans la baie, jamais nous n'avons entendu formuler une plainte en dévastation. J'en appelle au señor corregidor.

Le señor corregidor était un petit homme sec, maigre et jaune comme une feuille d'automne.

— Cela est vrai, dit-il. Personne ne s'est plaint à moi.

Cependant si cette corvette avait de bonnes intentions, elle viendrait mouiller dans le port.

— Mais si elle en avait de mauvaises, elle les eût mises déjà à exécution.

— Un bâtiment qui cache sa nationalité n'est pas un bâtiment honnête.

— Moi, dit un vieil officier de la marine espagnole, qui remplissait, à *Puerto-Espana*, les fonctions de commandant du port, moi, je ne m'explique pas la façon dont le navire peut tenir au mouillage dans cette baie infernale. Il y a là quelque chose de surnaturel, car le fond de la baie est un banc de corail sur lequel l'ancre ne peut mordre, et les lames furieuses du canal et les vagues mugissantes du gouffre ont dix fois plus de force qu'il n'en faut pour le pulvériser en le jetant à la côte. J'avoue que ce qui se passe est, pour moi, un véritable phénomène que je ne puis expliquer.

— C'est une apparition ! fit une religieuse en se signant.

Un court silence suivit ces paroles.

Une des pensionnaires, dont le type et la carnation étaient opposés à ceux de ses compagnes, portait une toilette aux couleurs vives et opposées.

— Aôh ! fit la jeune fille avec un accent anglais des plus prononcés, un vaisseau-fantôme ; je voudrais le voir.

— Comment, Mary, vous ne le connaissez pas ? dit une jolie brune qui, elle, offrait dans toute sa pureté le charmant type espagnol.

— Mais elle ne peut le connaître, Juana, dit une autre pensionnaire ; Mary n'est à *Puerto-Espana* que depuis six semaines.

— C'est vrai ; et il y a trois mois que l'apparition n'avait eu lieu.

— Y a-t-il véritablement une année que la corvette a mouillé, pour la première fois, dans la baie de Mayaro ? demanda l'abbesse.

— Presque une année, jour pour jour, répondit le corregidor. Eh ! tenez, sainte mère, la date de l'apparition est facile à établir. La nouvelle de ce fait étrange nous est venue le soir même où le docteur César vous a présenté ce jeune homme qui venait étudier sous lui, afin de lui succéder un jour.

— Le señor Carlos?
— Précisément.
— Cela est vrai; je me le rappelle...
— A propos du señor Carlos, dit don José, savez-vous que sa conduite est des plus extraordinaires? On reste des mois entiers sans le voir même à la promenade.
— Le docteur prétend qu'il étudie nuit et jour.
— Ce qu'il y a de singulier, sainte mère, et ce que vous n'avez peut-être jamais remarqué, c'est que les apparitions du señor Carlos dans la ville sont aussi rares que celles de la corvette dans la baie, et j'ai fait le calcul, ce soir, que les unes et les autres coïncidaient d'une façon qui mérite d'être constatée.
— Ah! mon Dieu! don José, que dites-vous là! s'écria une religieuse, tandis que tous les auditeurs regardaient le jeune homme avec surprise.
— Je dis la vérité, ma sœur. Trois fois déjà j'ai fait cette remarque sans oser la communiquer à personne.
— Mais vous supposez donc, dit l'abbesse, que le señor Carlos ne serait pas étranger aux apparitions de la corvette?
— Je ne suppose rien, sainte mère; je constate des faits, voilà tout. Le señor Carlos, que personne ne connaissait à la Trinité, est arrivé dans l'île pour la première fois, le jour même où la corvette mystérieuse faisait son apparition. Le señor corregidor vient de le constater.

Le magistrat s'inclina en signe d'assentiment.

— Nous fûmes deux mois, continua don José, sans apercevoir dans la ville, le señor Carlos. Le docteur nous dit qu'il travaillait sans vouloir sortir de chez lui. Quand le revîmes-nous, cependant? N'était-ce pas sur la colline, alors que nous constations la seconde apparition du vaisseau-fantôme?

— Oui, oui! dirent plusieurs voix. Don José a raison.

— Cette fois encore, sa présence coïncidait avec celle du navire fantastique. Personne n'y fit attention, et ce n'est que plus tard que moi-même je me rappelai cette circonstance, quand, après la troisième et la quatrième apparition de la corvette, je remarquai que chacun des soirs où elle avait été signalée, le señor Carlos, que l'on n'apercevait jamais, était vu dans la ville.

Tous les auditeurs se regardèrent.

— Combien y a-t-il de temps que le docteur ne nous a amené le señor Carlos? demanda l'abbesse aux religieuses qui l'entouraient.

— Mais, trois mois au moins! répondit l'une d'elles.

— Et depuis ce temps, quelqu'un l'a-t-il vu dans la ville?

— Personne, dit don José; n'est-il pas vrai?

Un silence, équivalant à une réponse affirmative, suivit l'interrogation du jeune homme.

— Mais il y a trois mois, reprit l'abbesse, le vaisseau-fantôme était dans la baie.

— Oui! dit don José.

— Ah! sainte mère de Dieu! si le señor Carlos allait venir ce soir!

L'abbesse n'achevait pas ces mots, qu'un nouvel arrivant faisait irruption dans la salle. C'était un petit vieillard rubicond, robuste, actif, plein de sève et de verdeur. Sa tête, recouverte d'une énorme perruque à blanc, faisait encore paraître sa taille plus exiguë.

— Le docteur César! s'écrièrent les pensionnaires et les novices, en s'inclinant sur le passage du petit homme.

— Et votre ami, le señor Carlos, docteur? dit l'abbesse, en répondant au salut du médecin

— Le docteur Carlos, voulez-vous dire, sainte mère; car il a enfin achevé ses études, répondit le médecin en appuyant sur le mot *docteur*. Vous allez le voir dans quelques instants; il m'a promis, pour ce soir, de faire trêve au travail et de venir me retrouver ici.

La réponse du docteur avait causé, parmi tous les assistants, une commotion violente; mais ne s'apercevant pas de la sensation produite, il se promenait, en adressant, aux pensionnaires et aux novices, quelques compliments sur leur bonne mine, souriant et papillonnant au milieu de cette jeunesse qui aimait à le voir et à l'entendre.

Il s'arrêta devant le guéridon où était assise la jeune anglaise.

— Eh ! miss Mary ! fit-il en souriant, ma jolie fleur du nord, comment vous trouvez-vous à *Puerto-España*!...

— Oh ! merveilleusement, docteur, dit la jeune fille. *La Trinidad* est un pays charmant!... c'est dommage.....

— Qu'il soit espagnol, interrompit en riant le docteur ; mais que voulez-vous, l'Angleterre ne peut pas tout avoir !

— Ce n'est pas cela que je voulais dire ! fit miss Mary en rougissant.

— Non, mais c'est ce que pensent vos compatriotes. Enfin ! chacun pour soi ! Et votre digne père, sir Henri Stephens ? Il est toujours à Kingstown ?

— Toujours, docteur.

— Et que fait-il de ses Caraïbes ?

— Ce qu'il peut. Mais bientôt il aura raison de cette population insoumise.

— Le fait est, dit le docteur en aspirant une énorme pincée de tabac, le fait est que ces Caraïbes sont des gens bien singuliers ! Ils veulent conserver leur liberté, leurs usages, leur religion, leurs richesses, leur sol même ! Ils ne comprennent pas tout ce qu'il y aurait d'avantageux pour eux à aliéner tout cela au profit des Anglais...

— Aôh ! fit miss Mary avec un peu d'aigreur, je sais que vous défendez les Caraïbes...

— Dieu m'en garde, chère miss ! Des peuplades sauvages, qui n'ont pas la moindre confiance dans les médecins européens !... Mais, ne parlons plus de cela ! Y a-t-il longtemps que vous avez reçu des nouvelles de votre père, chère miss ?

— Deux mois au moins, docteur.

— Eh bien ! vous en aurez ce soir !

— Ce soir ? répéta miss Mary avec étonnement.

— Oui! Il est arrivé à *Puerto-España*, ce soir même, un jeune homme charmant, un ami de votre famille.

— Lord Ellen! dit miss Mary en devenant rouge comme une cerise.

— En personne, chère miss.

— La frégate est à l'ancre?

— Dans le port. Elle achève en ce moment les apprêts de son mouillage.

— Et, dit vivement miss Mary, lord Ellen n'avait aucune prise à sa remorque?

— Aucune, miss.

— Aôh! fit la jeune fille avec une intonation singulière.

Le vieux médecin se pencha vers elle en souriant.

— Eh! eh! fit-il d'un ton légèrement ironique : *chercher* et *trouver* sont deux choses différentes, mais *trouver* et *prendre* sont bien plus différents encore.

— Et qui donc faut-il trouver, et qui donc faut-il prendre, mon bon docteur? demanda Angelès, en levant sur le médecin ses beaux yeux interrogateurs.

— Un mécréant qui fait le plus grand mal à nos voisins les Anglais, señorita.

— Un mécréant! fit Incarnation avec étonnement.

— Ou du moins un corsaire...

Par un hasard, sans préméditation, toutes les conversations particulières venaient de cesser à la fois, et la réponse du docteur, prononcée au milieu d'un profond silence, avait frappé toutes les oreilles.

— Un corsaire! répétèrent plusieurs voix. Mais il n'y en a pas aux Antilles, grâce à Dieu!

— Aux Antilles espagnoles, non, dit le docteur, mais aux Antilles anglaises, oui!

— Il y a des pirates dans nos mers! fit l'abbesse avec terreur.

— Non pas des pirates attaquant tous ceux qui possèdent, sainte mère! répondit vivement le médecin, mais des corsaires combattant seulement les ennemis de leur pays. Et quand je dis des *corsaires*, j'exagère considérablement, car on n'en connaît qu'un seul

— Et à quelle nation appartient-il?

— A la France !

— A la France ! répéta l'assemblée avec un léger frémissement.

— Mais vous n'y pensez pas, docteur, dit un homme d'extérieur distingué en s'approchant du médecin. Pour qu'un corsaire existe, il lui faut avant tout un port de refuge, un lieu de ravitaillement, une côte amie et sûre enfin, et, depuis que les Anglais se sont emparés de Sainte-Lucie, de la Martinique et de la Guadeloupe, la France ne possède pas un seul port aux Antilles. Comment un corsaire français existerait-il dans nos mers ?

Je n'en sais rien, répondit le docteur, mais le corsaire existe, voilà ce qui est. La preuve, c'est que lord Ellen, l'heureux fiancé de notre chère et charmante miss, est à sa poursuite depuis plusieurs mois ; n'est-ce pas, miss ?

Mary fit un signe affirmatif, mais ne prononça pas une parole.

— Est-ce qu'il y a longtemps que ce corsaire existe ? demanda Angelès.

- Il y a près d'une année, señorita, que les Antilles anglaises ont appris à le connaître.

— Une année ! Et nous n'en avons jamais entendu parler à *la Trinidad*.

— D'abord *la Trinidad* n'avait pas à s'occuper d'un corsaire qui ne s'occupait pas d'elle. Puis, qu'est-ce qu'un bâtiment corsaire au milieu des mers des Antilles ? Une mouche dans le désert. Il n'y a que ceux qu'elle pique qui s'aperçoivent de son existence. D'ailleurs, nous n'avons ici de communication qu'avec le continent, et les îles anglaises sont à plus de quarante lieues de nous.

— Ensuite, dit don José en souriant, les Anglais sont trop blessés sans doute dans leur amour-propre national, par l'existence de ce corsaire qu'ils ne peuvent atteindre et qui doit frapper des coups si rudes sur leur commerce maritime, pour se plaindre, hautement, de leur impuissance à prendre leur ennemi.

— C'est très-juste, ce que vous dites là, don José, fit le vieux médecin en secouant la tête. Est-ce que vous saviez que ce corsaire existât?

— Nullement, docteur. C'est la première fois que j'en entends parler : mais, vous-même, paraissez ne pas ignorer, depuis longtemps, sa présence dans la mer des Antilles?

— Cela est vrai, je l'avoue. J'ai reçu de nombreuses lettres de la Dominique et de la Guadeloupe, qui me racontaient ses hauts faits.

— Et vous ne nous en aviez jamais parlé?

— Bah! fit le docteur avec une insouciance trop affectée pour qu'elle fût réelle; je n'y avais pas pensé jusqu'ici, et c'est le mouillage de lord Ellen, après sa vaine campagne, qui m'a remis la chose en mémoire.

— Un corsaire! dit l'abbesse, mais on n'avait pas entendu parler de flibustiers à *la Trinidad* depuis des années!

— Moi, ajouta une religieuse, je crois que le docteur veut se moquer de nous avec son histoire de corsaire.

— Pas plus, dit vivement le médecin, que vous ne vous moquez de moi avec le vaisseau-fantôme.

— Mais le vaisseau-fantôme existe, lui! dit don José. Du moins on le voit!

— Eh bien! le corsaire en question existe aussi. Don José, il y a ici quelqu'un qui l'a vu!

— Qui a vu le corsaire dont vous parlez?

— Oui.

— Qui donc?

— Miss Mary!

Tous les regards se portèrent curieusement sur la jeune Anglaise.

— Est-ce vrai? lui demanda le docteur.

Miss Mary avait tour à tour rougi et pâli et sa physionomie exprimait un dépit des plus prononcés.

— Comment savez-vous cela, docteur? dit-elle.

— Là n'est pas la question, chère miss, répondit le vieux médecin. Dis-je vrai?

— Je l'avoue.

— Vous avez vu le corsaire? s'écria l'abbesse en levant les mains au ciel.

— Miss Mary a été sa prisonnière! ajouta le docteur en riant.

Un frisson parcourut la partie féminine de l'assemblée.

— Prisonnière d'un corsaire! dit l'abbesse avec une expression de commisération profonde. Pauvre enfant!

— Oh! dit vivement le docteur, si ce que l'on rapporte est vrai, miss Mary n'a nullement eu à se plaindre de mon compatriote, car ce corsaire est Français, vous le savez. D'ailleurs miss Mary n'était pas seule entre ses mains. Ce maître bandit avait pris, d'un coup de filet, toute une corvette anglaise... Eh! parbleu! c'était la *Tamise*, que commandait lord Ellen!

— Mais comment savez-vous tout cela? dit miss Mary avec impatience.

— Figurez-vous, continua le docteur sans répondre à l'interpellation de la jeune Anglaise, que ce corsaire s'est conduit comme un gentilhomme de pure race! Une fois maître de la corvette, il a témoigné les plus grands égards à ses prisonniers. Il n'a pas voulu qu'aucun de leurs effets particuliers devînt la proie de ses hommes, ne conservant pour eux et pour lui que le navire qu'ils venaient de conquérir, son aménagement, sa cargaison de poudre et de boulets, enfin ce qui appartenait seulement au gouvernement des Trois-Royaumes.

— Mais les prisonniers? que leur a-t-il fait? demanda Angelès.

— Il les a comblés de politesses, señorita, et il les a déposés à terre en passant en vue d'une possession anglaise. N'est-ce pas, miss?

Mary, qui n'avait pris aucune part active à la conversation, répondit encore par un signe. Il était évident que le sujet traité par le vieux docteur était désagréable à la jeune Anglaise, mais elle paraissait plus gênée, plus embarrassée, plus troublée, qu'inquiète ou que peinée.

— Et c'est dernièrement que ces événements ont eu lieu? demanda l'abbesse.

— Il y a près d'une année, sainte mère : quelques mois avant que les Anglais ne s'emparassent de la Guadeloupe et de la Martinique! répondit le docteur.

— Mais quel est ce corsaire? comment se nomme-t-il?

— On l'ignore.

— Il est Français cependant, on le sait?

— Du moins on le dit.

— Qui cela?

— Mes amis de la Dominique et mes correspondants des autres îles.

— Et son navire se nomme?

— *Rédemption.!*

— Oh! oh! fit don José, voilà un nom qui pourrait faire croire que le patron du navire a quelque terrible rachat à faire!

— Je le pense comme vous! répondit le docteur en se bourrant le nez de tabac doré.

— Mais, Mary, donnez-nous donc des détails! dit Angelès avec impatience.

— Quoi! fit Incarnation de son côté, il vous est arrivé d'être prisonnière d'un corsaire et vous ne nous avez jamais fait le récit de vos aventures! Cela doit être aussi terrible, pourtant, que les légendes du vaisseau-fantôme.

— Cent fois plus terrible même, dit le docteur en souriant, car le vaisseau-fantôme, lui, ne fait qu'effrayer les yeux et les esprits, et pas un habitant de *la Trinitad* ne peut se plaindre que depuis sa première apparition, il lui ait causé préjudice, tandis que les négociants anglais ne tarissent pas en malédictions contre ce corsaire endiablé qui attaque les bâtiments du commerce avec une audace et un acharnement incroyables, qui bat souvent les navires de guerre ou qui leur échappe par ses ruses ainsi qu'il vient d'échapper à la poursuite de lord Ellen!

En ce moment une mulâtresse, quittant le salon d'attente, pénétra dans la salle et vint parler bas à lady Harriet; qui se leva, et, traversant la pièce d'un pas cadencé, s'approcha de miss Mary et dit en se tournant vers l'abbesse, qui était assise à quelques pas de la jeune Anglaise :

— Sainte mère, lord Ellen, qui est en ce moment chez le gouverneur, vous fait demander la permission de venir vous saluer au sortir du palais de don Guzman.

— Nous serons enchantée de recevoir celui qui doit un jour être votre mari, chère fille!

Miss Mary fit une petite moue dédaigneuse, mais elle parla bas immédiatement à lady Harriet, laquelle alla transmettre à la mulâtresse la réponse obligeante de l'abbesse.

— Voilà une visite qui pourrait bien annoncer votre prochain départ, Mary! dit Angelès en s'adressant à la jolie Anglaise.

— Pourquoi? demanda Mary.

— Parce que lord Ellen vient, sans doute, vous proposer de vous ramener près de votre père.

— Oh! je ne veux pas retourner à Saint-Vincent!

— N'aimez-vous plus Kingstown?

— Je m'y ennuie à mourir.

— Cependant, dit l'abbesse, et quel que soit notre désir de vous garder parmi nous, mon enfant, si votre père exige que vous partiez pour le rejoindre...

— Oh! fit miss Mary, mon père me laisse libre. J'ai désiré quitter Saint-Vincent pour venir à *la Trinilad*, et mon père ne s'y est pas opposé. Si je désire prolonger ici mon séjour, il ne s'y opposera pas davantage.

— Et, dit le docteur en souriant, peut-on vous demander, miss, la cause qui vous a déterminée à désirer venir à *la Trinilad*, car enfin, vous ne connaissiez personne ici, tandis que toute votre famille est dans les Antilles anglaises?

Miss Marry rougit légèrement.

— Un caprice! dit-elle.

— Un caprice qui se transforme en volonté arrêtée si vous prolongez ici votre séjour, ce qui ne saurait nous être fort agréable...

— Je me trouve heureuse à *la Trinitad*...

— Nous en sommes enchantés ; mais que dira lord Ellen si vous refusez de retourner à Saint-Vincent ?

— Oh ! fit Mary avec un mouvement dédaigneux, il dira ce qu'il voudra !

— Cependant, votre mariage...

— N'est pas fait, docteur.

— Il se fera ; vous l'avez promis...

— Oh ! interrompit Mary avec une vivacité extraordinaire, lord Ellen avait bien promis, lui, de ne retourner à Kingstown qu'après s'être emparé du corsaire !... Vous voyez bien, docteur, que l'on n'est pas forcé de tenir toutes ses promesses.

Chacun regarda la jeune Anglaise avec étonnement : elle avait mis un tel feu dans sa réponse que, pour ceux qui ne connaissaient pas sa nature si étrangement romanesque, cette réponse était peu compréhensible.

— Votre mariage, Mary, était-il donc subordonné au triomphe de lord Ellen ? dit Angelès en regardant sa compagne.

— Peut-être ! murmura Mary, dont les regards se détournèrent.

Le docteur était debout, la main droite appuyée sur le dossier du siége de la jeune miss. Il se pencha vers elle, et, tandis que la conversation reprenait de tous côtés :

— Mais, lui dit-il à voix basse, portez-vous donc réellement cette haine implacable à celui qui ne vous a personnellement fait aucun mal ? Sir Ewes...

Une sourde exclamation coupa la parole au docteur. Miss Mary s'était retournée à demi, et son visage, ordinairement calme et impassible, était devenu éblouissant d'animation et de colère.

— Docteur, dit-elle, ce nom n'appartient à personne.

— Vous savez bien qui il désigne cependant ! répondit le docteur, sans manifester la moindre émotion.

— Il désigne un homme incapable de tous sentiments honorables !

— Oh! miss, en êtes-vous bien sûre!
— Cet homme m'a trompée; il...
Miss Mary s'arrêta.
— Je le hais! ajouta-t-elle d'une voix brève après un moment de silence.
— Et il faut que, pour son cadeau de noces, lord Ellen vous apporte la tête du coupable? dit le vieux médecin d'un ton légèrement ironique.
— Il faut, répondit Mary, que l'Angleterre soit vengée de l'insulte faite à son pavillon et que lord Ellen soit un héros!
Le docteur, faisant un mouvement d'épaules, ouvrit sa tabatière et il absorba une succession innombrable de prises; puis se penchant de nouveau vers miss Mary :
— Écoutez-moi bien miss, dit-il d'une voix grave, car ce que je vais vous dire est sérieux : vous n'aimez pas lord Ellen, et cependant vous lui avez promis solennellement votre main s'il parvenait à s'emparer de cet intrépide Français qui, depuis huit mois que la France ne possède plus rien aux Antilles, a maintenu seul l'honneur de son pays, et a lutté seul avec succès contre la marine anglaise des colonies. Vous, qui aimez les héros cependant, miss, vous devriez aimer cet homme!
— Je hais la France et les Français! répondit sèchement Mary.
— Je le sais, bien que cette haine ait lieu de m'étonner dans un cœur aussi jeune que le vôtre; mais, malheusement, vous n'êtes pas la seule parmi vos compatriotes qui pensiez ainsi. Prenez garde, miss! vous avez un caractère extraordinairement romanesque qui vous entraîne à ne jamais rien voir à un juste point, et qui vous fait exagérer les moindres sentiments que vous ressentez.
Miss Mary regarda le docteur avec une expression d'orgueil froissé et en pinçant ses lèvres.
— Laissez aux hommes politiques ces sentiments haineux de nation à nation, poursuivit-il. J'ai le droit de vous parler comme je le fais, car je pourrais être votre

4.

grand-père. Cessez de poursuivre avec acharnement un homme brave qu'en votre qualité de femme romanesque vous devriez admirer. Il est Français, et vous êtes petite-cousine de Pitt, il est vrai ; mais est-ce bien le rôle de la femme de haïr ?

— Une véritable Anglaise, répondit Mary, ne pardonne jamais aux ennemis de son pays. D'ailleurs, pourquoi sans cesse rabaisser la femme ? Elle est capable de grandes choses, et, dans votre France même, n'avez-vous pas eu une femme, une héroïne que vous admirez encore ?...

— Jeanne d'Arc ? dit en souriant le docteur. Il est naturel que son nom vienne sur vos lèvres. Eh ! sans doute, c'est une héroïne ! Eh ! sans doute, je l'admire... Mais voulez-vous que je vous parle franchement ? Eh bien ! si j'avais vécu de ce temps, je ne l'eusse certes pas épousée ; ce qui prouve, après tout, qu'elle n'était pas dans son rôle de femme, car la femme est née pour inspirer l'amour et non pas la crainte ! Oh ! je connais la passion que vous professez pour ces héros de tous les sexes, mais cela ne vous excuse pas ! Réfléchissez : vous portez une telle haine à ce Français qui n'a d'autre tort que celui de s'être emparé du navire que vous montiez...

L'œil de miss Mary lança un éclair; elle fit un mouvement comme pour parler, mais elle s'arrêta.

— Puis, apprenant par les espions de votre père, continua le docteur, que le corsaire avait sans doute un port de refuge sur la côte ferme, vous êtes venue à *la Trinidad* pour être à même de connaître plus promptement le triomphe de lord Ellen, que vous croyiez certain...

— Pourquoi me dites-vous tout cela ? interrompit Mary.

— Pour vous rappeler au rôle qui doit être le vôtre, miss ; pour vous avertir...

— Je n'ai besoin d'aucun conseil ! dit miss Mary en se levant brusquement. Je vous rends grâce de vos bonnes intentions, docteur !

Le vieux médecin ouvrit sa tabatière et se mit à pétrir son tabac à l'aide du pouce et l'index de sa main droite, en faisant jouer ainsi les feux d'un magnifique solitaire qui étincelait à son petit doigt.

Il demeura quelques secondes absorbé, en apparence, par cette occupation, laquelle décelait toujours en lui une méditation sérieuse.

— Elle hait la France! Elle hait les Français! murmura-t-il. C'est très-bien... mais il faudra que je sache pourquoi elle le hait ainsi, lui!...

— Docteur, venez donc goûter aux fruits de notre jardin! dit une religieuse en s'avançant vers le vieux médecin.

Le docteur allait se diriger vers la collation préparée, lorsqu'une rumeur soudaine mit toute la compagnie en émoi.

C'étaient tous les oiseaux de la volière qui, réveillés subitement, poussaient des cris aigus, et, volant, ils se heurtaient contre le grillage.

Puis, au même moment, les perroquets, les perruches, les aras, les kakatoës croassèrent, avec une expression de terreur, et, se précipitant de leurs perchoirs, ils arrivèrent en branlant sur leurs pattes dans le salon, où ils se blottirent tous sous les jupes de leurs maîtresses, en se mettant sous leur protection.

— Mais qu'ont-ils donc? se disait-on.

— Ils auront été attaqués par les vautours! répondit l'abbesse.

Le docteur était près de la fenêtre et, passant sur le balcon, il examina le ciel. La nuit était belle, les étoiles brillaient, mais l'air était empreint d'une grande pesanteur.

Le docteur, inquiet et interrogeant le ciel, suivait du regard l'ouverture d'un volcan, dans la montagne la plus haute, et qui était le Talmana.

Tout à coup, la fumée cessa de monter.

Le docteur tressaillit.

— Oh! fit-il. Que va-t-il se passer avec une telle température? c'est sans doute l'approche d'un cataclysme qui a réveillé les oiseaux.

En ce moment de silence, lord Ellen fut annoncé.

VIII

LA PIROGUE

A l'heure même où les religieuses, les novices et les pensionnaires étaient sorties de la chapelle, une frégate anglaise franchissant la passe au dernier rayon du soleil, mouilla en rade.

Lord Ellen, commandant de ce navire, s'embarqua rapidement pour atteindre le quai. Et à ce moment, où la nuit succédait au jour sans crépuscule, la yole filait avec vitesse, une pirogue passa sur la barre de la baie de Mayaro et elle se dirigea vers le port.

Deux indiens pagayaient sans bruit et, à l'arrière, deux hommes étaient assis.

L'un élégant et élancé dans son ensemble, portait un costume de nankin et était coiffé d'un chapeau de paille de Panama, dont les bords larges et flexibles pliaient sur le visage et sur le derrière de la tête.

L'autre, carré dans ses formes, énergique dans sa pose et musculeux dans ses gestes, avait un large pantalon rayé rouge et bleu, une chemise blanche ouverte avec une cravate noire enroulée sous le col et veste bleue à courtes manches. Un chapeau de paille rond était posé sur le crâne.

En passant à l'arrière de la frégate, l'homme habillé en nankin dit à son compagnon :

— Tu n'as pas oublié ce que je t'ai dit de faire?

— Non ! mon commandant !

— Rappelle-toi que tu es un ancien matelot ayant refusé le service de la République en désertant ton bord !

— Tonnerre ! s'écria le matelot en étreignant le bord de la pirogue avec une main qui fit craquer le bois.

Puis secouant la tête :

— Enfin n'empêche ! continuez ! Larguer la chose en grand ! je fais un nœud plat sur ma langue.

— Tu t'es réfugié à Carracas et tu es entré au service d'un riche planteur.

— Où je m'ai lesté les poches de doublons, ni plus ni moins qu'un nabab...

— Ton maître vient de mourir, tu as eu des discussions avec ses héritiers et tu t'es sauvé avec ton argent...

— Oui ! déserteur d'abord, lascar ensuite, tout le tremblement ! un failli chien complet, quoi ! Et ces tas de terriens vont me faire des salutations parce que je navigue sur un fond d'or ! C'est pourtant du propre, ce que je vais avoir l'air d'être !

— Ecoute-moi donc !

— J'écoute, mon commandant. D'ailleurs et d'une, allez-y toujours ! Vous savez bien que Mahurec se fera déralinguer la carcasse pour l'histoire tant seulement que vous lui largueriez un merci du bon Dieu !

— Tu vas à *Puerto-España* pour manger tes doublons ! Donc ta présence et ta qualité de Français sont suffisamment expliquées... Maintenant il s'agit de mettre la main sur l'homme en question.

— As pas peur ! Il est à bord de la frégate, pas vrai?

— Il doit y être !

— Eh bien ! je le crocherai !

— Agis adroitement !

— As pas peur, que je dis?

— Tu sais ce que tu as à faire?

— C'est amarré là, à quatre amarres, dans ma boussole, et le diable ne le déhalerait pas!

— Je compte sur toi, maintenant! Une autre nouvelle. Fleur-des-Bois vient de m'apprendre qu'une flotte française était en vue!

— Une flotte française! cria Mahurec. Et c'est cette brave fille des Caraïbes...

— Qui a relevé les navires. Elle a accosté, avec sa pirogue, une frégate d'avant-garde et elle a donné, au commandant, tous les renseignements possibles en lui déclarant que les Caraïbes étaient prêts à combattre les Anglais avec les Français.

— Tonnerre! Nous allons donc nous battre avec les goddem! Notre corvette en coulera des navires!

— Notre corvette, je la donnerai à la flotte! Ce que je veux, c'est m'emparer de cette frégate sur laquelle j'embarquerai les six cents Caraïbes qu'Illehüe a mis à ma disposition.

— Et à qui qu'elle est, c'te frégate?

— A lord Ellen!

— Ah! tonnerre! Celui à qui on a astiqué la corvette! Ah! ah!... ça m'engante proprement! Le point est relevé! As pas peur, Mahurec ne fera pas fausse route!

La pirogue traversait la rade, se dirigeant vers le port.

— Mais, fit le matelot, pour crocher la frégate, faudra brûler de la poudre et nos soutes sont vides!

— Cette nuit elles seront remplies!

La pirogue touchait le quai. Le commandant s'élança sur les dalles en envoyant un signe à Mahurec.

La pirogue se dirigea vers le fond du port.

Le commandant, traversant le quai, s'engagea dans une ruelle étroite et sombre.

Marchant vivement et sans hésiter dans ce labyrinthe inextricable, il atteignit une petite maison située en haut de la ville.

La porte était entr'ouverte : il la poussa et pénétra dans l'intérieur du logis.

Une demi-heure s'écoula, puis la porte se rouvrit pour faire passage à un docteur, plein de dignité, vêtu de noir et coiffé d'une perruque poudrée. S'appuyant sur une longue canne de jonc à pomme d'or, il franchit le seuil d'un pas grave et il se dirigea vers l'intérieur de la ville.

Laissant à gauche le quartier de la marine, il atteignit la *Plaza-Mayor*, centre aristocratique de *Puerto-Espana*.

Un magnifique hôtel, bâti dans un style demi-oriental, demi européen, se dressait sur l'un des côtés.

Il traversa la place et il alla heurter énergiquement à la porte, qu'un nègre, en livrée fastueuse, s'empressa de venir ouvrir.

— Ah! señor Carlos, dit le nègre en s'inclinant, l'illustre docteur vient de sortir. Il a dit que si Votre Seigneurie se présentait, on la conduisit au couvent de l'Annonciade, où l'illustre docteur doit passer la soirée. Votre Seigneurie désire-t-elle que je fasse éclairer sa route?

Le grave personnage fit un signe affirmatif.

IX

LE CAIMAN

Lord Ellen qui était entré, tout d'une pièce, dans le salon du couvent, salua, avec une politesse anglaise, l'abbesse. Puis, quand il lui eut adressé son compliment, il se dirigea vers miss Mary.

Se courbant devant la jeune fille, qui fit un petit mouvement de tête :

— Pardonnez-moi, miss, de ne pas m'être présenté plus tôt. Le devoir m'a retenu à bord, pour donner mes ordres à l'état-major de ma frégate.

— Aôh! fit Mary. Est-ce que vous auriez livré quelque combat et que votre frégate aurait des avaries?

— Non! miss : l'ennemi nous a fui et nous n'avons pas tiré un coup de canon, mais ce soir, en mouillant, j'ai remarqué que le ciel n'était pas parfaitement pur, et j'ai dû prendre pour la sûreté de mon navire, les précautions nécessaires.

— Oh! maintenant que votre frégate est à l'ancre, dans le port, elle a échappé à tous les dangers.

— Sans doute, miss. Aussi suis-je parfaitement tranquille.

Le vieux docteur s'était approché de l'officier anglais :

— Avez-vous donc réellement remarqué quelque fâcheux pronostic dans l'atmosphère, milord! lui demanda-t-il.

— Les plus fâcheux, señor docteur, l'un de mes vieux matelots, qui est fort expert en pareille matière, m'a prédit quelque horrible tempête pour la fin de la nuit.

— Alors, tout votre équipage est demeuré à bord?

— Nullement. Les trois quarts de mes hommes sont à terre. Les pauvres diables n'ont pas quitté la mer depuis deux mois. D'ailleurs, leur présence à bord serait inutile. Il n'y a pas aux Antilles un port plus sûr que le havre du Carénage, et ma frégate est parfaitement à l'abri de tout ce qui peut arriver.

Le docteur poussa un soupir de satisfaction.

— Le fait est, dit-il en souriant, que, par les plus violentes tempêtes, il n'est pas d'exemple d'une arrivée dans notre port.

— Cela s'explique, docteur, il est abrité de tous côtés : des vents du nord par l'île elle-même, des vents du sud par le continent voisin. Ah! *Puerto-España* est une station maritime des plus importantes...

— Oui, dit le docteur. Il est fâcheux pour l'Angleterre qu'elle appartienne à l'Espagne.

— C'est mon avis! dit froidement lord Ellen sans se préoccuper de ce que cette réflexion avait de peu poli faite devant les autorités espagnoles de *la Trinidad*.

— Alors, reprit une des religieuses, nous sommes menacées d'une tempête?

— Je le crains répondit l'Anglais.

— Heureusement que la Trinité est à l'abri des ouragans!

— C'est ce qui fait la sécurité de son port, señora.

— Mes filles, dit l'abbesse de sa voix douce, si une tempête menace, nous passerons la nuit en prières!

— Alors, sainte mère, dit le commandant du port, commencez par prier pour le vaisseau-fantôme, car tout fantôme qu'il soit, je doute qu'il résiste aux fureurs réunies du mascaret et du gouffre.

— Heureusement pour le vaisseau-fantôme, dit le docteur, que le vent est complètement tombé.

— Oh! fit lord Ellen, il se lèvera. Il y avait au midi des lueurs phosphorescentes qui indiquaient la tempête.

— Eh! eh! lord Ellen! s'il y a tempête, et que le fameux corsaire soit en mer, l'Angleterre pourrait être vengée sans que vous brûliez une once de poudre! Qu'en dites-vous?

Lord Ellen répondit par un sourire forcé. En ce moment une autre préoccupation que celle que pouvaient causer les paroles du docteur, absorbait son esprit.

Depuis son entrée dans le couvent, l'officier anglais n'avait pas cessé de prodiguer ses attentions à miss Mary. Il n'avait pas dit quatre paroles sans que, par une inclination de tête, trois au moins fussent adressées à la fille du gouverneur de Kingstown. Ses regards, tantôt caressants, tantôt sévères, décochaient à la jeune miss leurs traits les plus aigus et les plus provoquants; mais miss Mary n'avait daigné répondre à aucune des paroles envoyées à son adresse, et ses yeux s'étaient dédaigneusement détournés à chacun des regards du lord.

Lord Ellen prit un siége voisin de celui de Mary; mais la jeune fille lui tourna le dos brusquement.

Le docteur interrogeait la porte du regard, puis; retournant vers le balcon, il examinait le ciel et le Talmana dont la fumée ne reparaissait pas.

Son inquiétude était visible.

Don José, qui ne le perdait pas des yeux, s'approcha du señor César, et le prenant par le bras :

— Docteur! je vous connais depuis longtemps et vous savez que vous pouvez avoir confiance en moi. Parlons du corsaire français.

— Du corsaire français? Je ne le connais pas.

— Mais si!

— Vous connaissez cette existence depuis bien des mois.

— Vous croyez?

— Le corsaire en question est Français, et vous êtes Français vous-même!

— Cela est vrai, don José !

— Vous détestez les Anglais.

— On ne raisonne pas ses sympathies non plus que ses antipathies !

— Docteur, voulez-vous que je vous dise une partie de ma pensée ?

— Dites, don José ! Vous savez qu'un médecin vaut un confesseur pour la discrétion.

— Eh bien ! S'il y a un an que votre corsaire existe, il y a un an que le fameux vaisseau-fantôme est venu, pour la première fois, mouiller dans la baie de Mayaro, et un rapprochement doit être fait entre ces deux dates !

— Toutes les suppositions sont possibles, señor !

— L'homme qui aurait trouvé le secret d'une passe et d'un mouillage dans cette terrible baie de Mayaro, serait un marin d'une audace et d'une intelligence hors ligne. Il faut de tels hommes pour commander un corsaire.

— Eh ! eh ! fit le docteur en prenant du tabac, il y a du bon dans tout ce que vous me dites là !

— Vous voulez donc connaître ma pensée tout entière ?

— J'en serais charmé.

— S'il y a un an que le corsaire existe, que le vaisseau-fantôme a fait son apparition sur nos côtes, il y a un an aussi que le señor Carlos est arrivé dans l'île...

Le médecin regarda son interlocuteur :

— Don José, aimez-vous les Anglais ?

— Je n'aime pas les ennemis de mon pays ! Les Anglais nous trompent ! Ils convoitent nos colonies !

— Et les Français ?

— Je les aime, comme bon Espagnol d'abord et comme homme ensuite ?

— Donc, si par aventure, quelques Français déterminés tentaient un coup hardi pour recouvrer leurs colonies indignement volées par les Anglais...

— Je les y aiderais de tout mon pouvoir !

— Don José ! dit le docteur en saisissant les mains

de son interlocuteur, vous êtes véritablement un noble hidalgo.

Don José retint, dans les siennes, les mains du vieux médecin.

— Docteur, je suis malade. Je voudrais bien avoir une consultation de vous et de votre ami Carlos pour savoir ce qu'il faut que je fasse.

— A vos ordres, le señor Carlos va venir, mais ici la consultation serait difficile à donner... Voulez-vous venir cette nuit, dans mon jardin, à deux heures?

— J'y serai.

Le docteur fit un mouvement comme pour quitter le balcon.

— Encore un mot! dit don José en l'arrêtant. Ce que le commandant du port a dit est vrai: la baie de Mayaro n'est tenable par aucun navire, réel ou fantastique, durant la tempête, surtout lorsque le vent du sud souffle par rafales...

— Eh bien! connaissez-vous donc un mouillage plus sûr et qui offre les mêmes avantages?

— Non, mais toute la côte nord de la baie, celle qui avoisine le canal, fait partie des propriétés territoriales que m'ont léguées mes ancêtres. Cette côte est à moi, et moi seul ai le droit d'y faire établir, clandestinement, des moyens de sauvetage en cas de danger. Mes nègres sont à ma dévotion...

— Il faudrait qu'ils fussent à la baie!

— Ils peuvent y être dans deux heures avec tout ce qui leur est nécessaire.

— Et le gouverneur n'en saurait rien? Et personne dans la ville...

— Mon honneur répond du silence, docteur!

Don César serra les mains de son interlocuteur.

— Je vous connais, José, dit-il, et je vous crois.

— Alors?...

— Alors, il faut que les nègres partent, car le ciel est sombre au midi!

— Dans dix minutes ils seront rendus à mon palais, répondit simplement José en quittant le balcon.

Au moment où ils se retournaient, tous deux, vers

le salon, les eaux jaillissantes dans les fontaines, s'arrêtèrent subitement dans leur cours.

Un bruit sourd retentit dans les tuyaux et, ce bruit augmentant, un ronflement s'échappa des orifices avec des sifflements aigus.

Toute l'assemblée qui était dans le salon, terrifiée, affolée, poussant des cris plaintifs, hésitait et ne savait que faire, quand tout-à-coup, une vapeur sulfureuse s'échappa des tuyaux, en éteignant subitement les lumières.

Tous les assistants et toutes les assistantes se précipitèrent vers la porte, mais ils furent refoulés par un flot de mulâtresses et de nègres qui se ruèrent dans le salon, avec des cris déchirants.

Les porteurs de torches, qui attendaient leurs maîtres, se précipitèrent à la suite des domestiques, en éclairant subitement le salon.

L'entrée était libre... il y eut un moment de poignant silence... puis une tête de caïman se glissa sur le seuil de la porte.

S'arrêtant, il promena ses regards, et il fouetta le parquet avec sa queue, en ouvrant largement une gueule garnie d'une rangée de dents aiguës, et sa langue s'allongea.

Une terrifiante terreur stupéfiait tous ceux qui envahissaient le salon.

Le caïman fit quelques pas en avant, et miss Mary, s'élançant résolûment vers lord Ellen qui était au côté opposé :

— Milord ! s'écria-t-elle d'une voix vibrante, nous laisserez-vous déchirer par ce monstre ? Tuez-le, et je vous pardonnerai de n'avoir pas pris le corsaire français, et je consentirai à partir, dès demain, avec vous pour retourner près de mon père.

Lord Ellen, tenant son épée nue, fit un pas vers le caïman dont les dents craquèrent.

S'avançant lentement, il déchirait le tapis lacéré par les griffes des pieds de devant et il traînait ceux de derrière qui étaient palmés pour la nage.

A l'entrée du salon, il s'arrêta avec un regard de ses

gros yeux qui se promenait sur tous les assistants.

La présence subite de ce vorace reptile causa une immobilité complète et on était fasciné sans pousser un cri.

Miss Mary, étant la plus proche, le caïman se dirigea vers elle en ouvrant sa gueule menaçante...

Un râlement d'horreur s'échappa des bouches et les mains se joignirent... Mais don José enleva la jeune fille avec un geste rapide et si violent, que la gueule en se refermant ne mordit que la jupe qu'elle déchira.

Lord Ellen enfonçant son épée dans la gorge, la lame fut brisée par les dents, et, se sentant menacé, il fit quelques pas en arrière, en se jetant de côté.

Ce mouvement découvrit miss Mary, sur laquelle la gueule se rouvrit encore. La jeune miss, en reculant, s'embarrassa dans les plis déchirés de sa jupe et elle tomba...

La stupéfaction causée par cette chute paralysa tous ceux qui étaient suspendus comme au-dessus d'un abîme.

Le caïman baissa la tête, en écartant ses mâchoires, et miss Mary sentit cette brûlante haleine sortant entre ces dents aiguës qui la menaçaient...

Cette situation poignante foudroyait tous ceux qui étaient là... Le caïman faisait un pas en avant, vers sa victime qu'il allait dévorer.

Mais soudain, à ce moment terrible, apparut, dans l'encadrement de la porte, ce docteur don Carlos, au grave costume.

Ses regards s'arrêtant sur cette horrible scène, un cri rauque sortit de ses lèvres et, d'un seul élan, il bondit sur le cou du caïman.

Arrachant un poignard, qu'il tenait dans sa main droite, il creva, avec un geste rapide, les deux yeux, et une secousse violente, causée par la douleur, ne désarçonna pas celui qui l'attaquait, mais son chapeau et sa perruque tombèrent.

Saisissant un fer, qui avait un tranchant, il le passa dans la gueule ouverte et le tirant de ses deux mains, il déchira l'extrémité des mâchoires.

Le caïman rugit d'un cri rauque et il enfonça ses dents dans la barre.

Ce brave attaqueur détacha, de sa ceinture, une hache et, la levant, il abattit la patte droite à la jointure.

Le caïman tomba sur le côté et l'homme sautant sur le plancher, saisit des deux mains le bout de fer, il retourna le reptile sur son dos.

Reprenant sa hache, il l'enfonça dans le ventre qu'aucune écaille ne protégeait.

De l'entrée de don Carlos à la mort du caïman, un temps si court s'était écoulé qu'aucun de ceux qui étaient présents n'avait pu l'aider à agir.

Miss Mary, relevée par don José, avait assisté à cette terrible lutte :

— Sir Ewes! dit-elle avec élan du cœur. Ah! c'est un héros!

Un soupir de satisfaction s'échappait des lèvres de tous ceux qui étaient dans le salon, et ils entourèrent ce sauveur avec des exclamations de reconnaissance.

— Carlos! Carlos! disait le docteur. Ah! que tu es brave! Et je suis fier de toi!

L'abbesse vint remercier celui qui avait risqué sa vie pour délivrer le couvent de ce féroce crocodile et elle ajouta que, dans la chapelle, on allait adresser des prières pour lui.

— Ah! répétait aussi Mary. Sir Ewes! Ce corsaire français! Héros! véritable héros! Quel malheur qu'il ne soit pas anglais!

Lord Ellen était près d'elle, mais miss Mary lui tourna encore le dos, en disant :

— C'est à sir Ewes que je dois la vie!

Tous avaient le regard fixé sur le reptile mort, et don José dit :

— Jamais un caïman ne quitte ses eaux sans y être provoqué par quelque cause puissante... Il ne s'aventure, sur la terre ferme, que quand la faim le pousse à chercher une proie. A quoi attribuer ce qui s'est passé?

— A quoi? dit le docteur. A quoi attribuer la conduite des perroquets qui ont quitté cette nuit leurs perchoirs pour venir se réfugier auprès de leurs maîtresses? A quoi attribuer le tarissement instantané des eaux de la fontaine? A quoi attribuer la disparition subite de la fumée que vomit depuis des siècles le cratère du Talmana? A une même cause! A quelque effrayant malheur qui menace l'île entière.

Les hommes firent un mouvement d'étonnement.

— Cela est vrai, répondit Carlos. Lors du dernier ouragan de Saint-Vincent, auquel j'ai assisté, il y a eu jusqu'aux serpents qui pressentaient l'approche du péril.

— Le caïman a été chassé de ses marais par la cause mystérieuse qui a desséché les sources et qui remplit cette pièce de fumeroles volcaniques et de gaz délétères.

— Y a-t-il donc réellement quelque péril à redouter? dit un des Espagnols.

— Les pronostics les plus fâcheux se sont fait remarquer sur mer depuis deux heures! répondit Carlos.

— Que craignez-vous donc, docteur? demanda don José.

— Le moment du lever du soleil.

En achevant ces mots, il lança un regard rapide à Carlos : celui-ci répondit à ce coup d'œil, par un geste expressif.

— Carlos, reprit le docteur, voulez-vous aller m'attendre chez moi? je vais auprès des bonnes sœurs m'assurer qu'aucune d'elles n'a besoin de mon ministère, et je vous rejoins dans quelques instants.

Puis, prenant la main de Carlos qu'il pressa d'une manière significative, il la plaça dans celle de don José.

— Partez ensemble, continua-t-il, et causez tous deux!

Le docteur appuya sur les derniers mots.

— Don José est un noble Espagnol, Carlos, et tout à fait digne de vous comprendre.

Puis se penchant à l'oreille de Carlos, le docteur ajouta à voix basse :

— Il deteste les Anglais! son aide est de la dernière importance. Par lui vous aurez les munitions qui vous manquent et des secours dans la baie! Allez! faites vite, car j'ignore quel est le péril qui nous menace tous, mais il est extrême et peut-être n'avons-nous que quelques heures pour agir!

Et don César, quittant les deux jeunes gens avec sa vivacité ordinaire, entraîna du geste à sa suite les autres Espagnols avec lesquels il causait :

— Venez, senores, dit-il, ces dames ont peut-être besoin de nous.

Don José et Carlos, demeurés seuls, quittèrent le couvent, se dirigeant vers la *plaza Mayor* où était situé le palais du docteur.

L'air chargé et lourd, devenait de moins en moins respirable. Le Talmana ne dégageait aucune fumée. Le ciel était sombre et noir. Des lueurs phosphorescentes apparaissaient au sud.

X

LA FONDA DE SAN PEDRO

Après le départ de lord Ellen, de sa frégate, le grand canot, mis à la mer, fut envahi par les matelots qui avaient la permission d'aller à terre. Il ne restait à bord que ceux du quart.

Gervais, que lord Ellen continuait à garder sur son navire, descendit avec les matelots dans le grand canot.

Pressé, serré, étourdi par les cris d'allégresse, Gervais, assis sur un banc, se disait :

— Ah! Saint Gervais ! mon patron! Protégez-moi et ayez pitié de moi!

— Chien de français! hurla le matelot, as-tu fini de croasser dans ta vilaine langue? Tu nous porteras malheur !

— *My dear...*

— As-tu de quoi nous payer un punch, seulement? dit un autre matelot en venant s'asseoir sur le banc où était Gervais.

— Dix punchs, excellents gentlemen, dix punchs, si cela peut vous être agréable..

Et il reprit en français, mais à voix basse :

— Oh! ma pauvre rue Saint-Honoré! ne te reverrai-je donc jamais? Et mon épouse qui m'attend depuis quinze mois, moi qui étais parti pour trois jours...

— Pousse! cria le matelot qui tenait le gouvernail.

Le canot, chargé à sombrer, s'éloigna de la frégate, et lestement enlevé, il glissa sur les eaux unies du port.

Les Anglais firent entendre un *hourra* joyeux.

— Eh! James! est-ce vrai que le rascal paye un punch?

— Aussi vrai que le Français n'est qu'un chien!

— Certainement, estimables messieurs, je... commença Gervais.

— Faut qu'il paye pour le brigand que nous n'avons pu crocher! ajouta James.

— Ça nous manque! dit un canotier. Hein? si on avait croché le gueux qui nous a filouté *la Tamise*!

— Oh! les chiens de Français! Quel plaisir on aurait eu à les couler!

— Mes bons amis... dit Gervais qui blêmissait, ne m'en veuillez pas...

— Eh! pourquoi es-tu venu? interrompit James.

— Ce n'est pas ma faute... C'est un habit brodé qui... Tenez, figurez-vous qu'un soir j'étais dans mon arrière-boutique avec ma femme, en train d'examiner les beaux habits brodés qui nous restaient encore, et dont la République une et indivisible paralysait la vente, lorsque tout-à-coup...

Le canot abordant le quai, tous les matelots se levèrent pour s'élancer.

— A la *fonda*! cria James, en entraînant Gervais! et vous autres, préparez vos gosiers! Le rascal doit être riche comme Crésus. Nous boirons ses doublons!

— A la *fonda*! répéta la bande.

La *fonda de San-Pedro* était un des cabarets favoris des marins.

Dans une grande salle, garnie de tables, de bancs

et de tabourets en bois. Il y avait, au fond, un comptoir derrière lequel trônait une mulâtresse à toilette voyante.

Avant l'arrivée des matelots, cette salle était déjà envahie par une quantité de buveurs, espagnols, mulâtres, métis, nègres, chantant, criant et hurlant.

Mahurec fumant sa pipe, et s'étalant devant une table chargée de rhum et de tafia, où venaient trinquer tous ceux qu'il appelait, faisait sonner les piastres et les douros dans sa ceinture.

L'équipage de la frégate faisant invasion dans la *fonda*, James poussa devant lui Gervais :

— Hohé ! de la cambuse ! hurla le colossal matelot, du rhum, du tafia, du punch ! Tout le tremblement de l'établissement ; c'est un chien de Français qui paye !

Et, poussant violemment Gervais, il l'envoya s'asseoir sur un banc.

— Du tafia, du punch ! vociférèrent les Anglais en tapant sur les tables et sur les bancs.

Au mot *chien de Français*, Mahurec avait fait un mouvement comme pour se lever. Mais se contenant :

— Oh ! oh ! les *négros*, cria-t-il, une piastre à celui qui dansera mieux la *bamboula*.

Et il fit sauter dans sa large main la pièce d'or promise.

— Bamboula ! bamboula ! répétèrent les nègres en sautant de leur banc sur le plancher de la salle.

— Eh ! tas de canailles, fit James en repoussant les nègres qui s'apprêtaient à danser, faut que les matelots boivent, et vous danserez après s'ils le veulent bien !

Mahurec se leva et vint, en se dandinant sur les hanches, se placer au milieu des nègres repoussés :

— Dansez, *negros* ! dit-il d'une voix impérative.

— Oh hé ! du punch ! hurla James. Un baril défoncé pour bol, en deux temps !

Et tapant rudement sur l'épaule de Gervais, qu'il secoua comme on secoue un arbre dont on fait tomber les fruits :

— Alions! rascal, amène tos doublons et gloire à l'Angleterre!

— Le punch! criaient les Anglais qui tous avaient pris place autour des tables et continuaient leur épouvantable sabbat.

Mahurec, debout au milieu de ses nègres, regardait alternativement Gervais et James. Retirant du coin de ses lèvres sa courte pipe noircie par l'âge, il en secoua les cendres, la bourra de nouveau, l'alluma, et mettant les mains dans ses poches, il fit mine de retourner vers la place qu'il avait quittée, en entonnant à tue-tête, cette chanson, si évidemment française.

Y avait un corsairien
Qu'était roi des Antilles,
Il avait trois belles filles
A qui il donnait son bien!...
Un matelot bel et brave
Qu'avait son sac plein!...

— Ah! mon Dieu! mon Dieu! fit Gervais, très-ému.

Il se leva pour aller voir celui qui parlait français.

— Eh bien! quoi, l'ancien? dit Mahurec, voilà que tu le pâmes comme une carpe!

— Ah! mon Dieu! disait Gervais en ouvrant des yeux énormes, vous parlez français?

— Comme père et mère, l'ancien!

— Quoi! vous seriez?...

— Né natif de Rosporden, Breton bretonnant, matelot fini, gabier premier choix, propre à se patiner aussi proprement sur une vergue que dans le premier bastringue des hidalgos du pays, et pour le quart d'heure libre de son temps!... Congé illimité, des douros plein les poches, avec ça une chance de rencontrer un pays! Tôpe là, vieux!

— Ah! mon Dieu! bonne sainte Vierge! un Français! répétait Gervais qui ne pouvait en croire ses yeux ni ses oreilles.

— Un Français!... où cela? dit une voix avec un accent méprisant.

Mahurec se retourna d'un bond : James, le colossal Anglais, était en face de lui.

— Tu es Français, toi? reprit James en regardant Mahurec sous le nez.

— Un peu, qu'on s'en flatte! répondit le gabier sans reculer d'une semelle.

— Et où donc qu'est la coquille qui t'a amené?

— Elle est où je l'ai amarrée!

— Et tu viens comme ça?...

— De Carracas, l'Anglais!

— Il y a donc des chiens de ton pays à Carracas!

— Non, répondit Mahurec en se mordant les lèvres; il n'y a que moi.

— T'as donc déserté ton bord?

— Oui.

— Pourquoi cela?

— Parce que je n'ai pas voulu servir la République.

— Ah! fit James en regardant ses camarades avec un désappointement manifeste, ah! tu as refusé de servir la République... Tu as bien fait ; mais qu'est-ce que tu faisais alors à Carracas?

— Je lestais mes poches de doublons chez un planteur, et comme le planteur a largué sa dernière écoute, j'ai mis le cap sur *la Trinidad* avec mon lest pour venir y courir pas mal de bordées d'agrément.

— T'es lesté de doublons comme un galion, dis-tu?

Mahurec frappa sur sa ceinture et sur les poches de son pantalon qui rendirent un son métallique.

James s'approcha de Gervais.

— Celui-là, dit-il, doit nous payer le premier punch : il faudra que toi tu payes le second.

— Celui-là, payera ce qu'il voudra, et moi ce que je voudrai! répondit Mahurec.

— Et moi aussi! dit vivement Gervais, encouragé par la contenance fièrement impassible de son compatriote. Par conséquent, je...

— Chien de Français! s'écria James. Tu vas nous payer à boire.

Et il avança sa main pour saisir le bras du bourgeois, mais Mahurec se plaça entre eux :

— Pourquoi veux-tu crocher ce terrien qui est plus faible que toi ?

— Parce que ça me plaît ! répondit James.

— Eh bien ! ça me déplaît, à moi !

L'Anglais se mit à rire :

— Écoute, dit le gabier, j'ai des doublons dans ma ceinture et je veux les boire : autant avec toi et tes amis qu'avec d'autres, mais avant que je vous paye cet agrément-là, faut que je m'en paye un autre à moi-même ! C'est celui de faire brasser à culer ta frimousse de gabier de poulaine !...

— Hein ! fit James.

— Faut-il te détaper le pertuis de l'entendement pour que tu comprennes ?

Les Anglais qui entouraient les trois hommes firent entendre des cris menaçants.

— Je dis, que puisqu'il te faut un punch, je te le joue avec cela !

Et le gabier montra son poing formidable.

— Ça va ! dit l'Anglais. Fais apporter le rhum et le tafia !

Le gigantesque matelot, qui dépassait son adversaire de toute la hauteur de son buste athlétique, lança un regard ironique sur ses compagnons :

— Nous allons rire.

— Je ne donnerais pas un punch pour la peau du Français ! disait un matelot.

— Je parie un schelling, que James lui fera jaillir l'œil droit du premier coup.

— J'en parie deux que ce sera l'œil gauche !

— Tenu, Jack ! Je connais le coup de poing de James. Où sont tes deux schellings ?

— Voilà !

— Trois schellings pour chaque côte enfoncée du rascal, contre un schelling pour une côte intacte !

— Tenu ! tenu ! répondirent plusieurs voix.

Et pendant ces paris, d'autres matelots s'occupaient de la boxe qui allait avoir lieu.

Le terrain, soigneusement balayé, on l'arrosa, et une bouteille de tafia fut posée, sur chaque table placée près de chacun des deux adversaires.

James et Mahurec enlevèrent leurs chemises et ils se déchaussèrent, n'ayant, pour vêtement, que le pantalon.

La boxe est, pour les Anglais, un art et une science.

— Aôh ! fit l'Anglais en se redressant tout à coup et en regardant Mahurec. Tu as des doublons?

— Un peu ! répondit le gabier.

— Eh bien ! j'ai touché ma paye ! Dix guinées pour moi !

Et James, enfonçant sa main dans la poche de son pantalon, jeta dix pièces d'or sur une table.

Mahurec mit la même somme en la plaçant à côté de l'autre.

— Le jeu est fait ! Tout est payé ! Allous-y !

Un frémissement parcourut la foule : les deux lutteurs tombèrent en garde.

James, la tête haute, renversée en arrière, avait le corps plié sur les jambes et assis sur la droite, les deux poings levés et rapprochés, l'œil fixe et la poitrine effacée ; Mahurec, ferme comme un roc, les bras au corps les poings à la hauteur de la tête un peu baissée en avant, attendait la lutte.

L'Anglais, faisant des passes savantes, tourna autour du gabier comme un chat autour de la proie qu'il guette, mais Mahurec lui faisait toujours face.

Les deux hommes respirant fortement, les poings tournant l'un sur l'autre, les yeux dans les yeux, demeurèrent l'espace d'une demi-minute sans se porter un coup.

Les spectateurs était haletants.

Tout à coup James se ramassa avec une fausse attaque du poing gauche, un double appel du pied, et détacha sa main droite, qui s'abattit sur son adversaire.

Le coup porta sur l'avant-bras... Mahurec avait paré.

Puis, ripostant, il se rua en atteignant sous le menton James qui tomba en arrière...

Un cri de rage s'échappa des lèvres de tous les assistants : l'Anglais s'était levé avec deux dents cassées.

— Aôh ! ohioù ! fit-il en retombant en garde.

La lutte recommença.

James, rendu plus prudent, multiplia les fausses attaques et il se jeta de côté en envoyant, à son adversaire, un coup de poing en pleine poitrine, mais Mahurec ne vacilla pas même sur ses jambes.

— Aôh ! beau boxeur ! dit un Anglais, électrisé par cette lutte qu'il contemplait.

A la troisième passe, James fut une seconde fois renversé.

La colère commençait à troubler la tête de James, tandis que Mahurec, toujours calme, conservait l'avantage de son sang-froid.

Les spectateurs fronçaient les sourcils et laissaient paraître un peu d'inquiétude.

La lutte recommença avec une grande précaution de James, qui se baissa ; et faisant un pas en avant avec un mouvement rapide et brusque, il fit une attaque que Mahurec para.

Mais envoyant immédiatement une riposte, le poing se dirigea vers les yeux et Mahurec, obéissant à un mouvement instinctif, porta la tête en arrière... Le coup arriva en plein sur le côté de l'oreille.

Le gabier chancela sans tomber.

D'après les règles de la boxe, on doit s'arrêter et dégager son adversaire, mais, emporté par la fureur, James envoya un second coup qui fit perdre l'équilibre à Mahurec.

— Hourra ! crièrent les Anglais.

Le gabier s'était redressé d'un seul bond : et revenant sur James au moment où il retombait en garde, il s'élança la tête en avant et James, atteint en pleine poitrine, fut enlevé de terre et lancé en arrière : ses pieds décrivirent une ligne courbe en l'air, et son corps vint s'abattre sur le rang des matelots, dont trois furent entraînés dans la chute.

Un rugissement de colère et de rage jaillit de tous les points de la salle.

XI

LE PAVILLON

La maison du docteur César était située sur la *plaza Major*, au centre de *Puerto-España*.

A l'extrémité du jardin, où croissait la flore des Antilles, s'élevait un pavillon élevé qui dominait une vaste étendue.

C'était un véritable observatoire.

Ce soir-là, le docteur, don José et Charles étaient assis sur la plate-forme. Ils regardaient les cimes aiguës et escarpées des anciens volcans.

Parmi ces cratères le plus saillant était *Talmana*.

La fumée n'avait pas reparu, mais depuis quelques instants le pic resplendissait, dans la nuit, d'une vapeur lumineuse qui se dégageait de son cratère et l'enveloppait de nuages étincelants.

— Ah ! fit le docteur, voici un nouvel indice de révolution du sol !

— Mais, dit don José, si vous prévoyez un danger il faudrait prévenir les autorités.

— Sans doute, je prévois un danger, don José, et

un danger terrible môme. Mais de quelle nature sera ce danger ? je l'ignore. Quand je préviendrais le gouverneur et les autorités de l'île, quelles précautions pourrait-on prendre ?

Charles, s'appuyant sur la balustrade de bois de bambou, plongeait ses regards dans la *baie de Mayaro*.

Le ciel était sombre, la nuit obscure, et cependant on distinguait dans une anfractuosité de la baie, disparaissant à demi dans les ténèbres, la silhouette d'un petit bâtiment se balançant sur les vagues.

— Je ne vois pas le signal !

— Mes nègres ne peuvent être encore arrivés ! répondit don José.

— Craignez-vous quelque chose pour votre corvette, commandant ! demanda le docteur.

— Rien jusqu'ici, mais j'ai cent hommes à bord, et si une tempête éclatait, la baie deviendrait leur tombeau. Or vous savez si, dans ce pays, les tempêtes éclatent subitement.

— Tenez ! regardez ! dit don José en saisissant le bras de son compagnon.

Charles vit un point lumineux qui venait de briller sur la côte sud de la baie. Un jet de flamme jaillit et éclaira, de sa lueur rouge, le rivage sombre et hérissé de brisants.

— Mes nègres sont arrivés, dit don José. Maintenant votre corvette est à portée de secours, et votre équipage peut abandonner le navire en le laissant à la garde de Rodriguez, le vieux marin qui commande mes esclaves.

Charles interrogea le cadran de sa montre à la clarté d'un rayon de lune qui se glissait entre deux nuages.

— Le temps qu'on transmette mes ordres à bord, que Fleur-des-Bois fasse préparer les embarcations, que les Caraïbes débarquent... il faut une heure au moins.

Puis se retournant vers don José.

— Votre habitation est contiguë à celle-ci ?

— Oui, mes plantations s'étendent depuis la baie jusqu'aux murs de mon jardin.

— Alors mes hommes peuvent franchir la distance qui les sépare de la ville, sans passer sur d'autres terres que sur les vôtres ?

— Sur aucune autre. Pablo les conduira jusqu'au jardin, et de ce jardin, ils passeront facilement dans celui-ci.

— Et d'ici j'atteindrai à mon tour le port, sans traverser la ville ni le quartier de la marine.

César regarda Charles avec étonnement.

— Voulez-vous donc attaquer la frégate dans le havre même ?

— Oui.

— Mais cela est insensé !...

— Pourquoi donc, docteur ?

— La frégate a ses hommes de quart, dont vous ignorez le nombre ; ses officiers, dont plusieurs sans doute sont restés à bord ; elle ne laissera pas accoster deux canots sans vérifier à quelle nation appartiennent ceux qu'ils portent ; et en reconnaissant des Caraïbes...

— Dans un quart d'heure, Mahuree sera ici, il me donnera tous les renseignements sur le nombre des hommes qui sont à bord de la frégate. Il m'apprendra le mot d'ordre, et ce sera dans le canot major que nous accosterons le navire.

— Charles ! prenez garde ! dit vivement le docteur. L'entreprise ainsi exécutée est d'une témérité folle ! Les secours peuvent arriver de terre en un clin d'œil !

— Ils arriveront trop tard.

— Cependant, réfléchissez !

— Mon plan est fait, et il réussira ! Mes Caraïbes ont encore les uniformes des soldats anglais qu'ils avaient tués à Kingstown, ces uniformes qui nous ont déjà si merveilleusement servi pour nous emparer de la *Tamise*.

— Mais vous n'avez pas assez d'uniformes pour tous vos hommes ! dit don José.

— Non sans doute. Mais que dix d'entre eux seulement soient sur le pont...

—Cependant, interrompit le docteur, vous n'avez pas réfléchi que ces uniformes sont ceux de soldats d'infanterie et que la frégate n'a pas un seul homme de troupe à son bord.

— Je sais cela, docteur, mais que mes Caraïbes accostent la frégate sans qu'il soit tiré un coup de canon sur eux et je réponds du succès. Jamais commandant n'a eu, sous ses ordres, un équipage tel que le mien. Vous verrez mes corsaires à l'œuvre ! Grâce aux munitions que don José veut bien me fournir, mes hommes seront en mesure de battre les Anglais, lors même qu'une partie de ceux qui sont à terre seraient rentrés à bord, ce qui n'est pas supposable. A l'aube du jour, docteur, le drapeau tricolore flottera là, à cette drisse où se balance le yacht anglais ! Les premiers rayons du soleil éclaireront la frégate, devenue corsaire français ! Demain, à Saint-Vincent, Illchuë me complètera cinq cents guerriers à mon bord, et sous trois jours, le premier boulet qui sera envoyé aux troupes anglaises maîtresses de la Pointe-à-Pitre, ce sera une caronade de mon nouveau navire ! Je veux que nos cris de victoire retentissent jusqu'à *la Trinitad*, docteur !

— Dieu vous entende, mon enfant ! dit vivement le médecin, car j'aime la France !

— Maintenant, reprit Charles, que Fleur-des-Bois soit ici avant trois heures du matin et que Mahurec m'apporte les renseignements, tout le succès sera assuré.

En ce moment, un coup de sifflet, accompagné d'une série de modulations, semblables à celles que prodiguent les contre-maîtres de marine retentit.

— C'est lui ! dit vivement Charles.

Mahurec apparaissait à la plate-forme.

— Présent, mon commandant ! dit-il en portant la main à son chapeau.

— Eh bien ? fit Charles.

— As pas peur ! C'est dans le sac !

— Tu as les renseignements nécessaires ? Tu sais l'heure à laquelle doivent venir les canots, le nombre d'hommes de quart, le mot d'ordre...

— Tout le tremblement, et bien d'autres choses encore !

— C'est Gervais qui t'a donné ces détails ?

— Lui ? Il ne savait rien de rien, mon commandant ! Bête comme terrien ! quoi ?

— Alors comment as-tu su ?

— J'ai joué le grand jeu avec les *english* donc ! Et j'ai gagné !

Le docteur et José s'étaient rapprochés.

— Pour lors et d'une, commença Mahurec en se posant sur les hanches suivant son habitude, vous n'aviez pas plutôt débarqué, mon commandant, qu'une idée numéro un est venue s'amarrer d'elle-même dans ma boule. « Minute ! que je fais. La brise adonne, faut pincer le vent ! » Faut vous dire comme ça, qu'il y avait de la manigance arrangée pour crocher la frégate, quelque chose qui me déralinguait le tempérament : c'était la manière d'accoster, quoi ! Ces gueusards d'uniformes rouges, c'était bon dans le temps, mais pour le quart d'heure ça devait tirer l'œil. Puis pas de cabillot à bord, et on a beau être *english*, quand on est matelot, on est matelot, c'est-à-dire pas bête : pour lors, les hommes de quart devaient relever une fausse manœuvre en nous voyant aborder avec des habits rouges.

Le docteur regarda Charles.

— Pour lors donc, mon idée me pousse, j'accoste le quai avant les Anglais et je pince un temps de trot jusqu'à la *fonda de San Pedro*, qui est la plus renommée et où les *english* devaient aborder en grand. La vieille cambusière a Mahurec sur les rôles de son cœur depuis des temps, quoi ! A toi z'à moi ! Enfin, elle relève son gabier !

— Eh ! la mère ! que je lui fais, j'ai des doublons à gogo et des amis à régaler. Je veux un punch à mettre le feu à ta cassine. Mais j'ai mon plan ! Faut que je fasse ma cuisine moi-même. Voilà des *doures*, conduis-moi dans la soute aux liquides.

— Ça va ! que dit la vieille, et elle me met à même sa cambuse.

« Pour lors, et de deux, je croche quelques chaudrons, je défonce un baril de rhum, un autre de tafia, un autre d'alcool de France. Et des piments, du poivre de Cayenne, tout le tremblement des tremblements, quoi! Et je te barbote tout ça ensemble, et je t'en fais un punch qu'il fallait une vraie mâchoire de gabier, suivée et goudronnée pour l'avaler! C'est paré! que je dis, et je prends mon quart dans la salle pour veiller, et je m'amuse à boire avec un tas de flibustiers de rien du tout. Pour lors, et de trois, j'avais toujours mon idée. Les *english* accostent! Fallait être malin pour qu'ils ne puissent pas relever mon point et se douter de mes manœuvres. Pour entrer en connaissance, vous savez, il n'y a rien de tel que les coups de poing : ça vous amatelote deux hommes...

— Tu t'es battu? interrompit Charles.

— Histoire de rire, mon commandant, et de boxer un grand escogriffe qui me donnait de travers dans l'œil. J'ai drossé l'*english*, et quand il a été suffisamment avarié : faut boire! que j'ai dit, et je paye un punch et, après ça, nous recommençons.

— Ça va! que disent les autres et mon *english*, qui espérait bien me repincer après avoir bu mes doublons.

— Nous ne sommes pas assez! que je dis. Je veux payer un punch numéro un. Faut aller chercher le reste de l'équipage.

— Ça va toujours! » que disent les Anglais, et on court des bordées pour ramener les traînards.

« Pendant ce temps-là je fais monter mes chaudrons. C'était un peu manigancé, hein?

— Ensuite? ensuite? demanda Charles.

— Eh bien! mon commandant : à cette heure, il y a dans la *fonda* quatre-vingts matelots, ivres comme des culots de gargousse, pas tant seulement capables de lever une patte, ni de dire *yes*. J'ai payé la cambusière pour qu'elle aille se promener : j'ai fermé les portes de la *fonda*, coffré les Anglais, et voilà les clefs. Le jardin de la *fonda* donne sur une rue déserte, les camarades venus, nous allons dépouiller les Anglais; les Caraïbes désarment les matelots et attendent... A quatre heures, les grands canots accostent : le jour n'est pas venu encore... nous nous embarquons en deux temps : on jette à la mer les canotiers... nous filons sur la frégate. Vingt-cinq hommes seulement sont de quart... le mot d'ordre est : *King and London*. En deux temps nous sommes maîtres du pont... on coupe les câbles des ancres, et la brise de terre qui se lève avec le soleil nous pousse en mer avant qu'à terre personne ne se doute de la chose. Le commandant et les officiers, excepté le second, sont tous à *Puerto España* et ne doivent embarquer qu'à huit heures, après le quart du lavage. C'est-il un plan tiré ça, mon commandant?

Et le matelot, dans l'enchantement que lui causait la réussite de son œuvre, battit dans l'air un bruyant entrechat.

Charles lui tendit la main.

— Et Gervais? demanda-t-il.

— Je l'ai amené avec moi, mon commandant. Il pouvait faire quelque bêtise, ce terrien. Je l'ai traîné à ma remorque. Seulement, il ne comprend rien de rien à ce qui se passe.

— Mais où est-il?

— Dans la maison du docteur; il attend.

Qu'importe cet homme! dit le vieux médecin qui avait écouté avec la plus vive sensation le récit de Maburec.

— Il importe beaucoup, répondit Charles. La France a encore des amis à la Guadeloupe. Gervais y est connu des Anglais, il ne saurait inspirer la moindre défiance et je compte sur lui pour le débarquer la nuit au *port du Moule* et faire prévenir nos compatriotes, afin que l'escadre trouve, en arrivant, un point de débarquement préparé.

Un sifflement aigu retentit.

— C'est Fleur-des-Bois et les Caraïbes! dit Charles.

XII

LE TREMBLEMENT DE TERRE.

A trois heures et demie du matin, le ciel était noir et la ville plongée dans une profonde torpeur.

Dans une ruelle, bordant le bas du mur du jardin du couvent des Annonciades et avoisinant le port, deux rangées d'hommes étaient accroupis dans l'ombre.

Charles, appuyé contre la grille de la porte, était immobile et attentif.

Au milieu de ce silence, des chants doux et suaves s'élevèrent sous la voûte de l'église; c'était les *matines* qu'on célébrait.

Charles, traversant la cour, se dirigea vers la chapelle pour prier.

Les religieuses, les novices et les pensionnaires occupaient le chœur, qui était séparé par une grille.

Des lampes suspendues éclairaient l'intérieur.

Les chants religieux continuaient, quand, tout à coup, les cloches s'agitèrent en rendant un son sinistre et funèbre, les lampes se balancèrent, et une oscillation fit perdre l'équilibre.

A ce moment, une femme s'élançait dans l'église.

— Viens, commandant! Tous les canots sont pris. L'embarquement est prêt!

— Ah ! Fleur-des-Bois ! dit Charles avec un sourire,

Et comme ils se dirigeaient vers la porte de sortie, une oscillation, plus accusée, fit craquer les murailles qui soutenaient la voûte, et tous les vitraux tombèrent brisés.

Un grondement sourd retentit, la terre trembla, et une secousse violente s'étendit sur l'île.

Les chants avaient cessé, et les religieuses étaient agenouillées dans le chœur.

Un second tremblement secoua la ville entière, une détonation éclata, et des cris déchirants, affolés, retentissaient au milieu des craquements et de l'écroulement des maisons.

Charles et Fleur-des-Bois s'arrêtèrent en hésitant ; les regards se croisaient quand, tout à coup, une secousse plus violente que les autres crevassa le sol, et, lézardant les murailles, la voûte fut déchirée et le dôme s'abîma dans le chœur.

Charles, saisissant une jeune fille, l'enleva au moment où elle allait être écrasée, et il s'élança hors de l'église suivi par Fleur-des-Bois.

Le docteur était dans la cour.

— Tout est perdu ! dit-il.

Ils atteignirent rapidement la place *Mayor*. Ce point de la ville était le refuge de ceux qui avaient pu échapper au danger.

Les maisons s'écroulaient de toutes parts. On n'entendait que les cris des blessés, les plaintes des mourants : les râles et les imprécations mêlés au bruit des éboulements et des détonations souterraines.

Les blessés se tordaient en demandant de l'eau, mais toutes les fontaines étaient taries.

Le soleil, se levant, éclairait cette scène dans sa saisissante horreur.

Des taureaux, rendus libres, se ruèrent sur la place, mugissant, la tête baissée, les cornes en avant ; ils firent des trous dans cette foule entassée dont les cris éclatants augmentaient leur fureur.

Charles, portant la jeune fille, Fleur-des-Bois et le

docteur, repoussés par ceux qui se sauvaient des taureaux, s'étaient rejetés dans la rue de la Marine.

Un cri de joie retentit. Mahuree et deux Caraïbes étaient près d'eux.

— Au port! dit Mahuree, peut-être pouvons-nous fuir encore!

La mer n'offrait pas un refuge assuré.

Aux secousses successives le flot s'était retiré laissant les navires à sec, puis il était revenu en furie et avait rempli et coulé ceux des bâtiments qui s'étaient couchés. La frégate anglaise avait échappé seule au désastre.

— Au port! au port! répéta Fleur-des-Bois, que son calme héroïque n'avait point abandonnée durant cet effrayant désastre. J'ai donné des ordres pour que les pirogues ne soient pas entraînées.

— Prends cette femme! dit Charles en tendant à Mahuree le corps qu'il soutenait dans ses bras.

Le matelot saisit la femme évanouie qui, en ce moment, revenait à elle.

Dans le mouvement qu'il fit, Charles découvrit le visage de celle qu'il avait sauvée.

— Miss Mary! dit-il avec étonnement.

— Sir Ewes! murmura la jeune Anglaise en reconnaissant également son sauveur. Lui devoir la vie... deux fois... à cet homme!...

Mais la phrase prononcée ne put être entendue. Mahuree emportait miss Mary en courant vers le port; ses compagnons le suivirent traversant les décombres qui leur barraient la route.

XIII

LES CHANTEURS ET LES CRIEURS.

Le soir du 3 thermidor de l'an II de la République une et indivisible, la rue des Sept-Saints, de Brest, était envahie par la foule de ces habitués qui écoutaient, en se pressant, les chansons populaires exécutées en duo par une femme et un homme.

Entre les deux couplets, des crieurs, se dirigeant sur la chaussée, annonçaient d'une voix vineuse :

— L'*Ami du peuple!* criait l'un. Qui veut lire le véritable *Ami du peuple*, le journal du peuple, fait par un sacré-bougre de sans-culotte qui ne se mouche pas du pied et qui le fera bien voir.

— Le voilà le troisième numéro du fameux *Sapeur sans-culotte!* hurlait l'autre.

Et les chanteurs reprenaient en donnant encore plus d'étendue à leur voix :

> De tous côtés, mes bons amis,
> Nous terrassons nos ennemis :
> Et *Cobourg*, qui s'était promis
> De passer l'hiver à Paris.

> Prend le chemin qu'il faut
> Pour y venir plus tôt
> Danser la carmagnole.
>   Vive le son
>   Du canon!

— Bravo! bravo! hurla la foule enthousiaste.
— L'*Ami du peuple!* glapissait le premier crieur.
— Le *Sapeur sans-culotte!* répétait l'autre.
— Troisième couplet! criait un chanteur.

De là le vacarme dont nous avons parlé et qui se mélangeait agréablement à celui s'échappant de tous les cabarets voisins pour former un effroyable charivari.

— La liste des condamnés qui se confesseront demain à Ancel! vociféra tout à coup une voix enrouée. Qui est-ce qui veut lire les noms des scélérats qui vont mettre la tête à la chatière? Ça ne se vend qu'un sol!

Les chanteurs reprirent :

> Oui, la victoire, sans retour,
> Est partout à l'ordre du jour;
> Mons et le pays d'alentour,
> Après Fleurus ont eu leur tour
>   L'on nous écrit aussi
>   Qu'Ostende, Dieu merci,
> Danse la carmagnole,
>   Vive le son
>   Du canon!

Et la foule d'applaudir de nouveau, et les crieurs de recommencer leur sabbat, car d'autres encore venaient de se joindre aux premiers arrivés.

Au dernier rang des écouteurs, adossés à une maison voisine, deux hommes se tenaient debout placés l'un près de l'autre.

Tous deux étaient de taille différente : l'un mince, fluet, et l'autre taillé en grande force corporelle.

Le premier portant un uniforme d'artilleur de marine, le second personnage était vêtu en sans-culotte.

Tous deux semblaient être là depuis longtemps écoutant les refrains des chanteurs et les hurlement des crieurs, sans manifester qu'ils portassent grand intérêt aux uns ou aux autres.

Mais lorsque l'annonce de la liste des victimes désignées pour être guillotinées le lendemain, parvint à leurs oreilles, le soldat tressaillit brusquement et saisit le bras de son compagnon.

— La liste des scélérats! reprit le crieur; leurs noms, prénoms et qualités?... Trois ci-devant commenceront la danse!... Un sol!

— Va l'acheter! dit vivement le soldat au gigantesque sans-culotte.

Celui-ci s'avança vers le crieur, pendant que les chanteurs entonnaient, sur un autre air, ces couplets si fort de mode :

> Descendons dans nos souterrains,
> La liberté nous y convie;
> Elle parle, républicaine,
> Et c'est la voix de la patrie.
> Lavez la terre en un tonneau,
> En faisant évaporer l'eau,
> Bientôt le nitre va paraître.
> Pour visiter *Pitt* en bateau,
> Il ne nous faut que du salpêtre.

Le sans-culotte revenu dans le cercle tendait un papier imprimé au soldat. Celui-ci s'en saisit avidement et, se penchant pour être éclairé par la lueur s'échappant d'une boutique voisine, il parcourut vivement la liste fatale.

— Eh bien?
— Il y est!

Le sans-culotte serra ses poings avec une telle violence que les os des doigts craquèrent.

— Il y est? répéta-t-il à voix basse, les dents serrées et la physionomie décomposée par une émotion subite.

Le soldat leva la liste et passa son doigt sur la ligne de tête.

Cette ligne contenait cette simple dénomination :

« Henri, ci-devant vicomte de Renneville. »

— Je ne sais pas lire! dit le sans-culotte en saisissant le papier qu'il froissa convulsivement.

Le soldat lui posa la main sur l'épaule.

— Prends garde, fit-il à voix très-basse, nous sommes entourés d'espions.

Chanteurs et crieurs reprenaient alors leurs chants et leurs cris, et le tumulte était tel que les deux hommes pouvaient causer sans crainte d'être entendus.

Le soldat s'était glissé derrière son compagnon, et il disparaissait sous cette large carrure.

— Ne te retourne pas, Papillon! dit-il en se dressant sur la pointe des pieds comme pour mieux voir les chanteurs, position qui lui permettait d'atteindre à l'oreille du séide de Bonchemin. Ne te retourne pas et écoute! Tu vois le danger; il faut agir cette nuit même. Préviens tout ton monde, et, dans une heure, toi, Cormoran, la Baleine, Dent-de-Loup et Pâquerette, rendez-vous au cabaret de la rue de la Chiourme. Maintenant, va vite.

Papillon fit un pas en avant; mais le soldat, qui venait de jeter autour de lui un regard rapide, l'arrêta en le retenant par sa carmagnole.

— Tu seras suivi, continua-t-il; on nous épie.

— J'assommerai le... murmura Papillon.

— Tu te laisseras suivre, interrompit le soldat. On ne t'attaquera pas, parce que tu serais le plus fort, mais on cherchera à te faire parler. Tu auras l'air de céder...

— Hein? fit Papillon.

— Fais-toi payer cher tes aveux pour donner plus de confiance...

— Que dirai-je?

— Que tu veux sauver mademoiselle de Niorres, et, retiens bien cela, que tu obéis au *roi du bagne*.

Papillon tressaillit.

— Tu as entendu? reprit le soldat d'un ton impérieux. Tu ajouteras que Jacquet est aussi aux ordres du *roi du bagne*.

— Et Bonchemin?

— Tu n'en diras pas un mot.
— Ensuite?
— Quand on aura obtenu de toi ces renseignements, tu promettras d'en donner d'autres, et alors on te laissera. Tu feras ce que je t'ai dit.
— Mais si on ne me laisse pas!
— Tu assommeras l'homme!
— Bon!
— Maintenant si, par hasard, on te suivait sans t'accoster et seulement pour te suivre, tu irais au chantier, et en passant sur le quai, tu jetterais l'homme à la mer. Tu comprends?
— Très-bien!
— Va donc! et dans une heure, rue de la Chiourme!

Papillon s'élança et fit une brusque trouée dans le cercle, se dirigeant vers le bas de la rue des Sept-Saints.

Les chanteurs et les crieurs continuaient leur vacarme, et la foule entonnait, avec les *Garats* ambulants, ce dernier couplet de la chanson patriotique faite contre les ennemis de la France :

On verra le feu des Français
Fondre la glace germanique;
Tout doit répondre à ses succès!
Vive à jamais la République!
Précurseurs de la liberté,
Des lois et de l'égalité,
Tels partout on doit nous connaître,
Vainqueurs des bons par la bonté
Et des méchants par le salpêtre.

Papillon disparaissait au milieu de la foule qui encombrait la rue; Jacquet s'était penché pour le suivre des yeux et avait remarqué un personnage, long et mince de corps, qui, tout en paraissant se promener, s'était détaché, depuis peu, d'un groupe de sans-culottes attablés devant un cabaret voisin, et suivait la même direction.

— Bon! murmura Jacquet, Scævola est sur la piste de Papillon : Léonidas devra dès lors s'élancer sur la mienne! Parfait! Ah! M. Pick, je crois que je vais enfin prendre ma revanche!

La chanteuse faisait, en ce moment, sa ronde, et, sa sébile à la main, elle s'adressait à la générosité de l'assistance dont elle et son compagnon venaient de charmer les oreilles et les cœurs par leurs mélodies patriotiques.

Les gros sous pleuvaient dans la sébile. Jacquet se glissa prestement au premier rang, opération accomplie avec d'autant plus de facilité que la vue de la quêteuse avait fait déjà éclaircir le nombre des écouteurs.

La quêteuse avança sa sébile vers Jacquet; celui-ci fouillait dans la poche de sa culotte.

Il tendit le bras et laissa tomber deux sous dans la sébile : la chanteuse lui sourit; au même instant Jacquet rejeta dans la sébile trois autres sous : la chanteuse le regarda vivement et passa.

Bientôt elle eut terminé sa ronde.

Revenant vers l'homme qui l'attendait, elle lui fit un signe, et tous deux s'éclipsèrent dans la foule.

Jacquet, méconnaissable sous son uniforme, remontait alors la rue en se dandinant sur les hanches.

Un autre sans-culotte, qui fumait sa pipe près de la table que venait de quitter celui qui avait suivi Papillon, se mit en marche à son tour dans la direction que prenait Jacquet.

Celui-ci ne tourna même pas la tête : il paraissait absorbé dans ses réflexions.

— Demain! murmurait-il, demain!... Il a été jugé et condamné il y a trois semaines, mais son exécution devait être remise indéfiniment. Fouché avait écrit à Prieur, cependant! Brune me l'a affirmé!... Demain!... douze heures à peine pour terminer ces préparatifs qui ne devaient être achevés que dans trois jours!... Le pourrons-nous?...

Jacquet atteignit une rue coupant à angle droit celle des Sept-Saints. Cette nouvelle voie, un peu moins animée que l'autre, était cependant suffisamment parsemée de cabarets pour qu'elle fût loin d'être déserte.

— Tout était si bien combiné! reprit-il mentalement. Mes nouvelles de Paris sont exactes! La chute de Robespierre se prépare... il y aura une réaction avant huit jours... Rien alors n'était plus facile que de les sauver tous deux! Bamboula et Pick auront compris les événements qui se préparent... ils veulent les devancer!... Allons, il faut agir!...

Jacquet passait alors devant une maison de mesquine apparence, dont la porte bâtarde était entr'ouverte. Jacquet tourna vivement la tête, lança derrière lui un regard perçant et pénétra d'un seul bond dans la maison.

Le sans-culotte à la pipe, qui marchait à distance, fit rapidement quelques pas en avant, comme s'il eût craint que celui qui venait de disparaître lui eût échappé; mais au même instant, le soldat qui était entré ressortit et continua sa route sans se retourner.

C'était la même taille, le même habit, la même allure : il n'y avait pas à s'y tromper; le sans-culotte, lui aussi, reprit sa marche, et les deux hommes disparurent bientôt dans les ténèbres, car la ligne des cabarets se terminait à peu de distance, et les lumières jaillissant des tavernes ne se projetaient pas plus loin.

Et la porte que le soldat avait refermée sur lui en sortant, se rouvrit doucement, et la figure de fouine de Jacquet apparut par l'entre-bâillement.

— Léonidas a donné sur la fausse piste! murmura-t-il en haussant les épaules.

Et il s'élança dans la rue qu'il remonta rapidement en sens opposé. Il avait quitté son uniforme et était vêtu en bourgeois.

Avant d'atteindre la rue des Sept-Saints, il prit une autre rue à droite, conduisant dans la haute ville.

Ce quartier était désert : Jacquet marchait en rasant les murailles et en glissant sur le pavé; aucun bruit ne décelait son passage.

Tout à coup il s'arrêta dans sa course et porta la main à la poche de son habit, comme pour y chercher une arme.

— Je suis suivi ! dit-il entre ses dents. Serait-ce Pick ?... alors...

Un pâle sourire, éclairant la face blême de l'ex-agent de M. Lenoir, répondit à la pensée intérieure qu'il n'acheva pas de formuler.

XIV

LE PROCONSUL

Prieur, ce même soir, ne paraissait pas s'occuper, comme il le faisait journellement, de la rédaction d'un programme de fête.

Assis devant son bureau, le front appuyé sur ses mains croisées, il semblait en proie à une préoccupation des plus vives.

Devant lui étaient ouvertes et dépliées cinq ou six lettres dont le papier froissé attestait qu'elles avaient toutes subi déjà d'attentives lectures.

— Robespierre! disait-il en fronçant les sourcils, Robespierre, un traître!... Est-ce bien vrai, cela!... C'est Vadier qui l'accuse!... et Tallien, Barras, Fouché prétendent qu'il veut inaugurer une royauté théocratique, parce qu'il a été le héros de la fête de l'Être-Suprême!... Belle fête, par ma foi!... beau programme!... bien fait! Et, cependant, ce n'était pas encore complet! Ah! si j'avais été là!...

Et le *romancier de la République*, se laissant entraîner par sa passion favorite, reconstruisit dans sa pensée, selon ses vues, la fête célèbre donnée à Paris quelque temps auparavant.

Mais une des lettres, qu'il prit sur son bureau et qu'il parcourut des yeux, le ramena à la situation.

— Le rapport de Vadier sur la conspiration de Catherine Théo, reprit-il en froissant le papier, est très-violent. Comment Robespierre le supporte-t-il? Ces paroles sont terribles!...

Et il lut à haute voix :

« Verbe divin de cette mère de Dieu, oint du Seigneur, vengeur céleste appelé à renverser les idoles de pierre et de bois et à lancer la foudre vengeresse sur les Titans orgueilleux !... »

— Robespierre serait-il réellement un traître? poursuivit Prieur. Ne nous pousserait-il tous en avant sur la route que nous suivons que pour nous désavouer ensuite? N'exciterait-il pas sourdement l'action à dessein d'avoir le suprême mérite, aux yeux de la nation, d'être un jour le Dieu libérateur? Si cela était... Mais cela est-il? continua Prieur après un moment de réflexion. En attendant, aujourd'hui 3 thermidor, si nous sommes à la veille d'une lutte, comme cela est évident, Robespierre est toujours le grand homme de la République. Rompre avec lui est impossible!... Non! non! Fouché et Tallien ont tort, et je ne répondrai pas!... La loi du 22 prairial est là, et je tiens à ma tête! Que Fouché et Tallien risquent la leur, s'ils le veulent. Quant à moi, je suis membre du *Comité de salut public* de Paris et je soutiendrai mes amis!... Robespierre, Couthon et Saint-Just peuvent compter sur moi!... C'est dit!...

Et Prieur, attirant à lui une feuille de papier blanc, se disposa à écrire.

En cet instant, un coup fut frappé à la porte du cabinet.

— Entrez! s'écria le proconsul.

La porte s'ouvrit, et un personnage, vêtu en muscadin, pénétra dans la pièce.

— Ah! c'est toi, citoyen Sommes! dit Prieur en adressant un geste amical au nouveau venu. Qui t'amène?

— Les signatures des ordres d'exécutions pour demain! répondit Bamboulà en s'avançant vers Prieur.

7

Celui-ci, en voyant s'approcher son interlocuteur, jeta vivement sur les lettres qu'il venait de lire et qui étaient éparses sur son bureau, un énorme cachier de papier blanc destiné à les dérober aux regards curieux.

Bamboula vit le geste et sourit ironiquement.

Sans mot dire, il plaça une liasse de feuilles recouvertes d'écriture devant Prieur de la Marne.

Chacune de ces feuilles constatait les condamnations du tribunal révolutionnaire, et le nom de celui qui devait être guillotiné le lendemain. Seulement l'exécution ne pouvait avoir lieu qu'après que chaque dossier eût été revêtu de la signature du représentant en mission dans le département et qui légalisait ainsi l'acte des jurés.

Ces pièces, visées, étaient envoyées au greffier en chef de la prison, lequel fait le matin l'appel des condamnés et les envoyait au bourreau dans la fatale charrette.

Chaque jour, depuis qu'il était à Brest, Prieur de la Marne signait ces espèces d'actes mortuaires.

Trempant dans l'encrier la plume qu'il tenait de la main droite et attirant à lui les papiers à l'aide de sa main gauche, il se mit à signer sans se donner la peine de lire autre chose que les noms et prénoms des condamnés.

— As-tu des nouvelles de Paris? demanda-t-il en jetant sur la première feuille signée une pincée de poudre et en lançant de côté avec insouciance ce papier qui vouait un malheureux innocent au supplice.

— Oui! répondit Bamboula.
— Eh bien?
— Saint-Just a été mandé de l'armée du Nord.
— Ah! Il est arrivé?
— Non! il ne sera à Paris que le 7.
— Qui l'a mandé?
— Robespierre.

Prieur s'arrêta au moment de signer une seconde feuille et regarda fixement le citoyen Sommes.

— Sais-tu pourquoi? demanda-t-il.

— Oui! répondit simplement Bamboula. Et tu le sais aussi bien que moi.

Prieur se redressa et ses regards devinrent significativement interrogatifs.

— N'as-tu pas reçu ce matin des lettres de Fouché, de Barras, de Vadier et de Tallien? poursuivit Bamboula d'une voix incisive et avec un accent ironique.

Prieur se mordit les lèvres, et, reprenant la plume qu'il avait déposée sur le bureau, il se remit à signer les feuilles fatales.

Il en rejeta successivement quatre, après avoir griffonné au bas sa signature illisible, sans prononcer une parole.

Un profond silence régnait dans la pièce : on n'entendait que le bruit de la plume courant et grinçant sur le papier.

Tout à coup, Prieur, qui jusqu'alors avait paru accomplir une œuvre machinale, s'arrêta au moment de tracer le P majuscule formant la première lettre de son nom.

Il approcha de la lampe, placée près de lui, le papier qu'il tenait et il lut la formule de tête ; formule contenant, suivant l'usage, le nom, les prénoms et les qualités du condamné.

Bamboula n'avait pas fait un mouvement, mais son œil perçant ne quittait pas le proconsul.

Prieur se tourna vers lui :

— Encore? dit-il d'un air mécontent.

— Il faut que ce brigand soit exécuté demain! répondit Bamboula en articulant très-nettement ses paroles.

— Impossible! dit Prieur en rejetant la feuille sans la signer.

— Pourquoi?

— Parce que tu sais bien les motifs qui me font prolonger les délais. C'est la cinquième fois que tu me présentes cette pièce, et chaque fois je t'ai expliqué que cette exécution ne pouvait pas encore avoir lieu.

— Il faut qu'elle ait lieu demain, cependant! dit Bamboula d'une voix brève.

— Impossible, te dis-je! Fouille dans les prisons, prends-en un autre, qui tu voudras, et envoie-le à Ance, j'y consens, mais celui-ci doit vivre encore!

— Il faut que cet homme meure demain? dit encore Bamboula avec un accent décidé; il le faut. Il a été jugé, il est condamné : les délais dont tu parles sont expirés depuis longtemps et son nom est en tête de la liste des condamnés que l'on vend à cette heure dans la ville?

— Son nom est en tête de la liste! s'écria Prieur.

Bamboula prit dans sa poche un papier qu'il plaça sous les yeux du proconsul : c'était un exemplaire de la liste des victimes, semblable à celui qu'avaient lu Jacquet et Papillon :

— Tiens, dit-il, lis toi-même! Henri, ci-devant vicomte de Renneville.

— Tonnerre! s'écria Prieur. Qui a fait imprimer cela?

— Moi! répondit Bamboula.

— Toi?...

— Moi-même!

Les deux hommes étant en face l'un de l'autre, leurs regards se croisèrent comme les lames de deux épées.

— Citoyen Sommes, dit Prieur en se levant brusquement, sais-tu que je suis le seul représentant de la Convention à Brest?

— Bah! fit Bamboula. Tu oublies Jean-Bon Saint-André! Il compte aussi! N'est-ce pas ton collègue?

— Jean-Bon Saint-André s'occupe de la flotte et non des affaires civiles.

— C'est ce qui te trompe, car c'est lui qui m'a donné l'ordre, ce soir même, de faire porter le ci-devant vicomte sur la liste des condamnés qui doivent demain aller saluer Ance.

— Jean-Bon Saint-André n'avait pas le droit de te donner cet ordre!

— Pourquoi donc? Il a comme toi de pleins pouvoirs. D'ailleurs il sert la patrie en faisant exécuter un brigand d'aristocrate, tandis que, toi, tu cherches à le protéger!

— Tu sais bien que Fouché, au nom du Comité de sûreté générale, m'a envoyé l'ordre de surseoir à l'exécution du ci-devant vicomte.

— Oui, je sais que depuis cinq semaines, toi et Fouché, vous vous êtes entendus pour sauver un ennemi de la République. D'ailleurs, si le Comité de sûreté générale t'a fait défendre de passer outre, le Comité de salut public a envoyé aujourd'hui l'ordre contraire, et cet ordre était adressé à Jean-Bon Saint-André. L'ordre du Comité de sûreté générale était signé : « Vadier; » celui du Comité de salut public est signé : » Robespierre. » Auquel aimes-tu mieux désobéir?

Prieur regarda Bamboula sans répondre.

— Écoute, citoyen, nous avons été déjà trois fois sur le point de nous fâcher sérieusement; il est inutile d'arriver entre nous à une extrémité regrettable. En ce moment, il est vrai, tu es plus fort que moi, tu es représentant de la nation à Brest, tu jouis d'un pouvoir véritablement proconsulaire, tu es, en un mot, le premier de la ville. Cependant, si tu es l'ami de Robespierre, je t'ai montré souvent des lettres et des ordres qui t'ont prouvé suffisamment que lui et moi n'étions pas étrangers l'un à l'autre. Une révolution se prépare à Paris, je le sais aussi bien que toi; mais rien ne nous dit que Robespierre succombera, et il a, au contraire, toutes les chances pour triompher. Donc, notre ami commun est encore tout-puissant à cette heure, et nous nous devons mutuellement une sorte de considération, l'appui même, par rapport à cette puissance, qui, en somme, fait la nôtre, et notamment la tienne. Ne t'emporte pas! continua Bamboula, en voyant le geste de son interlocuteur. Je te répète que je suis en ce moment le plus faible. Tu peux, à la rigueur, me briser... Tu vois que je suis franc. Mais outre que tu n'as aucun motif pour agir contre moi, tu pourrais, ce faisant, te créer des ennemis dangereux. Donc, crois-moi et demeurons bons amis. Qu'est-ce que je te demande, après tout? La mort d'un homme que tu ne connais pas!

Est-ce donc une grande affaire? Cet homme est un ci-devant, un aristocrate, un ennemi de la République; il a été arrêté les armes à la main, sa culpabilité est prononcée. Il a été condamné... Eh bien! laisse-le exécuter! Fouché t'a écrit pour faire surseoir à l'exécution. Depuis plus d'un mois tu tiens parole à Fouché, tu exécutes sa volonté, et tu t'opposes à ce que la patrie soit vengée. Depuis plus d'un mois, chaque fois que je t'ai présenté cette feuille à signer, tu l'as refusé à le faire et tu m'as éconduit sous une foule de prétextes. Aujourd'hui il faut cependant une solution sérieuse. J'ai attendu, j'ai patienté pensant que tes sentiments de bon citoyen prendraient enfin le dessus; mais il paraît que tu veux encore te mettre entre un aristocrate et la vengeance de la nation. Prends garde, Prieur! Ta conduite peut sembler étrange aux vrais patriotes. Maintenant, veux-tu connaître le fond des choses? Fouché a intérêt à ce que cet homme vive, et moi, j'ai intérêt à ce qu'il meure. Tu vois que je dessine nettement la situation. Réfléchis! En ce moment Fouché se ligue avec les ennemis de Robespierre: en le servant, lui, tu deviens l'ennemi du grand homme. Si Robespierre tombe, ce que tu auras fait pour Fouché ne te servira pas, car tu es regardé comme un partisan des triumvirs, comme une de leurs créatures, et tu tomberas avec eux. Si, au contraire, Robespierre demeure au pouvoir, tu auras paru, en servant Fouché, devenir l'ennemi du dictateur à l'heure du danger, et Robespierre, lui, ne te pardonnera pas!

Bamboula s'arrêta, Prieur de la Marne l'avait écouté avec une attention extrême et sans prononcer une parole.

Il réfléchissait profondément. Un assez long silence suivit ce petit discours, et Bamboula, avec sa finesse ordinaire, ne jugea pas à propos d'y ajouter un mot pour décider plus vite le proconsul.

Tournant doucement derrière le fauteuil de Prieur, il s'approcha du bureau et prit la feuille qu'avait rejetée le représentant sans la signer, et sur laquelle était l'ordre d'exécution du vicomte de Renneville.

Revenant prendre ensuite sa place première, c'est-à-dire celle qu'il occupait à la droite du proconsul, il glissa devant lui la feuille.

Prieur ne la repoussa pas cette fois... Bamboula rapprocha l'encrier, Prieur tenait la plume dans sa main droite...

La porte du cabinet s'ouvrit brusquement et un sans-culotte entra dans la pièce.

— Le citoyen greffier, dit-il à Prieur, demande s'il faut transmettre les ordres à Ance pour l'exécution des brigands de demain?

— Je porterai moi-même les actes à Ancel répondit vivement Bamboula en s'avançant vers le sans-culotte.

Celui-ci sortit aussitôt. Bamboula se retourna vers Prieur... Le proconsul avait signé.

XV

LES TRICOTEUSES

Lors de l'érection de la *fontaine de la Régénération*, élevée sur la place de la Bastille pour la fête du 10 août 1793, et qui représentait quatre femmes revêtues du costume révolutionnaire, dont les mamelles faisaient jaillir l'eau destinée à entretenir le bassin, un poëte de l'époque écrivit ces vers, qui furent collés, une nuit, sur la base de la fontaine :

> De ces effrayantes femelles
> Les intarissables mamelles,
> Comme de publiques gamelles
> Offrent à boire à tout passant.
> Et la liqueur qui toujours coule,
> Et dont l'abominable foule
> Avec avidité se soûle,
> Ce n'est pas du lait mais du sang!...

Ces vers, énergiquement tracés, peignaient ces *tricoteuses* du tribunal révolutionnaire, baptisées : *furies de la guillotine.*

Coiffées du bonnet de la liberté, les cheveux en désordre et s'échappant par mèches ébouriffées de

...sous la coiffure de laine rouge, les pieds nus enfermés dans des sabots ou dans des souliers informes, vêtues d'une veste, de la *carmagnole* et d'un jupon de gros drap brun, la main armée d'une pique, elles donnaient une idée exacte des antiques *Euménides* secouant, sur leur passage, des torches et des serpents.

Leurs yeux étaient hagards, leur physionomie était fiévreuse, leurs traits avaient une mobilité extrême. Leur nez, long et pincé, divulguait leur irascibilité méchante; leur bouche, fermée de façon à laisser leurs lèvres inaperçues, ne s'ouvrait que pour crier ou chanter les refrains montagnards.

Leur voix était sourde et haletante; leur teint, hâlé par le grand air, était tout à fait viril. Leur démarche avait quelque chose de brusque et d'arrêté qui les faisait reconnaître de bien loin.

Quand l'échafaud était dressé, placées dans un endroit d'où elles pouvaient bien voir, formant un cercle autour de l'instrument fatal, les *furies de la guillotine* contemplaient avidement un spectacle toujours nouveau pour elles.

Elles se pâmaient en assistant *à tous les points de cette messe rouge*.

Le matin elles se mêlaient aux *patriotes* de la rue des Sept-Saints; dans la journée elles allaient applaudir aux cyniques et horribles facéties d'Ance, et le soir elles partageaient leur temps entre des excursions dans les tavernes du port, et des visites à leurs amis les geôliers des prisons.

A l'heure surtout où la liste des condamnés devant être exécutés le lendemain venait de paraître, elles se pressaient aux alentours de la prison pour être les premières à connaître le *programme*, car ce n'était qu'après avoir été signifiée au greffier en chef, que la liste fatale était ensuite proclamée en ville.

Ce soir-là, où nous avons assisté successivement à la scène des chanteurs de la rue des Sept-Saints, et à celle qui venait d'avoir lieu entre Prieur de la Marne et le citoyen Sommes, les *tricoteuses*, suivant leur coutume, s'étaient rassemblées à la porte de la prison.

Lorsque les vendeurs-crieurs, qui attendaient eux-mêmes au greffe, quittèrent la prison, les bras chargés d'exemplaires à colporter dans la ville, une partie des *tricoteuses* les accompagna dans leurs pérégrinations intéressées.

Quelques-unes seulement étaient restées près de l'entrée de la prison, se tenant dans la loge du concierge.

Cette loge, ouvrant sur le vestibule, était située à droite en entrant; en face d'elle était un mur plein; la porte ferrée donnant accès dans l'intérieur même de la prison était au fond du vestibule.

Parmi ces femmes, il en était trois plus salement mises que les autres, et faisant des gestes plus grossiers. Leurs paroles cyniques avaient une expression repoussante qui se peignait sur leurs traits.

Elles buvaient à plein verre une sorte d'eau-de-vie commune qu'elles avaient fait venir d'un cabaret voisin.

Le concierge et deux guichetiers trinquaient avec elles, tandis que la femme du concierge parlait politique avec le groupe formé par les autres tricoteuses qui se tenaient sur le seuil de la porte afin de jouir un peu de la fraîcheur du soir.

Il y avait près de deux heures que les crieurs étaient partis, colportant dans tout Brest les listes fatales.

— Dis donc, Aspasie! fit l'une des mégères, tu n'es pas venue à la messe rouge de ce matin. Viendras-tu à celle de demain?

— Tiens! répondit Aspasie, j'aimerais mieux perdre un œil que de manquer ça! Trois têtes d'aristocrates *à marquer* ! Quand les paniers s'emplissent, les bonnes citoyennes doivent être là!

— A propos, Lucrèce, dit l'un des guichetiers en se tournant vers l'interlocutrice d'Aspasie: tu sais que le brigand y saute demain?

— L'aristocrate du cachot d'en bas ?

— Du numéro 12.

— Celui qui méprise tant les bons patriotes, qu'il a refusé de trinquer avec moi, un soir que j'ai eu la bêtise de lui porter de l'eau-de-vie, parce qu'il se pâmait dans sa cage?

— Justement!

— Ah! il est sur la liste!

— Il mettra demain la tête à la trappe!

— Allons donc! c'est pas malheureux. Il y a six semaines qu'il mange ici le pain des bons citoyens, ce brigand-là!

— Et la béguine? dit Aspasie.

— Ah! celle-là, elle n'est pas sur la liste.

— Pourquoi donc?

— Est-ce qu'on sait!

— Il y a un tas de traîtres qui protégent toujours les aristocrates! dit Lucrèce. Pas vrai, la Faucheuse?

Celle à laquelle Lucrèce donnait ce singulier nom était la troisième tricoteuse qui n'avait point encore prononcé une parole.

— A boire! fit-elle en tendant son verre.

— Plus d'eau-de-vie! répondit Aspasie en secouant la bouteille vide.

— J'en paye!

— Toi, la Faucheuse? dit Lucrèce avec un étonnement qui ne prouvait pas en faveur de la générosité de son interlocutrice.

— Tiens, Gracchus, voilà douze sols, va chercher une fiole! fit la Faucheuse en se tournant vers l'un des guichetiers.

— Tu veux toujours de l'eau-de-vie de la rue des Sept-Saints? demanda Gracchus en prenant l'argent que lui tendait la tricoteuse.

— Toujours! La celle du cabaret du *Demi-Blanc*, je n'en paye jamais d'autre. Tu diras que je veux ce soir deux fioles du coin de gauche. Tu entends bien? Du coin de gauche! Ne va pas te tromper, c'est la meilleure.

Gracchus fit sauter dans sa large main la pièce de douze sols.

— Deux fioles avec tout ça de monnaie! dit-il en riant.

— Imbécile! répondit la Faucheuse en haussant les épaules ; tu diras que c'est pour moi, et on te fera crédit !

— Et les douze sols, alors?

— C'est pour ta peine !

Gracchus ouvrit des yeux énormes.

— T'as donc dévalisé une bande d'aristocrates! dit-il.

— Qu'est-ce que cela te fait, pourvu que ça ne soit pas tes prisonniers? Allons ! files-tu, oui ou non?

— Oui! dit Gracchus. Mais voilà l'heure de ma ronde.

— Je la ferai pour toi en faisant la mienne! dit l'autre geôlier.

— Ça va, alors, nous passerons la nuit à boire! fit Gracchus en s'élançant au dehors.

Aspasie s'était levée; la *Faucheuse* se pencha en arrière sur son banc au moment où la *Furie* passait derrière elle, et, saisissant un coin de sa jupe, sans que personne pût remarquer ce mouvement, elle lui donna deux secousses successives en sens contraire.

Aspasie ne parut pas faire attention à ce mouvement et continua sa marche vers la porte comme si elle eût voulu aller simplement respirer le grand air.

— J'ai faim! dit la *Faucheuse*, du même ton qu'elle avait dit tout à l'heure : j'ai soif.

Lucrèce la regarda en riant :

— Veux-tu du fricot des prisonniers? répondit-elle.

— C'est bon pour des brigands d'aristocrates! Je veux autre chose, moi!

— Et qu'est-ce que tu veux? demanda le concierge.

— Du jambon.

— Ah çà! tu veux donc souper? fit le second guichetier qui était demeuré dans la loge.

— Oui!

— Tu n'as donc pas mangé ce soir?

— Non!

— Hum! fit le concierge à l'oreille du geôlier. La Faucheuse n'a pas l'air de bonne humeur!

— Tiens! cria Aspasie qui rentrait dans la loge. Tu as faim, la Faucheuse? Eh bien! moi aussi.

— Tu as faim aussi?

— Oui!

— Ça t'a donc pris de suite?

— Ça vient de me prendre...

— Eh bien! soupons. J'ai un assignat de trente livres à dépenser. On nous donnera bien un jambon et un pain pour cela!

— Alors, dit Aspasie, passe ton assignat. Et puisque Gracchus est allé chercher les liquides, César ira, lui, chercher le jambon et le pain.

César était l'autre geôlier.

— Faut attendre le retour de Gracchus, alors!

— Gracchus ne sera ici que dans une demi-heure, répondit la Faucheuse en grommelant, et nous ne souperons que dans une heure alors.

— Je ne peux pas y aller avant.

— Pourquoi ça?

— Parce qu'il faut que je fasse ma ronde et celle de Gracchus.

— As-tu peur que les brigands ne s'envolent en ton absence?

— Non! mais le citoyen greffier...

— Agésilas! interrompit Aspasie. On vient de le faire demander à la Commune.

— Agésilas est sorti? s'écria César.

— Oui! N'est-ce pas, Romulus?

— Je l'ai vu passer! répondit le concierge.

— Hum! fit César en réfléchissant. C'est que faut aller sur le port pour avoir un jambon, et s'il venait un municipal pendant que moi et Gracchus n'y serions pas...

— Est-ce qu'il vient des municipaux le soir! dit Aspasie en haussant les épaules.

— Ah! fit la Faucheuse, pas tant de façons! Nous allons souper sans vous! Viens-tu, Lucrèce?

— Mais non! mais non! s'écria vivement Romulus. On nous a promis à souper, et nous souperons ici, avec toi et les citoyennes!

— Mais ma ronde? répéta César en hésitant de plus en plus.

— Bah! tu la feras en revenant, dit Romulus. En courant un peu, tu ne seras pas longtemps. Une demi-heure au plus... D'ailleurs, laisse-moi les clefs : je ferai ta ronde et celle de Gracchus.

Puis, comme César ne paraissait pas complétement décidé :

— Va vite! lui glissa le concierge à l'oreille, sans cela la *Faucheuse* va filer, et adieu le souper. Elles boiront de l'eau-de-vie, elles se griseront, et nous garderons pour nous la moitié du jambon.

— J'y vais! dit César que cette dernière phrase parut convaincre de la nécessité d'obéir. Voilà mes clefs! fais nos rondes, et s'il vient un municipal, tu diras que nous sommes dans les cachots pour y porter le souper des brigands. Le temps qu'on nous cherche, nous serons revenus.

Romulus fit un signe affirmatif et il prit les clefs que lui tendait César.

— Et cet assignat? dit Aspasie en tendant le papier-monnaie au guichetier.

Celui-ci s'en empara et sortit vivement.

Les trois *tricoteuses* échangèrent un rapide regard.

— Maintenant, dit Aspasie au concierge, ferme ta porte, il est l'heure!

Romulus quitta la loge et passa sous la voûte qui était fermée par deux portes massives, bardées de fer et de verrous gigantesques.

La première s'ouvrait sur la place, en servant d'entrée à la prison, et la seconde avait pour communication le poste des sans-culottes de garde, qu'il fallait traverser pour passer dans les cours et dans les corridors intérieurs de la prison.

Romulus se dirigea vers la porte d'entrée pour la fermer. Mais des rangées de tricoteuses étaient assises sur les marches descendant vers la place; la femme du concierge était debout près du battant entr'ouvert.

— Gare! que je ferme, il est l'heure! dit Romulus en écartant brusquement sa femme.

— Et Aspasie? et Lucrèce? et la Faucheuse? crièrent les femmes.

— Elles restent avec moi! répondit le concierge.

Et sans plus de cérémonie, il repoussa rudement le battant : le pêne énorme glissa dans la gâche, et la porte se referma avec un bruit sourd.

Tournant sur lui-même, il rentra alors dans la loge.

Aspasie et Lucrèce tenaient chacune une pique, et la Faucheuse était encore assise.

— Eh bien! dit-elle en voyant rentrer Romulus; le tour est fait! Je t'avais bien dit que ce ne serait pas difficile!

— Oui, répondit Romulus; mais nous n'avons qu'une demi-heure...

— C'est plus qu'il n'en faut. Donne-moi les clefs!

— Les voici!

La Faucheuse prit l'énorme trousseau de clefs que César venait de confier à Romulus et que celui-ci tenait à la main. Puis, regardant fixement le concierge :

— Maintenant, ajouta-t-elle, tu es payé! Tu as eu les deux mille livres en or qui t'étaient promises et tu es assuré du secret. Seulement, si nous avions un doute sur toi, Lucrèce et Aspasie se chargent de veiller! Songes-y!

— Convenu! dit Romulus. Mais tu sais que je ne suis responsable de rien. Je ne suis pas seul ici. Les deux guichetiers d'en bas sont sortis, mais il en reste deux autres, puis il y a les sans-culottes de garde, le poste de service dans la cour, les sentinelles dans les préaux, les sous-greffiers au-dessus de nous, et enfin personne ne peut plus sortir par cette porte que je viens de fermer!

— C'est bon! fit la Faucheuse; on sait tout cela.

Puis, se tournant vers les deux autres :

— Gardez-le! dit-elle; je fais mon affaire du reste.

Le concierge était placé entre Lucrèce, qui se tenait devant la fenêtre grillée, et Aspasie, immobile sur le seuil de la porte.

La Faucheuse les examina tous trois avec un rapide regard, et, tenant les clefs à la main, elle quitta précipitamment la loge, se dirigeant vers l'étage inférieur de la prison contenant les cachots dans lesquels on enfermait les victimes désignées pour une exécution prochaine.

Elle fit glisser les verrous de la seconde porte et, l'ouvrant, elle pénétra dans le poste des sans-culottes de garde.

Un profond silence suivit la sortie de la Faucheuse. Ce silence qui régnait dans la loge du concierge n'était troublé que par un murmure de voix venant du dehors. C'étaient les tricoteuses, assises sur les marches et causant entre elles tout en veillant sur la prison comme des chiens sur la curée qu'ils se réservent.

Dix minutes s'écoulèrent; il était alors environ dix heures du soir : il y avait deux heures que Jacquet et Papillon s'étaient quittés dans la rue des Sept-Saints, se dirigeant en sens opposé.

Tout à coup un bruit sonore retentit sous la voûte d'entrée de la prison : on venait de heurter rudement à la porte.

— Il faut ouvrir! dit Romulus en tressaillant.

— Va! je t'accompagne; mais prends garde! répondit Aspasie du ton le plus menaçant.

Romulus se hâta d'aller ouvrir : un homme à demi effacé dans l'ombre de la nuit parut sur le seuil.

Deux pas en avant le mirent en pleine lumière

— Le citoyen Sommes! dit Romulus.

— Où est Gracchus? demanda Bamboulà, car c'était bien lui qui venait d'entrer.

— Il fait sa ronde... répondit le concierge.

— Et César?

— Également, citoyen

— Et les doubles clefs des cachots?

— Elles sont au greffe, comme à l'ordinaire.

— Bien! dit Bamboulà sans faire attention à la tricoteuse qui escortait Romulus.

Traversant rapidement la voûte, il alla ouvrir la porte du fond.

Une douzaine de sans-culottes préposés à la garde de la sortie de la prison étaient étendus sur des lits de camp, dans une pièce sombre éclairée par une lampe fumeuse.

— Prends une lanterne, dit Bamboulà à l'un d'eux, et éclaire-moi!

Le sans-culotte s'empressa d'obéir.

Aspasie, qui était rentrée dans la loge, venait d'échanger à voix basse quelques rapides paroles avec Lucrèce.

XVI

LE CACHOT

Quand la Faucheuse avait pénétré dans le poste, les sans-culottes l'avaient saluée par des vociférations fraternelles qui prouvaient que la mégère était avantageusement connue de tous ces bons citoyens.

— Où vas-tu, la Faucheuse? avait demandé l'un des patriotes.

— Je vais voir la tête des aristocrates que Ance fera demain cracher dans le panier, répondit-elle.

— Je t'accompagne...

— Non! j'ai la permission pour moi seule; mais tout à l'heure, en revenant, nous trinquerons tous : Gracchus est allé chercher de l'eau-de-vie.

Cette agréable nouvelle fut reçue par des acclamations frénétiques.

La tricoteuse passa donc dans le poste sans la moindre difficulté, et, ouvrant une autre porte que celle par laquelle elle était entrée, elle s'engagea dans un premier corridor humide aboutissant à un second sur lequel s'ouvraient les cachots du rez-de-chaussée de l'aile droite du funeste bâtiment.

Ces corridors, à l'aspect lugubre, étaient éclairés vaguement par la lueur rougeâtre de lampes graisseuses accrochées à la muraille de distance en distance.

Chacune des portes fermant les cellules des prisonniers avait une ouverture grillée par laquelle on pouvait facilement plonger dans le réduit où gisaient ces malheureux.

La Faucheuse commença sa promenade en s'arrêtant devant chaque porte et en lançant à voix glapissante un torrent de grossières insultes sur les infortunés qu'elle contemplait par l'ouverture pratiquée.

Les sans-culottes du corps de garde riaient à plein gosier en entendant la mégère.

— Voilà la *Faucheuse* qui s'amuse! disaient-ils; elle fait ses amabilités aux brigands!

Cependant, à mesure qu'elle continuait sa promenade, sa voix arrivait moins sonore jusqu'au poste. Bientôt on n'entendit plus qu'un murmure confus... puis plus rien.

La Faucheuse venait d'atteindre l'entrée d'un troisième corridor descendant en contre-bas.

Ce corridor conduisait aux prisons placées en sous-sol.

Là elle avait cessé ses cris, ses insultes et ses vociférations.

Regardant de tous les côtés, et assurée qu'elle était absolument seule dans le corridor, elle passa rapidement devant plusieurs autres portes, et, s'enfonçant d'un pas vif, elle atteignit l'extrémité de la pente.

Cette partie du corridor était plongée dans une obscurité presque complète : la lampe placée la dernière étant accrochée assez loin de l'endroit où était parvenue la Faucheuse.

La *Furie* étendit la main et tâta la muraille. Ses doigts crochus ne rencontrèrent d'abord que des pierres humides, visqueuses. Le salpêtre se détachait sous la pression et retombait en poudre sur le sol fangeux.

La Faucheuse avança doucement, et sa main, en glissant le long de la muraille, toucha un corps dur, plus sec et plus uni que la muraille.

C'était une porte bardée de fer comme les précédentes et garnie également d'une ouverture grillée placée à la hauteur de l'œil.

Elle appliqua son regard à cette ouverture, mais l'intérieur du cachot était plongé dans des ténèbres tellement épaisses, qu'il était impossible de rien distinguer.

La Faucheuse tourna la tête et appuya son oreille là où tout à l'heure elle dardait ses regards fauves.

Aucun bruit ne parvint jusqu'à elle.

— Il dort sans doute! murmura-t-elle.

Ses doigts rencontrèrent les verrous qu'elle tira doucement, et, cherchant dans le trousseau qu'elle tenait de la main gauche, elle choisit une clef qu'elle leva à la hauteur du trou de la serrure.

Mais une réflexion subite parut la retenir.

— Il faut qu'il me voie! dit-elle.

Et, sans hésiter, elle courut dans le corridor vers l'endroit où était appendu le dernier quinquet.

Elle le décrocha; ranima la mèche qui charbonnait en jetant une pâle clarté et revint vers la porte du cachot.

Reprenant ses clefs qu'elle avait jetées à terre, elle fit jouer la gâche de l'énorme serrure et ouvrit brusquement la porte en ayant soin de maintenir le quinquet de façon à ce qu'il éclairât complètement l'intérieur du cachot; elle-même demeurait dans l'ombre.

Un bruit sourd, semblable à celui que fait un homme étendu sur la terre en se relevant vivement, accompagna l'entrée de la tricoteuse et un corps se dressa subitement devant elle.

— Je suis prêt, dit une voix ferme.

— Tant mieux! répondit la Faucheuse en ricanant.

Ce ricanement, qui retentit dans le silence lugubre de la prison, sembla animer subitement la colère du prisonnier.

S'avançant brusquement, il se plaça en plein dans la zone lumineuse projetée par la lampe, et la Faucheuse put distinguer alors les traits fatigués et le visage pâle du vicomte de Renneville.

— Misérable créature! s'écria Henri, viens-tu donc ici pour m'insulter comme les malheureuses victimes que tu viens de poursuivre de tes ignobles sarcasmes!... Si l'échafaud m'attend, je suis prêt à y monter, je le répète : mais plutôt que de supporter...

Le vicomte s'interrompit brusquement lui-même.

Tandis qu'il parlait, la Faucheuse, retournant lentement la lampe vers elle, dirigeait la lumière sur son propre visage.

Quand les rayons rougeâtres de la lampe éclairèrent en plein cette physionomie repoussante, Henri tressaillit, son regard demeura fixe, rivé sur celui de la femme, et sa voix s'arrêta net dans le larynx.

— Pâquerette!... murmura-t-il.

La tricoteuse porta vivement un doigt sur ses lèvres.

— Ah! te voilà donc enfin, brigand d'aristocrate! hurla-t-elle de sa voix enrouée. Va! tu n'as plus longtemps à te moquer du pauvre peuple! Anco t'attend, et demain tu passeras comme les autres ta tête à la trappe!

Puis, changeant brusquement de ton, et continuant à voix basse et très-précipitée, tandis que les échos du corridor répétaient encore les hurlements farouches qu'elle venait de faire entendre :

— Oui, c'est moi, Bouchemin! poursuivit-elle; c'est Pâquerette qui est dévoué à toi comme le chien à son maître; c'est Pâquerette que tu as retiré du bagne jadis; c'est Pâquerette à qui tu as pardonné encore il y a six semaines; c'est Pâquerette que tu devais tuer et qui vit à cette heure pour se mettre entre toi et l'échafaud.

Et, reprenant à voix plus haute et plus vibrante encore que précédemment, elle se mit à chanter à tue-tête ce couplet de la chanson faite l'année précédente, lors de la mort de Marat :

> Arrête, citoyen!
> Et vois ton défenseur;
> Il fut ton soutien
> Et te voua son cœur...

— On peut nous écouter, poursuivit la Faucheuse en s'interrompant de nouveau pour continuer à voix basse. Fâche-toi, Bonchemin ! Crie, nous causerons entre deux injures...

Et reprenant encore le couplet interrompu :

> Frappant le tyrannie,
> Ses jours furent menacés,
> Enfants de la patrie,
> Nous devons le venger !

Henri était revenu de son étonnement ; il avait tout compris.

Sous les ignobles vêtements de la tricoteuse qu'il avait en face de lui, se cachait un cœur entièrement dévoué. La Faucheuse, l'amie des sans-culottes, la reine des *furies de la guillotine*, faisait place à Pâquerette ramené dans la voie du devoir par Bonchemin, à Pâquerette qui s'était laissé entraîner une fois de plus sur la route du vice, et auquel cependant Bonchemin avait pardonné, lors de la scène à laquelle nous avons fait assister le lecteur dans le cabaret de la rue de la Chiourme.

Henri comprenait qu'au moment où il se croyait perdu et abandonné de tous, des mains amies et secourables se tendaient vers lui.

Alors commença entre ces deux êtres, dont l'un, prisonnier depuis six semaines, attendait d'heure en heure la mort la plus affreuse, et dont l'autre avait pris un rôle terrible dans le drame de chaque jour, se cachant sous les vêtements d'un autre sexe, l'une de ces comédies sublimes, effroyables et saisissantes, d'autant plus poignantes, que ceux qui la jouaient étaient à la fois acteurs et spectateurs.

L'un accablant l'autre d'injures ignobles vociférées à voix haute ; l'autre répondant à ces injures par les termes du plus violent mépris, et entre chaque phrase insultante, entre chaque réponse, des paroles murmurées à voix basse, échangées rapidement et ayant pour but une entente parfaite.

Espérance et dévouement se cachaient sous une même apparence de haine.

— Depuis un mois, dit Pâquerette, après une série d'invectives dignes du costume qu'il portait; depuis un mois, moi, la Baleine et Cormoran, nous nous sommes enrôlés parmi les tricoteuses. Cormoran surtout a d'autant plus vite accepté l'idée, qu'il pouvait se venger ainsi des sans-culottes qui l'avaient mis dedans la nuit où nous devions tous nous embarquer. Tous y ont été trompés...

Et, s'interrompant brusquement pour reprendre sa chanson :

> Du feu des assassins
> Il sut braver l'audace
> Et tout républicain
> Doit suivre ses *traces*.

— Qui vous commande? demanda Henri.
— Celui que tu as laissé après toi; le Parisien, répondit la tricoteuse.
— Jacquet?
— Oui.
— Il n'a donc pas été pris en même temps que moi? Il n'a donc pas été tué?
— Non! il a échappé, il vit... Il nous a juré de te sauver et nous lui obéissons...

> Que l'assassin infâme
> Qui le mit aux abois
> Soit jeté dans les flammes
> Et mis hors la loi!

Depuis six semaines qu'il avait été arrêté, depuis six semaines qu'il n'était sorti de son cachot que pour passer une heure devant le tribunal révolutionnaire, Henri n'avait rien su de ce qui s'était passé; il ignorait absolument ce qu'étaient devenus ceux et celles auxquels il s'intéressait.

— Léonore ? dit-il vivement.
— Partie sur le navire de Victor Hugues ! répondi Pâquerette.
— Et Blanche ?
— Elle doit être ici.
— Dans cette prison
— Oui.
— Tu n'en es pas sûr ?
— Non ; mais cela doit être. Depuis six semaines, pas une charrette n'a roulé vers l'échafaud sans que l'un de nous ait examiné les victimes ; pas un être vivant n'est sorti de Brest sans que nous en ayons eu connaissance. La citoyenne n'a pas été exécutée, et elle n'a pas non plus quitté la ville. Voilà ce que je puis t'affirmer. Où serait-elle, si elle n'était pas ici ?

— Il faut la sauver avant moi ! il faut songer à elle avant de songer à moi.

— Demain, tu la danseras ! hurla la tricoteuse. Ton nom est sur la liste ; je t'en apporte la nouvelle, brigand ! Mais la danse ne sera pas complète : tu manqueras de citoyenne. Tu la sauteras sans *ci-devante !* Donc, poursuivit Pâquerette à voix basse, c'est de toi qu'il faut s'occuper ; la citoyenne n'a même pas encore été jugée, elle... Jacquet vient de me transmettre mes instructions tout à l'heure. Voilà ce qu'il faut que tu fasses pour nous aider à te sauver... Tu...

Une voix sonore interrompit brusquement Pâquerette ; et ce couplet, vociféré à pleins poumons, arriva jusqu'au cachot :

> L'amour est celui du désir,
> L'hymen est celui du plaisir,
> C'est un dieu patriote ;
> L'amour est souvent inconstant,
> Mais l'hymen est toujours charmant,
> C'est un vrai sans-culotte.

Pâquerette s'était arrêté et avait tressailli.
— La Baleine me signale un danger ! dit-il. Je te quitte, mais tiens-toi prêt ! Cette nuit, je viendrai...

Et, sans attendre la réponse du vicomte, il s'élança hors du cachot de la prison, repoussa la porte, la referma, la verrouilla et fit disparaître le trousseau de clefs sous ses jupes.

Puis, après avoir raccroché la lampe à la muraille, il remonta le corridor en vociférant de nouveau et en insultant les victimes promises le lendemain à la mort.

A l'angle du second corridor, il rencontra Lucrèce, la tricoteuse que nous avons laissée avec Apasie dans la loge du concierge.

Celle-ci, comme la Faucheuse, hurlait les plus odieuses invectives aux grands applaudissements des sans-culottes du corps de garde intérieur, qui répondaient pour animer encore la verve dont elle faisait preuve.

Les voix des deux mégères se rejoignirent dans un même concert de cris féroces.

— Bamboula est là! dit vivement Lucrèce à l'oreille de la Faucheuse, tandis que celle-ci redoublait de fureur apparente.

— Il va chez Bonchemin? demanda Pâquerette.

— Non.

— Chez qui?

— Chez la citoyenne, peut-être.

— C'est ce qu'il faut savoir. Et Cormoran?

— Il garde Romulus.

Les deux hommes, reprenant aussitôt leur rôle, redoublèrent d'insultes et d'imprécations.

XVII

LA COULEUVRE

Ce cabaret de la rue de la Chiourme où Bonchemin avait encore tous ses dévoués, était plein ce soir-là que nous passons à Brest. Dent-de-Loup et Papillon étaient assis près du comptoir, les yeux fixés sur la petite porte fermée par laquelle nous avons vu jadis apparaître pour la première fois Bonchemin.

Un bruit de pas, résonnant brusquement dans la cour précédant le cabaret, et communiquant avec la cave de la maison de la rue de la Chiourme (cave servant d'entrée, on s'en souvient, au lieu d'asile des forçats devenus honnêtes), un bruit de pas attira l'attention de tous.

La porte vitrée s'ouvrit, et un homme venant de la cour apparut sur le seuil. Cet homme était vêtu en garçon marchand de vin, il portait le tablier noir caractéristique.

Personne ne parut surpris de son entrée dans la salle, mais personne ne lui adressa la parole.

L'homme regarda attentivement autour de lui, et apercevant Papillon assis près du comptoir, il se dirigea rapidement vers le colosse.

— Quoi! la Couleuvre!... dit Papillon en se retournant.

— Gracchus vient de venir au *Demi-Blanc*, envoyé par la Faucheuse, répondit celui auquel on venait de donner le singulier nom de la *Couleuvre*.

— Il y a longtemps? demanda vivement le colosse.

— Cinq minutes à peine : le temps d'avoir l'air de descendre à la cave. Gracchus attend.

— Que veut-il?

— De l'eau-de-vie.

— A crédit!

— Oui.

— De quel coin?

— Du coin de gauche.

— Bon! fit Papillon en se levant, cela marche tout seul, alors. Attends, je vais prévenir le bourgeois.

Et le colosse, se dirigeant vers la petite porte, l'ouvrit discrètement et passa vivement dans la seconde salle que nous connaissons également.

Deux hommes occupaient seuls la pièce : ces deux hommes étaient vêtus en bourgeois, mais l'un avait dans sa tournure, dans ses gestes, dans la façon de tenir sa tête, quelque chose de militaire qui dénotait évidemment l'officier.

— Citoyen Jacquet! fit Papillon en s'avançant.

— Qu'est-ce que tu veux? répondit le premier des deux bourgeois, celui qui n'avait rien de martial dans ses manières.

— La Couleuvre est là! Il vient du *Demi-Blanc*. Pâquerette a envoyé un guichetier pour avoir de l'eau-de-vie, *à crédit* et du *coin de gauche?*

— A *crédit* et du *coin de gauche?* répéta Jacquet en soulignant ces mots avec intention marquée, ainsi que l'avait déjà fait Papillon.

— Oui.

Jacquet se retourna vers l'autre bourgeois :

— Vous entendez, citoyen Brune? dit-il. Vous voyez que tout marche à merveille. Pâquerette va prévenir le vicomte : Romulus est fidèle!

Puis, s'adressant de nouveau à Papillon :

— Le guichetier, est-il encore au cabaret ? demanda-t-il.

— Oui; il attend la Couleuvre qui vient de descendre à la cave.

— Eh bien ! que la Couleuvre donne les bouteilles en faisant au bouchon l'entaille convenue.

Papillon se retira aussi vivement qu'il était entré, et referma sur lui la porte. Brune et Jacquet demeurèrent seuls.

— Reprenons, dit Jacquet. Vous êtes un homme d'un grand cœur, monsieur Brune, et je suis heureux d'agir en cette circonstance de concert avec vous. Si l'on vous surprenait dans Brest sous ces vêtements bourgeois, vous qui avez reçu l'ordre de demeurer à Vannes avec votre bataillon, votre tête tomberait infailliblement. Et vous courez ce danger pour sauver deux personnes qui vous sont étrangères...

— Deux innocents ! interrompit chaleureusement le commandant. En agissant comme je le fais, j'accomplis mon devoir d'honnête homme, ne me remerciez pas. Je regrette de ne pouvoir faire plus, mais j'avais espéré dans les lettres que Fouché a écrites d'après ce que je lui avais raconté.

— Les lettres de Fouché ont été fort utiles jusqu'ici puisqu'elles ont pu retarder l'exécution du jugement. J'avais espéré aussi; malheureusement, ces lettres n'ont plus d'influence, et il faut agir.

— Ainsi tout est prêt ?

— Tout, pour le sauver au moment même où il montera à l'échafaud.

— C'est bien tard !

— Plus tôt serait impossible. J'avais bien pensé à une fuite de la prison, et s'il y avait eu un moyen praticable, il serait employé à cette heure et Bonchemin serait libre; mais c'eût été folie que d'essayer cela. Il est dans l'un des cachots situés au-dessous du sol et ne communiquant avec l'extérieur par aucune ouverture. La prison est bien gardée! en forcer l'accès serait impossible, et pour pouvoir, le moment venu, communiquer avec le prisonnier ainsi que je le fais ce soir, il fallait avoir à sa disposition des hommes comme ceux qui sont là !

— Ils sont donc absolument dévoués à cet homme ?

— Comme la bête brute à l'homme intelligent qui a su la dompter. Pour Bonchemin, ils se feraient scier entre deux planches.

— De sorte que, le moment venu, ils ne faibliront pas ?

— Eux ?... Ah ! si vous étiez demain à Brest, vous les verriez à l'œuvre. Si je ne les eusse retenus en leur disant qu'ils perdraient celui qu'ils voulaient sauver, ils eussent assiégé déjà la prison. Mais l'entreprise était trop peu chanceuse, ils ont fini par le comprendre, et ils s'en rapportent maintenant à moi ; ils m'obéissent sans sourciller.

— Alors, depuis six semaines, vous n'avez pu rien faire ?

— Rien ; mais j'ai appris que mademoiselle Blanche ne serait pas jugée, que Bamboulà voulait la contraindre à l'épouser, que, par conséquent, il n'y avait pas pour elle danger de mort.

— J'ai transmis, à Fouché, tous ces renseignements que vous m'aviez envoyés.

— Et il ne fait rien ?

— Que pourrait-il faire ? Fouché attend, vous le savez ; et, en ce moment, le coup d'État qui se prépare, le nouveau bouleversement dont nous sommes menacés absorbent tous ses instants. D'ailleurs, vous connaissez Fouché : il agit pour lui d'abord et avant tout. Cependant il avait fait écrire, à Prieur, au nom du Comité de sûreté générale.

— Je le sais ; mais il n'est pas poussé pour agir par un mobile équivalent à celui qui triple mes forces, à moi ! Oh ! je triompherai dans toute cette intrigue, commandant, je vous le jure ! Et, pour commencer, dès demain, le vicomte de Renneville sera libre.

— Et pour ce faire, vous n'avez pas besoin de moi ?

— Oui et non !

— Comment ?

8.

— Non pour l'action elle-même, mais oui pour ce qui doit la précéder.

— Expliquez-vous!

— Depuis six semaines, dit Jacquet en se rapprochant de son interlocuteur, depuis l'arrestation de Renneville et de mademoiselle de Niorres, je n'ai qu'un but, celui de les arracher à la mort qui les menaçait en triomphant de leurs ennemis, qui sont les miens. Employant avec soin et avec fruit cette force puissante que Bonchemin avait préparée en s'entourant de ces gens qu'il avait tirés de la fange, je suis parvenu tout d'abord à établir pour mon compte, à Brest, une police autrement organisée, je vous le jure, que celle de la République.

« Grâce à cette police, rien ne s'est passé dans la ville qui pût m'intéresser sans que j'en fusse instruit presque à l'instant même. J'ai pu par elle tout savoir, tout deviner, tout prévoir et échapper aux piéges tendus chaque jour, à chaque heure, sur ma route. Plusieurs de mes hommes se sont enrôlés parmi les sans-culottes, les uns sont chez les cabaretiers, les autres sont demeurés en rapport avec les ateliers; enfin trois, les plus habiles, les plus rusés, se sont fait tricoteuses. Mais si, grâce à cette police d'autant mieux faite qu'elle a le dévouement pour unique salaire, j'ai pu tout connaître et tout éviter; j'ai appris par elle que Bamboulà, le ci-devant comte de Sommes, avait entre les mains les moyens d'action les plus violents et les plus énergiques. Quelque fort que je sois, dans la lutte la partie est égale. Faisant jouer des ressorts dont j'ignore encore le point d'appui principal (car il faudrait être à Paris pour cela), Bamboulà a su s'étayer ici sur la puissance des gouvernants du jour. Robespierre, Couthon, Saint-Just le protégent ouvertement, et il a à Brest tout le caractère et toute la force d'un agent secret du Comité de salut public.

« Il a le plus grand intérêt à la mort du vicomte pour réussir dans ses projets : il s'opposera donc de tous ses moyens à la délivrance que je veux opérer. Plusieurs des miens sont suivis : je le suis moi-même. On nous espionne.

« Ce soir, il y a deux heures à peine, Papillon a dû assommé l'un de ces espions qui s'attachait à ses pas, et moi-même j'ai failli commettre l'imprudence d'en tuer un autre. Heureusement la réflexion m'a retenu à temps.

« Pick et Roquefort sont les plus dangereux de ces agents de notre principal ennemi. C'est Roquefort qui, ce soir, a relevé mes traces et s'est acharné à ma poursuite. Bamboula pense que l'exécution du vicomte de Renneville doit me porter à agir promptement, et il veut connaître chacune de mes démarches pour former son plan.

« Cinq fois, depuis six semaines, j'ai failli être pris ou assassiné, mais chaque fois j'ai pu parvenir à conjurer le péril. A cette heure, il ne s'agit plus d'échapper au danger, mais bien de tromper nos ennemis : c'est ce qui m'a empêché de tuer Roquefort.

« Je me suis fait suivre, au contraire, et, pénétrant dans cet asile par une entrée inconnue que j'ai fait pratiquer depuis quelques jours, j'ai laissé Roquefort à la porte d'une maison située dans une rue voisine. Convaincu que cette maison n'a pas deux issues, il attend que j'en sorte...

— Eh bien ? dit Brune en voyant Jacquet s'arrêter.

— Eh bien ! commandant, reprit l'ex-agent de police dont les yeux brillaient comme des charbons ardents, il faut que vous vous laissiez travestir par moi, que je vous donne ma ressemblance, que vous sortiez à ma place et que vous vous fassiez suivre à votre tour... Roquefort dépisté, je pourrai agir, moi, sans plus craindre d'être espionné, ce qui est indispensable pour la réussite de ce que je prépare

— Après ? dit Brune.

— Demain, poursuivit Jacquet, si Dieu m'aide, le vicomte sera libre avant que le soleil n'atteigne le milieu de sa course. Une fois délivré, je parviendrai bien à le cacher quelques heures, à le défendre s'il est de nouveau attaqué ; mais il faut qu'il sorte de Brest.

qu'il ait un refuge où il soit à l'abri de poursuites nouvelles....

Brune secoua la tête en signe qu'il comprenait toute l'importance de la communication.

— Lannes est venu avec moi, dit-il après un moment de silence; il m'attend au fort du Corbeau, de l'autre côté de la rade. Je vais vous donner le mot d'ordre. Envoyez, avant le lever du jour, un homme sûr au fort. Le commandant est l'un de mes amis, il vous fera passer un uniforme complet d'artilleur, et il enverra à Brest ses hommes de corvée à deux heures. Que le vicomte, déguisé en soldat, les attende devant les chantiers de construction; il se joindra à eux et embarquera avec eux dans la chaloupe du fort. Il me trouvera de l'autre côté de la rade, et après-demain il sera à Vannes avec moi.

— Parfait ! dit Jacquet.

— C'est tout ce que vous aviez à me demander?

— Absolument tout !

— Alors, procédons au travestissement qui me concerne. Nous sommes à peu près de même taille et de même corpulence : la chose, grâce à l'obscurité qui règne au dehors, ne sera pas absolument difficile.

Jacquet prit les mains du commandant et les serra avec force.

— Je disais bien, ajouta-t-il d'une voix émue, que vous étiez un homme de cœur ! Mais prenez garde à Roquefort...

Brune sourit et frappa sur la crosse d'un pistolet passé à sa ceinture, sous sa veste de gros drap gris.

XVIII

L'ORDRE D'ÉLARGISSEMENT

Lorsque le sans-culotte, obéissant aux ordres d Bamboula, eut décroché une lanterne dans le vestibule et se fut apprêté à éclairer le *muscadin*, celui-ci pénétra dans la cour de la prison, qu'il traversa dans toute sa largeur, et, gagnant un escalier pratiqué dans e corps de bâtiment du derrière, il en gravit rapidement les marches et atteignit le premier étage.

Là, comme au-dessus, étaient encore des salles immenses regorgeant de malheureux prisonniers.

Bamboula, en homme connaissant parfaitement les lieux, et surtout en homme bien posé auprès des geôliers et de tous les greffiers, qui voyaient en lui un agent supérieur, Bamboula passa devant la porte de l'une de ces salles, et ouvrit une autre porte donnant accès dans une petite pièce assez mal meublée d'une table de bois blanc et de deux chaises.

Un geôlier, assis devant cette table, dormait la tête appuyée sur ses bras croisés.

Bamboula lui frappa rudement sur l'épaule. Le dormeur tressaillit et s'éveilla brusquement. En apercevant le *muscadin*, il fut debout en un clin d'œil.

— Ouvre-moi le cachot de la citoyenne Niorres, dit

Bamboula d'une voix impérative.

Puis, se tournant vers le sans-culotte, il lui fit signe de l'attendre dans le petit bureau, et il prit la lampe qui avait servi à éclairer sa marche.

Le geôlier secoua ses clefs, passa devant son interlocuteur, et tous deux s'engagèrent dans les détours de la prison.

Bientôt ils furent devant une porte en tous points semblable à celles devant lesquelles hurlaient en ce même moment les deux *tricoteuses*.

Le geôlier fit jouer les verrous, introduisit la clef dans la serrure, et s'appuyant sur le battant de chêne massif avant d'ouvrir :

— Faut-il t'attendre, citoyen ? demanda-t-il.

— Non, répondit Bamboula ; va-t'en. Je t'appellerai, pour refermer. D'ailleurs, ajouta-t-il à voix très-haute et comme pour être entendu de l'intérieur du cachot, la citoyenne sortira peut-être cette nuit, cela dépend d'elle. J'ai son acte d'élargissement dans ma poche.

Le geôlier fit un geste décelant que la chose lui était parfaitement indifférente. Il ouvrit la porte toute grande et s'éloigna après l'avoir repoussée, sans la fermer, sur Bamboula qui venait d'entrer.

Une femme était dans ce cachot : cette femme était la pauvre Blanche.

Bamboula, sans prononcer une parole, posa la lampe qu'il tenait sur une table grossière placée dans un angle de la pièce, puis il se tourna vers la jeune fille.

Celle-ci était agenouillée dans l'angle opposé du cachot. Les rayons lumineux qui frappaient en plein sur son visage éclairèrent ses traits flétris par la douleur, et ses joues pâlies par les angoisses qui avaient torturé son âme.

Et cependant, en dépit de cette pâleur, de cette flétrissure, en dépit des ignobles vêtements qui la recouvraient, Blanche était belle de cette distinction innée qu'elle possédait au degré suprême ; belle de cette expression de martyre résignée qui se peignait sur son visage.

Bamboula la regarda durant quelques instants. Blanche, sans doute habituée à ces sortes de visites, ne témoigna pas le plus léger étonnement. Paraissant ne pas même avoir vu entrer celui qu'elle avait cru si longtemps son ami, et qui s'était enfin déclaré son bourreau, elle continuait à prier.

Bamboula fouilla dans sa poche, y prit deux papiers et, en dépliant un, il le plaça tout ouvert sous les yeux de la jeune fille. Celle-ci détourna la tête.

— Lisez, dit Bamboula, la chose vous intéresse : c'est la liste des condamnés devant être exécutés demain matin.

Blanche, à cette annonce terrible, ne put empêcher ses yeux de venir s'arrêter sur le fatal papier ; mais à peine eut-elle parcouru la première ligne de la liste qu'un tremblement convulsif s'empara de tout son être, et qu'un cri étouffé vint expirer sur ses lèvres.

Bamboula lâcha le papier qui tomba, en voltigeant, aux genoux de la jeune fille.

Celle-ci demeurait immobile, comme si elle eût été subitement privée de sentiment.

Bamboula croisa ses bras sur sa poitrine et attendit.

Blanche sortit enfin de sa stupeur ; elle porta la main à sa gorge comme si le sang fût venu l'étouffer, et comme si elle faisait un effort pour se dégager ; puis ses yeux secs (car la source des larmes était tarie depuis longtemps) se tournèrent vers l'infâme personnage avec une expression d'horreur et de souffrance impossible à décrire.

Bamboula, répondant à cette muette et anxieuse interrogation, déplia le second papier et lut à voix haute :

— Ordre d'élargir sur l'heure le citoyen Henri Renneville, ci-devant vicomte.

— Ah ! fit Blanche en poussant un cri de joie et en s'élançant comme pour saisir le bienheureux papier.

Bamboula replia froidement la feuille et la tendit à la jeune fille.

— Es-tu prête ? dit-il simplement.

Blanche s'arrêta dans son élan comme si une main de fer l'eût clouée subitement sur place.

— Le municipal a ses registres tout ouverts, continua Bamboula; il n'attend que les fiancés pour les unir suivant la loi. Cet ordre est ton cadeau de noces... Dis-tu oui, enfin?

Blanche fit un effort pour parler; la parole expira dans sa gorge aride; mais son visage prit une expression de tel mépris, son geste fut empreint d'un dégoût tellement profond, que Bamboula recula comme s'il venait d'être frappé au visage.

Puis se remettant rapidement et reprenant tout son sang-froid :

— Adieu, dit-il; c'est la dernière fois que je viens te voir! Demain, Ronneville sera guillotiné, et toi tu passeras en jugement!

Et il se dirigea vers la porte. Blanche poussa un cri rauque et voulut s'élancer, mais le tremblement qui s'était emparé d'elle devint alors d'une violence telle, que ses jambes se dérobèrent sous elle et qu'elle roula de toute sa hauteur sur les dalles du cachot.

La malheureuse enfant était en proie à une crise nerveuse des plus terribles.

Elle se roulait, se tordait sur les dalles, se heurtant aux meubles et aux murailles dans un paroxysme de douleur effrayant.

Bamboula haussa les épaules en jetant sur elle un regard froid et cruel, puis il appela le geôlier.

— Apporte de l'eau froide! dit-il au guichetier qui contemplait avec indifférence cet horrible spectacle.

Le geôlier s'éloigna pour obéir: Bamboula prit une chaise et s'assit tranquillement.

— Cette crise la brisera, dit-il. Quand elle sera calme, elle fera tout ce que je voudrai. D'ailleurs, il faut en finir! Camparini peut arriver d'un moment à l'autre. A moi les millions! Elle m'épousera, et dès demain!

La crise nerveuse, loin de toucher à son terme, paraissait augmenter de violence.

XIX

L'ÉCHAFAUD

Ce matin-là, du 4, la foule des curieux et des curieuses envahissait la place de la guillotine.

Furies et sans-culottes étaient à leur poste, attendant impatiemment l'arrivée de la première charrette; mais comme les exécutions ne devaient commencer qu'à dix heures, l'échafaud était vide.

Trois aides, assis philosophiquement sur le bord des funèbres paniers, se tenaient au pied de la machine, fumant leur pipe et devisant de choses et d'autres avec quelques amis.

Ance, le chef, ne venait que quelques instants avant l'heure indiquée.

A neuf heures, la place et les cabarets étaient pleins; à neuf heures et demie, la foule, dressée et attentive, faisait entendre ce murmure sourd semblable à celui des flots agités, qui s'élève aussi bien les jours de fête que les jours de révolution; mais pour ceux qui étaient là, c'était jour de fête.

La devanture de la boutique du libraire était entourée d'un demi-cercle de curieux aux rangs serrés : chacun admirait l'enseigne, et ceux qui savaient lire proclamaient à voix haute, en faveur des ignorants, les noms inscrits en caractères rouges entre les montants de la petite guillotine.

Le premier de ces noms était celui du vicomte de Renneville.

Henri devait être guillotiné le matin même.

A côté du magasin du libraire était un cabaret dont les tables extérieures étaient entourées de sans-culottes et de furies.

On faisait là un vacarme effroyable.

Aspasie, Lucrèce, la Faucheuse, plus horribles à voir encore à la lumière du soleil qu'à celle d'une lampe enfumée, étaient attablées avec une douzaine d'autres *tricoteuses*.

Ces dames échangeaient force quolibets du plus haut goût avec une quinzaine de sans-culottes formant groupe à quelques pas d'elles.

Furies et sans-culottes étaient tous armés, les unes de piques et de fusils, les autres de sabres.

Les fenêtres des maisons donnant sur la place étaient encombrées par une foule curieuse, et des grappes de têtes à l'expression farouche appendaient par chaque ouverture.

Une seule de ces fenêtres était vide : cette fenêtre était ouverte cependant, mais on ne distinguait personne dans l'intérieur de la chambre qu'elle éclairait. C'était la fenêtre centrale du premier étage de la maison où était pratiquée la boutique du libraire, et située précisément en face de l'échafaud.

Cette fenêtre déserte, alors que toutes les autres regorgeaient, avait attiré déjà l'attention de la populace, et les *tricoteuses* faisaient force conjectures sur cet incident.

— Eh ! Aspasie ! criait une furie placée à l'extrémité de la table, regarde donc cette fenêtre, là ! au-dessus de toi ! Pourquoi donc qu'elle est vide ?

— C'est que la chambre aura été retenue par un bon patriote qui veut jouir du coup d'œil, répondit un sans-culotte.

— Un bon patriote ? Dis donc un aristocrate ! poursuivit la mégère. Est-ce que nous retenons des fenêtres, nous autres ? Pourquoi donc qu'il y en a qui en retiennent ? Léonidas ! faudra dénoncer cela au club !

Le quart avant dix heures retentit à l'horloge de l'Hôtel de Ville.

— La toile ! hurla une voix.

— Ance qui n'arrive pas ! cria une autre.

— Voilà les charrettes ! glapit un gamin grimpé sur une corniche et dominant, de ce poste hasardeux, la place entière.

Tous les regards se tournèrent vers la rue par laquelle devaient déboucher les *bières roulantes* (suivant l'expression adoptée), mais on ne vit rien. Le gamin s'était moqué de la foule.

— Dis donc, Lucrèce ! cria Léonidas, tu ne sais pas ce que Ance a dit hier quand les paniers ont été pleins ?

— Non ! répondit la tricoteuse. Qu'est-ce qu'il a dit ?

— Eh bien ! comme on mettait les paniers sur la charrette alors que la farce était jouée, il les a regardés partir ; puis il s'est écrié, en levant les bras : *Adieu, paniers, vendanges sont faites* (1) !

L'assistance se mit à rire.

— Ah ! voilà Ance ! le voilà ! cria un sans-culotte qui venait de monter sur une chaise.

— Et voilà les charrettes ! hurla une furie en escaladant une table.

La foule se mit à applaudir avec frénésie, et le lugubre *Ça ira* fut à la fois entonné par toutes les bouches.

C'était horrible ! Il y avait dans ce délire de créatures humaines, toujours ivres de sang, quelque chose de tellement hideux, qu'on eût dit être le jouet d'un

1. Historique. Le mot a été attribué à un conventionnel, mais il appartient à Ance, le bourreau de Brest.

abominable cauchemar et non assister à un spectacle réel.

Deux mouvements en sens opposés s'accomplissaient à la fois sur deux points de la place.

D'un côté, Ance, le bourreau, faisait son entrée, se dirigeant vers l'échafaud aux acclamations bruyantes des spectateurs avides de le voir à l'œuvre.

De l'autre, la première charrette, escortée par un piquet de gendarmes, s'avançait au milieu d'un concert de huées et de sifflets.

Acclamations, huées et sifflets étaient dominés par le refrain de *Ça ira* que beuglaient les masses.

Un magnifique soleil de juillet éclairait ce tableau.

Toutes les têtes, tous les regards étaient tournés vers les deux points de la place.

Tout à coup la Faucheuse poussa du coude sa voisine Aspasie.

— Regarde la fenêtre au-dessus du libraire! dit-elle à voix basse.

Aspasie se retourna. La fenêtre, tout à l'heure vide, était maintenant occupée; deux hommes, vêtus en muscadins, s'appuyaient sur la barre et regardaient la foule.

L'un d'eux se redressa et se retourna vers la chambre.

A quelques pas en arrière de la croisée, on voyait une forme humaine étendue sans mouvement sur un fauteuil.

On eût dit une femme évanouie.

— Bamboula et Pick! murmura Aspasie.

La Faucheuse porta la main droite à l'immense cocarde qui ornait son bonnet de laine rouge.

Aussitôt un sans-culotte, qui se tenait au milieu de la foule et dont les regards ne quittaient pas la furie depuis quelques instants, se glissa à travers les rangs serrés qui l'entouraient, et disparut dans la direction de l'échafaud.

Les deux hommes que la *Faucheuse* avait signalés à l'attention d'Aspasie étaient de nouveau appuyés tous deux sur la barre de la fenêtre.

Dominant de là la foule, ils pouvaient suivre au loin la marche lente de la charrette qui débouchait à peine par la rue conduisant à la prison et qu'elle venait de franchir dans toute sa longueur.

Soit que la foule compacte empêchât le cheval d'avancer, soit par suite d'un barbare calcul de la part des sans-culottes marchant en tête du lugubre cortége, la *bière roulante* s'arrêtait de seconde en seconde, demeurait stationnaire un moment, puis reprenait sa marche d'une extrême lenteur.

Pendant ces stations, les furies de la guillotine et les sans-culottes qui s'étaient précipités en avant et formaient la haie de chaque côté de la voiture, faisaient pleuvoir sur les malheureuses victimes qu'elle contenait des torrents d'invectives, d'injures grossières et de moqueries ignobles.

De la fenêtre où se tenaient les deux spectateurs, la distance était trop grande encore pour qu'on pût distinguer les condamnés autrement qu'en une masse informe et pressée, cahotée par les trépidations de la charrette.

Ance était arrivé à son poste et avait pris possession de sa sanguinaire machine.

Debout sur la plate-forme de l'échafaud, la main droite appuyée sur l'un des montants et jouant avec le cordon du couperet, il planait sur la place, et son regard fauve et carnassier (si nous pouvons parler ainsi) courait de groupe en groupe, tandis que ses narines dilatées par un rictus formidable semblaient aspirer à longs traits les émanations sanglantes s'exhalant des paniers rangés à ses pieds et dont la sciure encore tachetée de brun démontrait qu'elle avait pu être remuée depuis la veille, mais qu'à coup sûr elle n'avait pas été renouvelée.

Ance portait le costume des sans-culottes, moins les sabots.

Les maisons, de la cave au faîte du toit, disparaissaient presque sous la masse de ceux qu'elles contenaient, qu'elles soutenaient (car bon nombre étaient accrochés aux saillies extérieures), et la fureur de ces spectateurs des *loges* et des *galeries* répondait à celle du *parterre* et de *l'orchestre.*

La foule occupant les premiers étages était reliée à celle foulant le pavé de la place par une ceinture de têtes s'élevant en gradins : c'étaient les patriotes qui s'étaient emparés des chaises, des bancs et des tables, et qui s'en étaient fait des estrades.

Puis, au milieu de cette mer humaine, se dressait la rouge charpente de l'échafaud, et debout sur cet échafaud, Ance, le bourreau, essayant du doigt le tranchant de son couperet qu'il paraissait caresser!

La charrette avançait lentement, mais elle avançait cependant.

En ce moment on frappa à la porte de la chambre : le plus grand des deux hommes alla ouvrir; un personnage, la taille ceinte d'une écharpe tricolore et portant le costume des officiers municipaux de l'époque, parut sur le seuil et pénétra dans la pièce.

— Bonjour, citoyen Pick, dit-il; où est le citoyen Sommes?

— Me voici, répondit Bamboula en quittant la fenêtre et en s'avançant vers le nouveau venu.

— Il faut bien que ce soit pour toi que je me sois dérangé, dit le municipal; les affaires m'accablent à la commune.

— Il fallait que j'eusse dans ma poche l'ordre que je t'ai montré et qui est signé Robespierre !

— Bah! j'en eusse fait autant sans cela pour t'être agréable; mais tu aurais bien pu venir à la commune.

Il désigna l'Hôtel de Ville que l'on voyait par la fenêtre ouverte.

— A la commune nous eussions été entourés de témoins importuns, répondit Bamboula.

— Enfin, me voilà! Maintenant, faisons vite!

Et le municipal marcha vers une table sur laquelle il déposa un énorme registre grand in-folio qu'il tenait sous son bras.

L'ouvrant rapidement, il fit tourner les premières pages chargées d'une écriture fine et serrée, divisée en paragraphes, séparés les uns des autres par de grandes barres noires faites à l'encre, et accompagnés chacun de nombreuses signatures plus bizarrement et plus capricieusement tracées les unes que les autres.

En tête de chaque feuille, on voyait gravés les attributs de la République.

Le municipal s'arrêta à une page déjà noircie aux deux tiers : il prit une chaise, s'installa devant la table, tira de sa poche un encrier de corne et une plume et, se tournant vers Bamboula :

— Où est la citoyenne, ta fiancée? demanda-t-il.

— La voilà! répondit le bandit en désignant du geste une femme étendue sur un fauteuil, et que le municipal, qui remplissait les fonctions d'adjoint au maire, n'avait pas vu en entrant.

Cette femme, qui était immobile, dont la figure était d'une pâleur livide et qui paraissait évanouie, était Blanche.

La charrette avançait toujours, et l'on commençait à pouvoir distinguer plus nettement les victimes qu'elle transportait.

— Ah çà! mais elle est en pâmoison, ta fiancée! dit le municipal sans paraître ému le moins du monde.

— Elle reviendra à elle quand il faudra, répondit sèchement Bamboula. Écris toujours la formule du mariage. Tout à l'heure, elle te dira *oui!* et elle signera[1] !

Le municipal se mit à griffonner rapidement.

[1] On sait qu'un mariage peut être célébré tout autre part que dans une mairie. Dans les cas urgents, dans celui du mariage *in extremis*, par exemple, l'officier municipal peut se transporter au domicile de l'une des parties. Les mariages des princes se font également dans leurs demeures privées.

La loi dit simplement : « Le mariage sera célébré publiquement devant l'officier civil du domicile de l'une des deux parties. »

Nous insistons sur ce point pour ne pas être accusé d'invraisemblance, à une époque surtout où le Code civil n'existait pas et où l'application des lois se faisait souvent suivant le gré des officiers municipaux. (*Note de l'auteur.*)

— Les noms et prénoms? demanda-t-il sans se retourner et sans cesser d'écrire.
— Marcus-Tullius Sommes, répondit Bamboula.
— Ceux de la citoyenne?
— Marie-Marcelle-Blanche Niorres
— Pas de père ni de mère?
— Non ! orpheline ; je te l'ai dit déjà en accomplissant dernièrement toutes les formalités nécessaires pour ce mariage.
— Ton âge?
— Trente-huit ans.
— Celui de la citoyenne?
— Vingt-six.
— Très-bien. Et les témoins?
— Pick, Léonidas, Prieur de la Marne et Jean-Bon Saint-André : ces deux derniers se font remplacer par Brutus et par Scœvola, mais tu leur porteras dès ce soir le registre à signer.
— Maintenant, dit le municipal, il ne manque plus que ton consentement verbal et celui de la citoyenne, et votre signature à tous deux.
— Tu vas avoir l'un et l'autre ! répondit Bamboula en se dirigeant vers la fenêtre.

Pick regardait silencieusement au dehors : la foule hurlait toujours, le tableau était toujours le même ; la charrette avait parcouru le premier tiers de la place.

On distinguait très-nettement maintenant les victimes : elles étaient au nombre de huit, et ce n'était que la *première charrette*.

Quatre hommes encore jeunes, deux plus âgés et deux vieillards.

Le dernier des condamnés placés dans la charrette, le plus près des gendarmes d'escorte, celui qui, devant descendre le premier de la fatale voiture, devait par conséquent monter le premier sur l'échafaud, était le vicomte de Renneville.

Bamboula prit un flacon dans sa poche, revint vers Blanche et le lui fit respirer. La jeune fille tressaillit et ouvrit aussitôt les yeux.

Ses regards errèrent autour d'elle, mais Bamboula, sans lui adresser un mot, sans lui laisser le temps de se remettre complétement, l'entraîna par un geste brusque vers la fenêtre ouverte.

XX

LA CHARRETTE

En approchant de l'échafaud, la charrette avançait plus vite ou, pour mieux dire, moins lentement.

Un formidable groupe de sans-culottes aux bras nus, aux bonnets rouges, aux cris rauques, brandissant des fusils, des sabres et des piques, entourait la voiture en poussant des rugissements furieux et en injuriant les condamnés.

Ce flot d'hommes s'était rué avec une telle force, au moment où la *bière roulante* atteignait le premier tiers de la place, qu'il avait violemment écarté les tricoteuses et les autres patriotes, et que maintenant il entourait la charrette et les gendarmes d'escorte.

Aspasie, la Faucheuse et Lucrèce, résistant seules au flot, avaient conservé leur place et se tenaient en tête du cortége, immédiatement devant le cheval.

Toutes trois hurlaient le : *Ça ira !* à tue-tête.

Henri, calme et intrépide en présence de cette mort qui se dressait là, devant lui, soutenait l'un des malheureux vieillards qui faiblissait en face du supplice.

Le vicomte avait précisément la tête tournée du côté de la maison du libraire... Les aides du bourreau déblayaient le fatal escalier et s'apprêtaient à faire leur office.

Bamboula avait saisi Blanche et l'avait contrainte à s'approcher de la fenêtre ouverte.

La pauvre enfant, stupéfiée par le spectacle qu'elle avait tout à coup sous les yeux, étourdie par le vacarme effroyable qui régnait autour d'elle, affolée par la vue de l'échafaud qui se dressait en face d'elle, fit un brusque mouvement pour se rejeter en arrière, mais Bamboula la cloua sur place et, étendant la main dans la direction de la charrette :

— Regarde ! dit-il encore.

Blanche suivit des yeux le geste : sa figure se décomposa à faire croire qu'elle allait mourir, ses doigts étreignirent la barre d'appui avec une violence inouïe, ses yeux parurent prêts à jaillir hors de l'orbite.

— Henri ! s'écria-t-elle en voyant Renneville dans la charrette.

— Il va mourir ! dit froidement Bamboula.

— Henri ! répéta-t-elle.

— Veux-tu le sauver ?

— Oui ! dit Blanche que sa raison paraissait abandonner, tant il y avait d'égarement dans son regard.

— Il en est temps encore ! Tu le peux ! Es-tu décidée à le sauver ?

— Oui ! balbutia la pauvre enfant qui paraissait rivée à cette fenêtre.

Bamboula l'emporta presque jusqu'à la table devant laquelle était assis l'officier municipal.

— Voici sa grâce et son acte de mise en liberté, fit-il d'une voix brève et en montrant à Blanche un papier qu'il tenait.

Puis, de l'autre main désignant le registre :

— Dis *oui !* et signe ! continua-t-il.

Le municipal se leva avec majesté :

— Citoyenne Marie-Marcelle-Blanche Niorres, dit-il, consens-tu à prendre pour époux le citoyen Marcus-Tullius Sommes ci-présent ?

Blanche regarda le municipal sans répondre.

— La charrette marche! cria Pick de la fenêtre, près de laquelle il était demeuré.

Le municipal répéta sa question.

Blanche demeurait immobile... Tout à coup la raison lui revint et elle comprit sans doute, car elle poussa un cri déchirant et, tournant sur elle-même, elle s'élança vers la fenêtre.

— Henri! Henri! je veux mourir! s'écria-t-elle en se cramponnant à la barre qu'elle avait saisie.

— Il mourra, et tu ne mourras pas! dit Bamboula avec colère.

— Henri! Henri! s'écriait-elle; mais sa voix était couverte par les hurlements frénétiques de la foule.

— Tu veux donc qu'il meure! s'écria Bamboula en saisissant les deux mains de sa victime. Eh bien! soit! il va mourir! Tiens! regarde! vois-tu l'échafaud? Vois-tu Ance qui sourit de joie en songeant qu'il va se venger sur celui qui l'a flétri?... Vois-tu le couperet hissé?... vois-tu la bascule?... Tiens! voici l'escalier qu'il va monter en chancelant... le panier qui va recevoir sa tête!...

— Grâce! grâce!... murmura Blanche, en priant avec ferveur.

— Et cette tête, continua impitoyablement le misérable, le bourreau va la saisir quand il l'aura tranchée, et il te la montrera toute sanglante!... mais regarde!... regarde donc!...

— Grâce! pitié!... qu'il vive!... s'écria la jeune fille en se débattant.

Et le peuple chantait : *Ça ira!*

— La charrette s'arrête! dit Pick.

— Grâce!... balbutia encore Blanche.

— A mort les brigands!... hurla-t-on.

— Sauvez-le! sauvez-le! qu'il vive! s'écria la jeune fille à bout de forces, et incapable de supporter plus longtemps une pareille torture. Sauvez-le!... La grâce!... le papier!...

La charrette s'était arrêtée au pied de l'échafaud : Henri venait de descendre!...

— Tu consens à être ma femme? dit Bamboula dont le visage rayonnait.

— Oui... murmura Blanche d'une voix qui n'avait plus rien d'humain; et ses doigts crispés s'emparèrent du papier que lui offrait le bandit.

Bamboula la traîna de nouveau devant le municipal qui attendait toujours le plus patiemment du monde.

Un roulement de tambour retentit au dehors : la foule battit des mains.

— Vite! vite!... cria Blanche, dont les doigts tremblants s'efforçaient de prendre la plume.

— Permets, citoyenne! dit le municipal. Consens-tu, citoyenne Marie-Marcelle-Blanche Niorres, à prendre pour époux le citoyen Marcus-Tullius Sommes ci-présent?...

Blanche ouvrit les lèvres comme pour parler, mais aucun son ne sortit de sa bouche...

Un second roulement retentit au pied de l'échafaud; un lugubre silence, succédant aux cris furieux, régna subitement sur la place.

— Consens-tu? s'écria Bamboula en saisissant la main de Blanche qu'il serra avec violence.

Blanche fit un effort pour parler... mais elle n'eut pas le temps de prononcer une parole...

Trois coups de feu venaient de retentir à la fois, et un tumulte indicible éclata avec la rapidité et la violence de la foudre qui tomberait soudain du sein d'un ciel sans nuages.

Bamboula, Pick, qui s'était rapproché, et le municipal tressaillirent à la fois. Ils ne s'attendaient pas à cette explosion de cris ne ressemblant nullement à ceux poussés ordinairement à chaque exécution.

D'un seul bond, ils furent tous à la fenêtre, mais Blanche les avait devancés.

— Ah! s'écria-t-elle avec une joie impossible à traduire, il est sauvé! Merci, mon Dieu! vous avez exaucé ma prière!...

Bamboula la repoussa en arrière et, écartant brusquement Pick et le municipal, il referma violemment la fenêtre.

— Il n'est pas encore sauvé! s'écria-t-il; et toi, tu es toujours entre mes mains!...

Blanche ne l'entendit pas : elle était tombée à genoux et elle priait.

Le tumulte régnait au dehors, plus furieux que jamais. Une horrible mêlée avait lieu sur la place

Au moment où les condamnés descendaient de la charrette pour monter sur l'échafaud, les sans-culottes, qui avaient fait irruption autour de la voiture, s'étaient rués sur eux et les avaient enlevés.

Puis, au même instant, trois coups de feu avaient atteint trois gendarmes, et les sans-culottes, enlevant les condamnés, s'étaient élancés dans la foule, le sabre au poing, formant une colonne serrée, frappant et renversant tout ce qui s'opposait à leur passage.

Lucrèce, Aspasie et surtout la Faucheuse bondissaient en tête, précédées seulement par un homme de taille gigantesque, et dont la force était telle que rien ne résistait en face de lui et que, partout où il se présentait, il faisait trouée.

Les patriotes, surpris un moment, s'élançaient alors au combat pour rentrer en possession des victimes que l'on venait d'arracher à leur férocité.

Quant aux condamnés, soit que des moyens d'évasion eussent été préparés d'avance et qu'ils en eussent aussitôt profité, soit qu'ils eussent été engloutis sous les flots en furie de cette foule immense, ils avaient complétement disparu.

XXI

LE PORT DU MOULE

En Europe, nous avons quatre saisons bien tranchées, et dans l'autre hémisphère, sous les climats de l'équateur, ou dans les Antilles, il n'y a que deux saisons, car l'une a une durée triple de celle de l'autre. La plus longue, qui dure neuf mois, est la *saison sèche*, commençant à la fin d'octobre et finissant à la fin de juillet.

La saison hivernale des premiers jours d'août jusqu'au mois d'octobre, est envahie par des inondations torrentielles et la mer est mauvaise.

C'est au début, surtout, que les tempêtes éclatent furieusement.

Ainsi, le 28 thermidor, les vagues déferlaient sur cette côte de Grande-Terre de la Guadeloupe et la pluie diluvienne détériorait le sol. L'île de la Guadeloupe se divise en deux parties à peu près égales; la *Grande-Terre* et la *Basse-Terre*, séparées l'une de l'autre par un étroit canal maritime, nommé par les habitants la *Rivière salée*. Au sud-ouest de la *Grande-Terre*, près de la *Rivière salée*, s'élève en terrasse la ville de la Pointe-à-Pitre, dominant un magnifique port. De l'autre côté de l'île, sur la côte nord-est, la plus mauvaise au vent et exposée à des ras de marée presque continuels, s'abrite sous un bois de mangliers, le port du Moule.

Vingt-cinq jours se sont passés depuis le tremblement de la *Trinitad*.

Durant ces vingt-cinq jours écoulés, de graves événements s'étaient accomplis aux Antilles, récemment conquises par les Anglais. Victor Hugues, dont Fleur-des-Bois avait annoncé l'arrivée au marquis d'Herbois, devenu corsaire. Victor Hugues, confiant en sa cause et en la bravoure des hommes qu'il commandait, n'avait point hésité à se porter sur la Guadeloupe, bien qu'aucun secours caraïbe ne fût arrivé jusqu'à lui. Il avait fait mine d'abord de débarquer à la Pointe-à-Pitre, puis, opérant un crochet, il avait tourné la *Grande-Terre* et était venu mouiller au port du Moule, point qui, n'ayant jamais été regardé comme lieu de débarquement à cause de sa situation topographique, ne présentait qu'une faible résistance. A peine ses troupes débarquées par une nuit obscure, il avait rapidement formé ses colonnes d'attaque, les avait mises en mouvement et, s'élançant à leur tête, il avait traversé l'île sans s'arrêter et avait enlevé, par un hardi coup de main, le fort *Fleur-d'Epée* couvrant la ville de la Pointe-à-Pitre.

Les Anglais, attaqués avec une furie irrésistible, surpris, pressés, poussés, abandonnèrent la ville, qui vit de nouveau flotter sur ses murs le pavillon aux trois couleurs. Le fort *Saint-Louis*, commandé par le fort *Fleur-d'Épée*, ne pouvant plus offrir de résistance sérieuse, les Anglais qui le défendaient avaient été contraints à se rendre, et les troupes ennemies, chassées d'un seul coup de tous les points de la *Grande-Terre*, avaient repassé la *Rivière salée* et s'étaient réfugiées sur la *Basse-Terre*.

Par cette attaque d'une audace inouïe et couronnée par le plus heureux succès, Victor Hugues s'était trouvé maître de la meilleure partie de la colonie, de sa plus grande ville et de son premier port de commerce. Les Anglais, surpris, vaincus, s'étaient enfuis, croyant avoir affaire à des troupes nombreuses ; mais quand ils apprirent que cette admirable opération militaire avait été effectuée par une poignée de braves, leur rage et leur honte ne connurent plus de bornes. Concentrés à la *Basse-Terre*, cette île volcanique, si montueuse, ils résolurent de reconquérir la *Grande-Terre* que les Français venaient de reprendre.

Victor Hugues, lui, se proposait, continuant sa conquête, d'aller chercher l'ennemi dans la Guadeloupe proprement dite; mais avant de tenter cette expédition nouvelle, il voulait s'établir solidement dans la *Grande-Terre* et assurer tout d'abord à la France cette partie de la colonie. Depuis vingt jours qu'il était débarqué, depuis quinze qu'il avait expulsé les Anglais de la *Basse-Terre*, il s'occupait à fortifier ses positions acquises.

Il était quatre heures du matin et le jour se levait à peine. La pluie, tombant à flots, combattait l'aube naissante et de gros nuages courant sur le ciel interposaient leurs vapeurs noires et opaques entre la terre et les rayons du soleil impuissants à les percer.

La côte orientale de la *Grande-Terre* surtout (celle située *au vent*), cette côte qui est inaccessible dans toute sa longueur, depuis la *Pointe-du-Château* jusqu'à l'*Anse-à-Bertrand*, hormis sur un seul point, le port du Moule, cette côte avait, plus que tout le reste de l'île, à souffrir des violences des rafales et des torrents de pluie qui la balayaient et la noyaient sur toute son étendue.

Il était environ quatre heures du matin, avons-nous dit, et par l'une de ces éclaircies rapides dont nous venons de parler, on avait pu signaler au port du Moule une pirogue de guerre Caraïbe se détachant au milieu du brouillard et naviguant vers le point inaccessible de la côte. Cette pirogue était à peu près à une demi-lieue en mer, et il fallait la légèreté et l'admirable projection que les sauvages savent donner à ces frêles embarcations, pour que celle qui courait en se jouant sous la pluie et le vent pût lutter contre le ras de marée qui règne presque incessamment sur la côte du vent de la Guadeloupe. Cette pirogue contenait près de cinquante personnes parmi lesquelles on pouvait distinguer deux femmes caraïbes et un enfant blanc.

Vingt guerriers caraïbes rouges, en grand costume de guerre, leurs armes déposées à leurs pieds et se reposant sur les bancs de bambous qui garnissaient l'embarcation, occupaient l'avant. Vingt rameurs caraïbes noirs, agitant régulièrement leurs pagayes, étaient assis au centre et faisaient bondir la pirogue sur la crête des vagues qui passaient sous sa quille en la balançant. Sept personnages, parmi lesquels étaient les deux femmes et l'enfant dont nous venons de parler, trois hommes blancs et un Caraïbe étaient installés à l'arrière. Une petite tente adroitement construite abritait cette dernière partie de la pirogue et la défendait en partie contre le vent et la pluie. Le Caraïbe, qui se tenait à l'extrémité de l'arrière et qui paraissait être le chef de la pirogue, était notre vieille connaissance de l'île Saint-Vincent : Illehüe, l'illustre chef des Caraïbes rouges. Près de lui étaient assises les deux femmes, ses deux filles ; Fleur-des-Bois, l'héroïque jeune fille, la tête ceinte des plumes blanches de l'oiseau des Tropiques, portant fièrement et gracieusement son costume de guerre, caressant ses armes posées sur ses genoux, demeurait impassible, l'œil fixé sur la terre qui se dessinait vaguement à l'horizon, et la physionomie animée par une pensée énergiquement puissante. A ses pieds était accroupi, et sommeillant, un magnifique lévrier des montagnes : Coûma, le fidèle compagnon de la jeune guerrière.

A côté de Fleur-des-Bois, Étoile-du-Matin, la seconde fille du chef, la douce et charmante enfant, dont les mœurs et le caractère formaient un contraste tellement saisissant avec les habitudes et les sentiments de sa sœur, se tenait le corps à demi ployé, pressant dans ses bras le petit garçon blanc qu'elle avait sur ses genoux, et ne levant la tête que pour adresser à l'homme placé en face d'elle un long regard empreint de tendresse, de douleur et de résignation. Cet homme, c'était Charles, le marquis d'Herbois, le capitaine corsaire que nous avons laissé à la *Trinitad*, sauvant, par un miracle, miss Mary, la jolie Anglaise, la fiancée de lord Ellen.

Mais depuis le jour où nous avons assisté à cette terrible catastrophe qui avait ruiné *Puerto-España*, Charles était cruellement changé. Un sentiment d'abattement complet se peignait sur son mâle visage pâli par les souffrances morales, fatigué par les douleurs physiques et recouvert d'un voile de tristesse. Un désespoir sombre, effrayant, se lisait sur ce front plissé : les yeux avaient perdu le feu qui les animait jadis et des rides précoces sillonnaient ce visage autrefois si beau. Le commandant paraissait plongé dans un monde de réflexions lugubres, et la tristesse qui le dévorait semblait être partagée par le matelot occupant une place voisine de la sienne, et qui jetait sur son commandant des regards mornes et remplis d'inquiétude. Ce matelot, c'était Mahurec.

Quant au septième personnage, au quatrième représentant sur cette pirogue caraïbe de la race blanche européenne, il s'était, probablement pour mieux se défendre contre les atteintes du vent, de la pluie et du pulvérin des vagues, blotti sous le banc de l'embarcation et disparaissait à demi sous un véritable amas de couvertures et de peaux d'animaux sauvages. Parfois il se faisait si petit, il se ramassait si étroitement sur lui-même, que l'on perdait toute trace de son individu sous le monceau de lainages et de fourrures dans lequel il s'enfouissait comme une tortue sous sa carapace, alors qu'elle rentre sa tête et ses pattes. Mais lorsque l'air respirable lui faisait défaut ou que la curiosité aiguillonnait sa paresse ou surmontait ses craintes d'être éventé ou mouillé, le personnage caché opérait, avec sa tête, une trouée dans le dôme formant abri, et le nez pointu de Gervais se dégageait quelques instants pour disparaître ensuite.

— Allons, estimable terrien, dit Mahurec en poussant assez rudement du pied le paquet dans lequel était enseveli Gervais, vous pouvez vous désemmailloter à cette heure, voilà que nous relevons la terre !...

— Vous croyez, mon excellent ami ? répondit timidement le bourgeois parisien.

— Eh ! oui ! Dépiautez-vous, que je vous dis ! vous avez quasiment le gabarit d'un castor qui remorquerait sur sa queue tout son gréement. Mettez le nez dans la brise et ouvrez l'œil. Nous allons bientôt larguer deux mots à vos ci-devants amis les *goddem*.

M. Gervais laissa échapper un grognement sourd et se dégagea un peu la tête, mais la pluie qui fouettait avec violence lui arriva en plein visage et le fit rentrer sous son banc.

— Tel que vous me voyez, mon bon monsieur Mahurec, reprit-il en se blottissant plus encore sous le tutélaire abri, je suis capable de m'enrhumer, savez-vous, et j'ai des rhumes terribles, moi qui vous parle ! Quand j'étais à Paris, dans mon magasin, je m'enrhumais tous les hivers, à la Saint-Martin. Crac ! c'était comme une fatalité... mêmement que mon épouse me faisait une petite tisane, que je prendrai même la liberté de vous recommander à l'occasion...

Mahurec n'écoutait pas le bourgeois : ses regards et tous ceux de ses compagnons étaient fixés vers la terre qui se dessinait plus nettement de minute en minute. Le port du Moule apparaissait en face de la pirogue.

— Les Français doivent être maîtres de cette partie de l'île ! dit Illehue en s'adressant à Charles.

— Je l'espère, répondit celui-ci, mais, dans tous les cas, il faut que nous débarquions. Cependant, tourne le Moule et atterre au sud de la ville.

Le Caraïbe fit un signe affirmatif.

Gervais, toujours enfoui sous sa montagne de peaux et de couvertures, ne voyait rien et ne cherchait pas à voir, mais il était horriblement tourmenté par le désir de parler. On se rappelle que le digne bourgeois était, comme son compère et compagnon l'estimable Gorain, doué d'une loquacité très-remarquable. Or, depuis près de deux années que le malheureux Gervais avait été fait prisonnier des Anglais, par une cause et dans des circonstances que nous ignorons encore, il avait été condamné à des monologues presque continuels alors qu'il voulait, ainsi qu'il le disait lui-même, *se délier la langue*. Son ignorance de la langue anglaise l'avait condamné à un mutisme à peu près absolu, et le peu de mots qu'il avait fini par apprendre ne lui fournissait matière qu'à une conversation des plus restreintes.

Lord Ellen parlait français, mais le noble lord ne descendait pas souvent jusqu'à prolonger une causerie avec un prisonnier, un Français! Miss Mary et lady Harriet pouvaient aussi comprendre Gervais, l'une et l'autre ne lui accordaient aucune attention.

Le pauvre bavard avait donc subi une torture réellement pénible : aussi se rappelle-t-on la joie qu'il fit éclater à *Puerto-España* en entendant Mahurec lui adresser la parole en français, et encore cette joie avait été de bien courte durée, car elle avait été presque aussitôt suivie de l'horrible catastrophe. Gervais paralysé par la terreur, avait été plus de quinze jours à rétablir l'équilibre de son esprit, et au moment où nous le retrouvons dans la pirogue, il n'y avait guère qu'une dizaine de jours qu'il était enfin rentré en possession de toutes ses facultés, et qu'il était en mesure d'apprécier les avantages d'avoir recouvré la société de ses compatriotes. Ceux-ci, c'est-à-dire Mahurec et Charles avaient pris en pitié le pauvre diable qui, depuis deux années, avait été en proie à tant de vicissitudes, mais ils l'écoutaient peu. Gervais s'était rejeté sur les Caraïbes, parlant tous français ; mais les sauvages sont de conversation peu prolixe, et, de ce côté encore, le bourgeois n'avait pas reçu l'accueil qu'il désirait. Cependant il entendait parler français autour de lui; il savait qu'on pouvait le comprendre, et c'était un énorme soulagement. Aussi avait-il pris l'habitude de parler tout seul, se persuadant qu'on devait l'écouter, et il bavardait avec un entrain témoignant le désir de rattraper le temps passé, condamné au silence. Supposant donc que Mahurec lui prêtait encore attention, alors que le matelot et ses compagnons ne s'occupaient que de la terre, dont on approchait et dont on ignorait la qualité d'amie ou d'ennemie, Gervais avait poursuivi sa pensée et son discours.

— Je vous disais donc, mon cher monsieur Mahurec, poursuivit-il, que mon épouse avait un remède tout particulier pour mes rhumes... C'était une espèce de bouillon d'une fabrication toute spéciale ; je vais vous en donner la recette, car la pauvre chère femme en a tant fait pour moi et devant moi, que je sais cette recette par cœur... Écoutez !... Vous prenez un mou de veau, n'est-ce pas ? mais un beau mou de veau, un de ces mous de veau qui...

Gervais s'interrompit lui-même en poussant un cri aigu et en se rejetant brusquement en arrière

— Eh ! l'ancien ! cria Mahurec, quoi donc que vous avez à me farfouiller comme cela dans les jambes ?

— Mais vous m'avez marché sur la main, mon excellent ami ! beuglait le bourgeois

— Bah ! fit le matelot, il n'y a pas de mal ; je n'ai rien senti. D'ailleurs, pourquoi venez-vous vous fourrer sous moi ? Ces terriens, c'est plus bête qu'un épissoir ! Je vous dis de vous désemmailloter ! Voyons, démarrez de là !

— Ah ! fit Gervais d'un ton dolent, croyez bien que je voudrais m'en aller. Ah ! ma pauvre rue Saint-Denis !... ma boutique !... mon épouse !...

— Eh bien ! allez les retrouver !

— Hélas ! mon bon monsieur, que ne le puis-je ?

— Ah çà ! mais, au fait, dit Mahurec, que les doléances de Gervais commençaient à impatienter, qu'est-ce que tu as, terrien, avec ta face vent dedans et ta mine chavirée ? As-tu fini tes lamentations ? Pourquoi que tu as largué l'écoute et quitté ta case pour venir te bourlinguer dans ces parages ? Fallait y rester, dans ton Paris de malheur !

— Croyez bien, mon digne monsieur Mahurec, que je voudrais ne l'avoir jamais quitté !...

— Pourquoi en es-tu parti, alors ?

— Pour aller à Saint-Cloud ! répondit simplement Gervais. Mahurec le regarda avec des yeux énormément ouverts.

— De quoi ? fit-il, t'as quitté ton Paris pour aller à Saint-Cloud ?

— Oui, mon bon monsieur Mahurec.

— Et ça t'a mené aux Antilles ?

— Comme vous le dites.

— Sans t'arrêter ?

— Sans m'arrêter... ou, pour mieux dire, si, je l'ai été, arrêté... et par les Anglais, encore.

Mahurec ne put retenir un éclat de rire bruyant.

— En voilà une de longueur ! dit-il. Tu pars de Paris pour aller à Saint-Cloud, et tu passes par les Antilles ? Eh bien ! à la bonne heure ! pour un terrien, tu n'es pas encore si bête que tu en as l'air ! Caramba ! tu étais venu au monde pour être *Juif errant !*

— Ah ! fit Gervais en poussant un profond soupir, si vous saviez comment tout cela m'est arrivé ! Tenez, mon cher monsieur Mahurec, je vais tout vous avouer... Figurez-vous qu'un soir j'étais dans mon arrière-boutique avec ma femme, en train d'examiner les beaux habits brodés d'or qui nous restaient, et dont la République une et indivisible paralysait la vente, lorsque tout à coup...

Mahurec posa sa large main à plat sur la bouche de Gervais, et lui coupa nettement et rudement la parole.

— Silence ! fit-il ; nous allons accoster, et on ne sait pas encore si la côte est amie ou ennemie. Tu me largueras ton histoire un autre jour !

La pirogue s'était arrêtée à quelques brasses de terre Illehüe, la faisant maintenir contre la force des vagues qui la poussaient sur la côte, donna un ordre à l'un des Caraïbes noirs. Celui-ci se jeta aussitôt à la nage et disparut dans l'écume des flots. Un quart d'heure ne s'était pas écoulé qu'il revenait vers l'embarcation.

— Le pavillon tricolore flotte au port du Moule ! dit le

sauvage en escaladant les bordages de la pirogue.

Charles tressaillit et le sang lui monta au visage.

— Vive la France! hurla Mahurec.

— Nous rentrons dans le port, alors? dit Illehüe.

— Non! répondit Charles; accoste sur la plage en face des murs de la ville.

Les rameurs reprirent leurs pagayes, et quelques instants après, la pirogue venait échouer sur le sable de la côte. Illehüe, les deux femmes, les trois hommes blancs, l'enfant et les Caraïbes rouges débarquèrent aussitôt. Les noirs demeurèrent seuls dans la pirogue. La terre, marécageuse de sa nature et détrempée encore par les pluies, offrait une surface à demi liquide dans laquelle on enfonçait jusqu'au-dessus des chevilles. Illehüe et Charles parurent conférer quelques moments ensemble; puis le chef caraïbe donna l'ordre à sa fille aînée de veiller au campement provisoire des guerriers et à la sûreté de la pirogue; Charles fit signe à Mahurec de le suivre, et les trois hommes, quittant la plage, se dirigèrent rapidement vers la ville du Moule laissant derrière eux, Fleur-des-Bois, qui veillait à l'installation des siens: Gervais, qui invoquait tous les échos pour trouver un abri contre la pluie, et Étoile-du-Matin, la gracieuse enfant, serrant contre sa poitrine la faible créature qu'elle tenait toujours embrassée, et suivant de son regard triste et douloureux l'ombre de Charles, qui se détachait au loin dans le brouillard. Quand les trois hommes eurent complètement disparu, Étoile-du-Matin appuya ses lèvres sur le front du petit garçon, et un sanglot convulsif fit frissonner ses brunes épaules.

Le soir, à cinq heures, la pluie avait cessé, mais de grands nuages couraient encore sur le ciel sombre. La petite troupe que nous avons vu débarquer était encore réunie sur la plage. Les Caraïbes noirs s'occupaient à remettre à flot la pirogue que la marée basse avait laissée à sec, et, enlevant la légère embarcation, ils la faisaient glisser sur le sable en la poussant en avant. Les vingt guerriers rouges, groupés à l'écart, se tenaient immobiles et silencieux, semblant attendre les ordres de leur chef. Illehüe, Fleur-des-Bois et Mahurec causaient tous trois à quelque distance des Caraïbes rouges, et paraissaient établir un plan de campagne. Coûma errait dans la plaine humide, faisant autour de sa jeune maîtresse et de ses compagnons une garde attentive.

Charles, Étoile-du-Matin et le jeune enfant blanc étaient assis sur un quartier de roc que la mer en se retirant avait dégagé. Charles tenait le petit garçon entre ses deux genoux et caressait de la main sa jolie tête blonde, déjà brunie cependant par le soleil des tropiques.

— Chère et douce enfant, disait Charles en se tournant vers la jeune Caraïbe, vous m'avez compris, n'est-ce-pas? Vous avez retenu toutes mes paroles?

— J'ai tout compris, Charles, répondit Étoile-du-Matin. Chacune de vos paroles est et demeurera gravée là !...

— Vous n'oublierez donc rien?

— Jamais.

— Maintenant je n'ai plus rien à vous apprendre. Vous connaissez toute ma lugubre histoire.

Étoile-du-Matin leva sur lui ses yeux humides de larmes.

— Pourquoi ne me l'avoir pas confiée plus tôt? dit-elle.

— Pourquoi aurais-je affligé un cœur ami? répondit Charles. Vous n'eussiez rien su si les circonstances ne m'eussent contraint à parler. Qui sait, après ce que j'ai souffert déjà, ce que l'avenir me réserve. Le hasard le plus heureux serait, pour moi, la mort...

— Ne dites pas cela! interrompit Étoile-du-Matin en frissonnant.

Puis elle reprit après un moment de silence durant lequel elle chercha à calmer l'émotion qui agitait sa poitrine :

— Et vous dites que le signe que cet enfant porte au bras est la marque constatant qu'il appartient à cette malheureuse famille dont vous venez de me révéler le terrible sort?

— Oui, répondit Charles. Ce qu'il a gravé sur le bras, ce sont les armes des Niorres, et la ressemblance de son visage avec le conseiller et avec celle dont je vous ai également parlé, prouve qu'il a le droit de porter ces armes. Maintenant, à quel degré cet enfant appartient-il à la famille des Niorres? Je l'ignore, et lui-même ne peut nous donner aucun renseignement à cet égard, vous le savez. Mais la Providence l'a jeté sur ma route; la Providence m'a fait lui sauver la vie alors qu'il allait périr avec le navire; la Providence a des décrets à l'exécution desquels nous devons aider. Je ne puis, moi, dans la vie aventureuse que je mène, me charger de cet enfant, dont la vue est d'ailleurs, pour moi, à la fois un sujet de bonheur et un sujet de douloureuse affliction. Depuis plus d'une année qu'il est avec vous, Étoile-du-Matin, vous lui avez servi de mère, et jamais mère, plus tendre ni plus dévouée, n'a veillé avec plus de vigilance sur son fils favori...

L'enfant, qui avait jusqu'alors écouté en silence et avec une attention tout à fait en dehors de son âge, quitta brusquement Charles, et, sautant après Étoile-du-Matin, il l'étreignit tendrement et l'embrassa avec une extrême effusion, comme s'il eût voulu sanctionner par cette pantomime expressive les paroles du jeune homme.

— Il vous aime, poursuivit Charles; il vous aime comme il doit vous aimer. Vous êtes pour lui une mère adoptive, et je devais vous confier tout un passé qui, je crois, peut intéresser son avenir. Encore une fois, je vous le répète, j'ignore comment et à quel titre cet enfant appartient à la famille des Niorres; mais, pour moi, je ne puis douter qu'il n'en soit un descendant; et il fallait que vous sussiez tout, car les renseignements que je vous donne peuvent lui devenir un jour absolument nécessaires. Si mes projets eussent réussi, si Dieu était venu à mon aide et que je fusse retourné en France, j'eusse certainement emmené avec moi cet enfant, afin d'éclaircir son sort. Mais le bonheur, qui avait paru me sourire un moment, m'a laissé retomber dans la détresse, et aujourd'hui, Étoile-du-Matin, je vous supplie de garder près de vous ce pauvre petit être; je vous supplie de l'aimer, de veiller sur lui et de le protéger, car j'ai le pressentiment que bientôt il n'aura plus que vous au monde!

— Charles! s'écria la jeune fille, pourquoi désespérer?

— Et comment espérerais-je? répondit Charles en secouant la tête. Il y a un an, lorsque, grâce aux secours que m'avait si généreusement donnés votre père, grâce au dévouement de votre sœur, au courage de mes compagnons, j'avais conquis un navire, je pouvais croire encore en l'avenir!... Mais il me sembla que mon propre succès eût été fatal à ma patrie. Quelques mois après que j'avais un navire, la France perdait tous ses ports aux Antilles!... J'espérais toujours cependant! Votre sœur m'annonce la venue d'une flotte française. La joie rentre dans mon cœur. Je voulais servir dignement mon pays, et au moment où j'allais conduire au secours de mes hardis compatriotes deux bâtiments et cinq cents combattants, une horrible convulsion de la nature vient anéantir mes rêves de bonheur! Je vois les navires brisés et engloutis sous mes yeux; deux cents de vos guerriers trouvent la mort sur ma corvette, et, au milieu de cet épouvantable désastre, je suis trop heureux encore de trouver une pirogue qui me ramène à Saint-Vincent, où en échange de l'hospitalité que j'avais reçue, de l'amitié que l'on m'avait prodiguée, je ne rapportai que des nouvelles de deuil! Oh! pauvre enfant, éloignez-vous de moi! Je suis fatal à tout ce que j'approche!

XXII

LA RIVIÈRE SALÉE

Étoile du-Matin avait saisi la main de Charles.
— Oh! ne désespérez pas encore! dit-elle.
Le jeune homme secoua douloureusement la tête.
— Que puis-je maintenant? répondit-il. Quelle force me reste-t-il pour agir?
— Pourquoi avoir refusé les guerriers qu'Illehüe voulait vous donner?
— Pouvais-je consentir à dégarnir la *Cabesterre* alors que les Anglais la menacent d'une attaque nouvelle? J'ai accepté vingt guerriers. C'est plus encore que je n'aurais dû faire!
— Mais quels étaient vos projets en venant à la Guadeloupe?
— Me rendre auprès de Victor Hugues s'il était parvenu à s'y établir, et lui demander, pour moi et les miens, une place dans les rangs de son armée
— Eh bien! vous triompherez de nos ennemis, Charles, et vous pouvez encore espérer bonheur et gloire!
— Hélas! ce triomphe sera long à obtenir, s'il a lieu

Comment supposer qu'une poignée de braves résiste aux attaques de toutes les forces anglaises des Antilles? Puis, d'ailleurs, quel moyen ai-je maintenant de retourner en France?... Non! je n'espère plus! je suis à bout de courage et d'énergie : je veux mourir! Qu'une balle anglaise mette donc enfin un terme à mes douleurs!

— Charles! Charles! encore une fois, ne dites pas cela! s'écria Étoile-du-Matin avec une extrême véhémence.

— Pourquoi? dit Charles en la regardant fixement.

La jeune fille détourna la tête.

— Pourquoi? répéta-t-il.

Puis, après un léger silence :

— Hélas! mon Dieu! poursuivit-il, pensez-vous que j'ignore ce qui se passe en vous, et ce secret que j'ai deviné augmente encore mes souffrances! Vous m'aimez! je le sais.

La jeune fille releva brusquement son front penché.

— Oui, je vous aime! dit-elle d'une voix ferme. Je vous aime, Charles; mais si je vous fais cet aveu, c'est que je sais que vous ne pouvez m'aimer, que votre cœur est à une autre! Oh! si vous m'avez devinée, moi aussi je vous ai compris. Vous avez jadis quitté Saint-Vincent pour m'éviter votre présence, et là, tout à l'heure, vous venez de m'avouer que votre amour appartenait à celle qui avait tant souffert pour vous. Vous avez agi loyalement, Charles! je vous aime plus encore, mais cet amour est digne de celui qui l'a inspiré! C'est une sœur qui vous tend la main. Si je veux que vous viviez, oh! ce n'est pas pour moi, Charles, c'est pour que vous vous conserviez à celle que vous aimez, à cette femme qui doit vivre encore, elle aussi, que vous retrouverez un jour et qui vous donnera le bonheur que le ciel vous doit en récompense de vos douleurs. Que je vous sache heureux, Charles, et, à mon tour, je mourrai heureuse!...

Charles saisit les mains de la jeune fille et les pressa tendrement dans les siennes. Il paraissait profondément ému.

— Oh! mon Dieu! fit-il, je n'oublierai jamais que vous et votre sœur avez veillé sur moi ; je n'oublierai jamais que deux anges se seront dressés sur ma route, et à ces deux anges j'aurai rendu, pour amour et dévouement, malheur et désespoir!... N'y a-t-il pas une horrible fatalité attachée après moi?...

Mahurec s'avançait alors vers les deux jeunes gens, et l'enfant, en voyant le matelot, courut à sa rencontre.

— Bonsoir, *pays!* fit le gabier en enlevant le petit garçon entre ses mains robustes et en appuyant deux gros baisers sur ses joues veloutées. Comment que ça se gouverne?

— As pas peur! l'ancien! répondit l'enfant. La brise adonne, et on n'est pas en ralingue!

Mahurec poussa un cri d'admiration en entendant cette réponse faite en langage maritime.

— Un Breton! s'écria-t-il, un vrai Breton! un matelot, quoi!

Et, remettant l'enfant à terre, il étendit la main sur sa tête comme pour le bénir :

— Il n'y en a qu'un qui t'apprendra à prendre un ris! dit-il, et celui-là ce sera moi!

Charles s'était levé.

— Ma sœur, dit-il d'une voix douce et en appuyant sur ce mot qui fit rougir la jeune Caraïbe, ma sœur, partout où je serai, votre douce image sera près de moi, comme celle d'une amie dévouée. Maintenant il faut nous séparer. Vous allez retourner à Saint-Vincent avec votre père, votre sœur et cet enfant. Jurez-moi de veiller sur ce pauvre petit être!

— Je vous le jure! répondit Étoile-du-Matin. Mais, à votre tour, jurez-moi que vous n'abandonnerez jamais les Caraïbes, et qu'au moment du péril vous serez près de mon père et de ma sœur, comme ils auront été près de vous à l'heure du danger.

— Je vous le jure! dit Charles d'une voix grave.

Les Caraïbes noirs avaient mis à flot la pirogue, et chacun d'eux était à son poste, sa pagaye à la main.

Illehüe s'avança, à son tour, vers Charles.

— Je te laisse ma fille, dit-il en désignant Fleur-des-Bois. Elle combattra nos ennemis et les tiens. C'est un guerrier fort dans les combats et sage dans le conseil, qu'Illehüe place aux côtés de son ami, pour l'aider de son bras et de son esprit.

Fleur-des-Bois enlaçait gracieusement sa jeune sœur.

— Je veillerai sur lui! dit-elle.

Puis, comme elle sentait Étoile-du-Matin frémir de tout son être :

— Pleure, pauvre enfant, ajouta-t-elle, car tu ne dois pas espérer! Un blanc, d'ailleurs, pourrait-il aimer une femme de notre nuance?...

Étoile-du-Matin saisit le petit garçon qui était près d'elle et l'entraîna vers la pirogue.

. . . .

Dix lieues séparent le port du Moule de la Pointe-à-Pitre, mais dix lieues à franchir pour les sauvages enfants de l'Amérique et des Antilles sont un trajet facile à accomplir.

A six heures du soir, Charles, Mahurec, Fleur-des-Bois, Gervais et les Caraïbes rouges avaient quitté la plage; à trois heures du matin, ils atteignaient les bords de la *Rivière Salée*, à l'embouchure sud de laquelle est bâtie la Pointe-à-Pitre. Tous étaient alertes et dispos. Le malheureux Gervais était seul dans un état voisin du plus poignant désespoir. Les pieds meurtris par les rochers, le corps couvert de boue et trempé par la pluie, il ne se traînait plus qu'avec peine. Mahurec, qui avait eu pitié de lui, lui avait offert son bras. Charles et la Caraïbe marchaient en tête de la petite troupe et la dirigeaient, tous deux précédés par le lévrier qui éclairait la route. Les Caraïbes rouges formaient le centre. Déjà on apercevait les premières maisons de la ville se détachant en masse noire et confuse dans les ombres de la nuit. La petite troupe suivait en bon ordre les bords de la *Rivière Salée*.

— Ouf! je n'en puis plus, mon bon monsieur, disait Gervais en trébuchant à chaque pas. Jamais je n'arriverai.

— As pas peur ! répondait Mahurec, on arrive toujours.

— Et pourtant, mon cher monsieur, tel que vous me voyez, je faisais parfois dans Paris des trottes réellement extraordinaires. Vous savez où est la rue Saint-Denis, n'est-ce pas ?

— Non ! Marchez toujours.

— Eh bien ! c'est là qu'est ma boutique. Oh ! ma boutique et mon épouse !... les reverrai-je jamais ? Et dire que, pour aller à Saint-Cloud, je... Tenez ! mon cher monsieur, c'est effrayant à penser ! Figurez-vous qu'un soir, j'étais dans mon arrière-boutique, avec ma femme, en train d'examiner les beaux habits brodés d'or qui nous restaient et dont la République une et indivisible paralysait la vente, lorsque tout à coup...

— Halte ! s'écria subitement Charles d'une voix basse et sifflante.

— Quoi donc, mon commandant ? dit Mahurec en s'avançant vivement.

Charles lui fit signe de l'accompagner sur l'extrême bord de la rive. Fleur-des-Bois, à demi cachée derrière une touffe de mangliers, paraissait interroger, avec une attention profonde, les eaux noirâtres qui coulaient à ses pieds. Coûma, à quelques pas en avant de sa maîtresse, les deux pattes de devant plongées dans les flots de la rivière, aspirait à longs traits les émanations que lui apportait la brise qui venait de l'autre rive en faisant entendre un grognement sourd et prolongé. Des points plus sombres se détachaient au loin dans la nuit et semblaient flotter sur les eaux de la Rivière. Coûma se replia sur lui-même comme pour bondir en avant et s'élancer dans le bras de mer, mais Fleur-des-Bois le retint vivement par son collier.

La jeune fille, qui venait d'échanger avec Charles quelques rapides paroles, appela à voix basse un Caraïbe et lui désigna du doigt les points noirs qui attiraient son attention et celle de son compagnon. Le Caraïbe jeta aussitôt ses armes et s'élança à la nage. Coûma grognait plus sourdement, mais sur un ton plus menaçant encore. Mahurec s'était avancé près du chien et étudiait, attentivement, l'expression des grognements du lévrier et les mouvements nerveux qui agitaient tout son corps.

— Tonnerre de Brest! murmura-t-il, Coûma flaire les Anglais!

— Silence! fit Charles; j'entends le bruit des avirons fendant les vagues; c'est une surprise tentée contre la Pointe-à-Pitre; si Victor Hugues n'est pas sur ses gardes, il est perdu.

Coûma releva sa tête aux poils hérissés et montra ses dents blanches. Le Caraïbe qui venait d'être envoyé à la découverte venait en ce moment vers le rivage. Les points noirs si nombreux dans le canal grossissaient à vue d'œil.

XXIII

LA SURPRISE

La Pointe-à-Pitre, aujourd'hui le port le plus important de la Guadeloupe, toujours rempli de bâtiments de toutes nations dont les pavillons variés et les flammes flottantes donnent à la ville un air de fête et un aspect des plus pittoresques, la Pointe-à-Pitre ne possédait pas, en 1794, ces rues larges et droites bordées de trottoirs, ces places régulières, ces beaux édifices dont elle peut, à notre époque, se montrer fière.

En l'an II de la République, la Pointe-à-Pitre était encore de fondation presque récente, car cette fondation ne remontait pas à plus de trente et un ans. Bâtie en 1763, incendiée en 1780, elle avait été rebâtie en pierres retirées des mornes voisins. En 1794, elle était déjà propre, régulière et élégante, mais elle était loin d'avoir acquis le développement qu'elle devait prendre plus tard. Son port était cependant presque aussi beau qu'il l'est maintenant.

Situé au fond de la baie de la Grande-Terre, à l'embouchure de la *Rivière Salée*, ce port est parfaitement abrité contre les vents et les raz de marée et peut recevoir les navires du plus fort tonnage. Aussi, en raison de son importance, le port de la Pointe-à-Pitre eut-il de tout temps son entrée admirablement défendue. L'îlot aux Cochons, situé au milieu de la passe et sur lequel s'élevaient deux batteries dont le feu se croisait avec celui des canons du fort Saint-Louis, construit sur la rive droite, formait un formidable front de défense. A l'est, sur le prolongement de la côte, au-dessus du fort Saint-Louis, le fort Fleur-d'Épée, dominé lui-même par le morne Marcotte, se dressait tout hérissé de canons. Par mer, l'attaque de la Pointe-à-Pitre n'était donc possible qu'à l'aide de forces imposantes, mais par terre, il en était autrement. Du côté de la campagne, c'est-à-dire de l'intérieur de l'île, la ville était absolument découverte et ne possédait pas une batterie. C'était par ce côté que Victor Hugues avait attaqué la Pointe-à-Pitre et l'avait enlevée aux Anglais; c'était par ce côté également que l'amiral Jervis, furieux de la défaite de ses troupes, avait résolu de reprendre sa revanche et de reconquérir sur les audacieux Français la ville si lestement reprise à l'Angleterre.

Profitant de l'une de ces nuits d'hivernage durant lesquelles aucun astre ne brille au firmament et l'obscurité est complète sur la terre et sur les eaux, le commandant anglais avait fait conduire dans la *Rivière Salée* sur la rive de la Basse-Terre, toutes les embarcations qu'il avait pu trouver disponibles. Dix-huit cents hommes s'étaient embarqués sans bruit; bien armés, bien équipés et désireux de venger leur honteuse défaite. Le plan tracé était de traverser la rivière en ligne droite et de débarquer les hommes en pleine campagne, sur les bords de la Grande-Terre. Les soldats devaient alors se former par pelotons serrés en masse et entrer dans la ville, parfaitement ouverte de ce côté et gardée seulement par deux petits postes que l'on comptait surprendre et égorger facilement.

L'expédition devait avoir lieu au commencement de la nuit, mais l'amiral Jervis, homme d'une certaine expérience, avait réfléchi que c'était vers l'approche du matin au contraire qu'une garnison fatiguée par une veille longue et inutile, devenait la plus facile à surprendre en ce que le sommeil était plus profond, la quiétude plus grande et la fatigue plus impérieusement accablante. Le jour devait être levé à quatre heures et demie : on résolut de tout arranger pour que le débarquement s'opérât vers trois heures.

A la Pointe-à-Pitre, tout était parfaitement tranquille. On était si loin de supposer la présence des Anglais, que l'on croyait occupés à bâtir un camp dans la Basse-Terre, que la sécurité la plus complète régnait dans la ville.

A cette époque une rue principale, nommée la Grand'Rue, traversait la Pointe-à-Pitre dans toute sa longueur. Cette rue aboutissait à un fort situé en face de l'église, lequel fort consistait seulement en une batterie circulaire de gros calibre, occupant un monticule escarpé dans la moitié de son pourtour : faible défense créée à la hâte dès son arrivée par Victor Hugues et qui, seule, protégeait la ville du côté de la campagne. Il était trois heures et demie du matin : la nuit était fort obscure et la pluie recommençait à tomber en abondance. Tous les habitants, toute la garnison dormaient de ce sommeil lourd qui précède l'instant du réveil. Les soldats, placés en sentinelles dans la batterie dont nous venons de parler et qui, comme leurs camarades venus de France, n'avaient, depuis leur départ de Brest, échappé aux fatigues de la traversée que pour s'élancer la baïonnette en avant contre l'ennemi, les soldats harassés, engourdis par la pluie, comptant d'ailleurs sur ceux des deux petits postes pour leur donner l'alarme en cas de danger, s'étaient laissé gagner par le sommeil et étaient étendus près de leurs canons. Un silence profond régnait à la Pointe-à-Pitre. Tout à coup ce silence fut troublé par un bruit sourd, cadencé, régulier et à demi étouffé par les clapotements de la pluie et les sifflements de la brise.

Au même instant, à l'extrémité de la Grand'Rue, du côté donnant sur la campagne, une masse noire se détacha dans l'ombre et se déroula peu à peu dans la rue qu'elle envahissait en s'avançant comme un serpent gigantesque rampant sur le sol. C'était la colonne anglaise qui venait de pénétrer dans le cœur de la cité et qui, sans avoir aucun doute de la victoire, entrait l'arme au bras, au pas de manœuvre, dans la Grand'-Rue pour enlever d'emblée le fort situé à son extrémité. Les canons de fusil avaient été noircis à la suite afin qu'ils ne brillassent pas dans les ténèbres et que rien ne pût déceler l'approche de la colonne, dirigée par le général Graham en personne. Sans doute les deux postes situés aux portes de la ville avaient été surpris et égorgés, car aucun éveil n'avait été donné.

Les Anglais, forts de dixhuit cents hommes environ, choisis parmi les troupes les plus fraîches et les plus aguerries, surprenant dans le sommeil cinq cents Français tout au plus, harassés, épuisés par des fatigues de tous genres, à peine installés dans une ville dont ils ignoraient le plan, car ils n'avaient pas eu le temps de se familiariser avec les détours de la Pointe-à-Pitre, les Anglais ne devaient pas avoir la moindre incertitude sur le succès de leur entreprise. (Victor Hugues avait débarqué avec lui huit cents hommes : mais une partie de cette faible armée était en garnison au port du Moule ou parcourait l'intérieur de la Grande-Terre. Il avait donc tout au plus cinq cents hommes valides à la Pointe-à-Pitre.) La colonne avançait toujours . sa tête allait atteindre la batterie, et une fois cette batterie emportée et ses canons tournés vers la ville, les Anglais étaient maîtres de la Pointe-à-Pitre. Les Français avaient à peine le temps de se réfugier sur leurs navires, et une fois en mer, toute l'escadre de l'amiral Jervis devait avoir raison des bâtiments républicains.

La colonie, reconquise à la France, allait être de nouveau perdue pour elle, et Victor Hugues allait payer son triomphe inespéré d'un jour par une épouvantable défaite. Quatre heures du matin sonnèrent: la colonne débouchait sur la place de l'Église, en face de la batterie... Deux cents mètres la séparaient au plus des soldats républicains harassés, et qui, engourdis par la fatigue et par la pluie tombant à flots, endormis au bruit du vent qui sifflait avec force et, venant du sud, emportait loin d'eux le bruit des pas des Anglais, n'avaient rien entendu et n'avaient pu rien entendre... Encore une minute peut-être, et la Guadeloupe redevenait anglaise, et lord Jervis expédiait aux ignobles pontons de Portsmouth une héroïque poignée de braves. Encore une minute, et les Anglais étaient maîtres de la batterie qu'ils allaient envahir sans coup férir... Encore une minute, et Victor Hugues voyait s'anéantir le résultat obtenu si rapidement par son énergie, son audace, son intrépidité et son amour de la patrie...

Un capitaine anglais, s'avançant bravement, prit son élan pour escalader la batterie et y sauter le premier... Déjà il enjambait le parapet, lorsqu'au même instant il retomba la poitrine traversée par un coup de sabre...

Un éclair avait jailli dans l'ombre, et trois êtres, bondissant comme trois jaguars par l'un des côtés de l'église formant une petite rue, trois êtres à l'apparence fantastique, semblant surgir de terre, furent d'un seul et formidable élan sur les canons de la batterie... Trois cris, trois appels retentirent aussitôt dans le silence de la nuit, et comme proférés par une même voix :

— Aux armes !
— Vive la France !
— Mort aux Anglais !

Trois platines furent arrachées, trois coup de feu firent à la fois vibrer les échos de la ville, et trois canons, prenant en enfilade la Grand' Rue, vomirent dans une détonation : feu, fumée et fer... Au même moment, le terrible cri de guerre des Caraïbes domina le tumulte, et vingt flèches empoisonnées allèrent porter la mort dans les rangs des Anglais. Puis au cri de guerre des Caraïbes répondirent les cris de rage de la garnison surprise...

Les artilleurs endormis, réveillés par ce bruit retentissant, sautèrent sur leurs pièces qui, rechargées en un clin d'œil, firent pleuvoir une grêle de mitraille. En une minute la ville entière s'était réveillée, et ces admirables soldats dont la France doit, à bon et juste droit, se montrer si fière, s'élançaient de toutes parts, demi-nus, sabres et fusils à la main...

En un clin d'œil cette colonne anglaise qui avançait si confiante en sa force, si certaine du succès, si fière de son futur triomphe, fut coupée, broyée, hachée, détruite, anéantie. Les trois premiers boulets de 24 qui l'avaient traversée dans toute sa longueur avaient porté dans ses rangs un épouvantable carnage. La mitraille, les flèches empoisonnées, les coups de feu de la garnison réveillée achevèrent l'œuvre de destruction avec une rapidité telle que les Anglais eurent à peine le temps de décharger leurs armes. Rien n'est plus faible que l'homme qui croit surprendre son ennemi et qui est surpris par lui.

Plus de mille hommes gisaient à terre, morts ou blessés ; les huit cents qui restaient essayèrent de fuir, mais les soldats de Victor Hugues leur avaient déjà coupé la retraite. Victor Hugues s'était élancé, presque nu, au premier tumulte. Ralliant tous ceux qu'il rencontrait, il avait bondi en avant. En apercevant la belle contenance de ses artilleurs, réveillés alors et qui servaient les pièces de la batterie avec un entrain et une *furia* extraordinaires, il avait compris d'un seul coup d'œil le plan qu'il devait suivre pour triompher sur toute la ligne.

Tournant brusquement la Grand'Rue avec ses hommes, il avait atteint l'entrée de la ville par la campagne et était tombé sur la queue de la colonne avec la rapidité d'une flèche. Pas un Anglais n'échappa ! Les huit cents demeurés debout jetèrent bas leurs armes et se rendirent à cinq cents Français.

La Guadeloupe était sauvée. La France conservait sa conquête. Le jour se levait comme pour saluer le triomphe de nos armes et éclairer la honte des vaincus. Victor Hugues, à peine remis, et après avoir fait désarmer et conduire à bord de l'une de ses frégates qui était en rade les huit cents prisonniers anglais, Victor Hugues s'élança sur la batterie protectrice qui avait sauvé non-seulement la ville, mais toute la petite armée française.

— Qui a mis le feu à ces canons? demanda-t-il en faisant faire silence autour de lui et avec un ton attestant le désir qu'il avait de donner une récompense.

— Celui-là, c'est trois! répondit une voix enrouée.

Le proconsul se retourna et toisa le personnage qui venait de lui répondre, et qui n'était autre que notre ami Mahurec.

— Qu'est-ce que tu dis? demanda-t-il.

— Je dis, répondit le gabier en se dandinant, que les trois premiers coups de canon ont été tirés ensemble et que c'est trois mains différentes qui ont fait jouer les platines. *Primo* d'abord et d'une, la première est celle à mon commandant qui se bourlingue là-bas au milieu des morts pour voir s'il n'y a pas encore des vivants. La seconde est *la* celle à cette fille sauvage que tu vois, qu'est un guerrier numéro un et digne en tous points d'être un vrai matelot. Enfin et dernièrement la troisième, c'est celle-là!... la main de Mahurec, ancien gabier d'artimon et propre à se pomoyer sur le grelin de la gloire, que je dis!

En achevant ce petit discours, Mahurec étendit sous le nez de Victor Hugues une main formidable, épaisse comme une épaule de mouton, noire comme une caronade un jour de combat et ornée de doigts qui eussent pu prendre pour bagues les anneaux d'une chaîne d'ancre. Victor Hugues regarda attentivement la physionomie franche, ouverte et superbement martiale de son interlocuteur.

— Qu'est-ce que c'est que ton commandant? reprit-il.

— C'est celui-là, que je te dis! répondit Mahurec en désignant Charles, lequel, soulevant les cadavres, cherchait s'il n'y avait pas, parmi eux, des blessés à secourir, et était loin de penser que le proconsul s'occupât de lui.

— Son nom ? demanda Victor Hugues.

— Il te le dira lui-même ! répondit Mahurec qui ne voulait pas commettre d'indiscrétion.

— Eh bien ! poursuivit le représentant, dans une heure, amène-moi chez moi, ton commandant et la Caraïbe. La patrie vous doit une récompense à tous trois, et je me charge de vous la donner !

XXIV

VICTOR HUGUES

L'entreprise tentée avait été désastreuse pour les Anglais : sept cent cinquante soldats, trente-deux officiers, le général commandant l'attaque avaient été obligés de se rendre à discrétion. C'était non-seulement un triomphe pour notre pavillon, mais c'était encore un fait d'une importance énorme, en ce qu'il suivait l'arrivée de notre armée aux Antilles, en ce qu'il rétablissait notre réputation militaire et notre influence rudement compromises, sous cette partie de l'équateur, par nos échecs précédents, et en ce que, enfin, il portait le coup le plus rude aux Anglais établis dans l'autre partie de l'île, dans la Basse-Terre, dont nous allions maintenant facilement pouvoir nous emparer. Victor Hugues était dans l'éminente joie d'un beau succès, mais quoique entièrement heureux de l'événement accompli, le proconsul n'en songeait pas moins à l'épouvantable désastre qui avait failli remplacer *pour lui et pour son armée* le superbe triomphe. Si la batterie de l'église n'avait pas tiré, tout eût été perdu.

C'était donc surtout à ceux dont l'intervention miraculeuse avait arrêté net la colonne anglaise et avait commencé à la foudroyer, qu'il devait attribuer tout le succès de l'affaire. Aussi Victor Hugues cherchait-il dans sa tête le moyen de récompenser dignement les braves qui avaient sauvé la colonie entière. En voyant Mahurec, et reconnaissant en lui un matelot, en lui entendant nommer *son commandant*, il avait cru que ces deux héros de la journée faisaient partie de son armée de terre et de son escadre, et, quant à la jeune Caraïbe, il expliquait sa présence à la Guadeloupe par la proximité de l'île Saint-Vincent. Ce ne fut qu'en rentrant dans la maison dont il avait fait le siége de son gouvernement, ce ne fut qu'après avoir demandé à ses officiers les renseignements les plus détaillés sur ce qui s'était accompli, qu'il apprit qu'aucun des trois personnages, survenus si inopinément pour défendre la ville d'une surprise, n'était connu de personne, pas plus de ses soldats que de ses marins. En outre, les vingt Caraïbes rouges, qui avaient joué héroïquement leur rôle dans le combat, décelaient une sorte de petite expédition dont le proconsul ignorait absolument l'existence.

Victor Hugues se demandait donc avec impatience quels pouvaient être ces trois auxiliaires, lorsque l'un de ses officiers vint l'avertir que ceux qu'il avait fait demander attendaient ses ordres.

— Qu'ils entrent! qu'ils entrent! s'écria le proconsul avec vivacité, et qu'on leur rende les honneurs militaires. Ces gens-là, quels qu'ils soient, ont bien mérité de la patrie!

Charles, Fleur-des-Bois et Mahurec pénétrèrent dans la pièce au milieu des marques d'enthousiasme de tous ceux qui étaient présents, car aucun n'avait encore eu le temps d'oublier que, sans ces deux hommes et cette jeune fille, tous seraient, à cette même heure, prisonniers des Anglais, et la terrible réputation des *pontons* disait assez ce que signifiaient ces mots : *prisonniers des Anglais!*

— Ton nom, citoyen? dit Victor Hugues en marchant au-devant du commandant et en lui tendant les deux mains. Ton nom? que je le fasse inscrire en lettres d'or, ainsi que ceux de tes compagnons, sur les annales des colonies!

Charles, à cette demande si simple et à laquelle il devait cependant s'attendre, Charles devint d'une pâleur mortelle et se mit à trembler de tout son être. Ce nom, flétri par une honteuse et dégradante condamnation, lancée par un tribunal français, devait-il le prononcer devant de braves et loyaux enfants de la France? Durant la seconde qui suivit l'interrogation de Victor Hugues, Charles supporta intérieurement toutes les tortures que puisse endurer l'âme d'un homme honnête, alors que cet homme se sait sous le poids d'une infamie dont il est innocent, mais dont tout le monde le croit coupable.

— Ton nom! répéta Victor Hugues, étonné du silence du jeune homme.

— Charles! répondit enfin le commandant en achevant de se remettre.

— Charles... quoi?

— Charles... rien!

— Eh bien! s'écria le proconsul, s'il te manque un nom, je te le donne : *Charles le Bienvenu!*

Et, se tournant vers les officiers qui encombraient la pièce :

— N'est-ce pas, citoyens? ajouta-t-il.

— Vive le Bienvenu! crièrent les officiers déjà enivrés de leur triomphe et mis en gaieté par la saillie du proconsul.

— Soit! dit Charles. Puisque tu me donnes ce nom, je le garde!

— Et ce matelot? interrogea Victor Hugues en regardant Mahurec.

— Ce matelot! répéta Charles en frappant amicalement sa main sur l'épaule de son dévoué Breton, c'est un de nos plus braves marins. L'amiral Suffren avait pour lui une véritable estime. Mahurec l'avait sauvé doux fois de la mort en se plaçant devant lui dans les combats.

— Mon commandant... dit le gabier qui secouait sa tête en glissant sa chique d'une joue à l'autre, vous m'en larguez trop sur ma basane...

— Mousse sur un navire de guerre, continua Charles sans l'écouter, il a tué, pendant ses trente années de campagne, autant d'Anglais que s'il avait eu une caronade au bout de chaque doigt. Mahurec a pour surnom : le *Roi des Gabiers!*

Victor Hugues tendit sa main ouverte au matelot.

— La République est bien honnête, mon général, babutia Mahurec ; et moi aussi... du reste...

— Et cette femme? demanda Victor Hugues en désignant Fleur-des-Bois.

— C'est la fille d'Illehué, le chef des Caraïbes rouges, répondit Charles, le fidèle allié de la France, l'ennemi implacable des Anglais ! C'est cette jeune fille, pleine d'héroïsme, qui s'est aventurée en mer pour rencontrer l'un de tes navires...

— Elle! s'écria Victor Hugues; mais alors quel est l'homme dont elle a parlé au capitaine de la corvette, ce corsaire français qui avait maintenu, si bravement, aux Antilles, alors que nos colonies étaient perdues, l'honneur du pavillon tricolore?

— C'est moi! dit simplement Charles.

— Toi? répéta Victor Hugues avec un étonnement admiratif.

— Moi-même? répéta Charles; et, sans le tremblement de terre de *la Trinitad*, je serais près de toi depuis longtemps.

Alors, avec cette simplicité de l'homme réellement fort, Charles raconta rapidement ce qu'il avait fait et ce qu'il avait voulu faire. En l'écoutant, Victor Hugues et ses officiers se sentaient émus par le sentiment de patriotisme qu'inspirait cet héroïque corsaire.

Et quand il eut fini :

— Citoyen! lui dit Victor Hugues, la Convention, en m'investissant de mes pouvoirs, m'a fait remettre, à notre départ de Brest, une caisse contenant les *armes d'honneur* destinées à récompenser les braves. Cette caisse est encore fermée, bien que nos soldats se soient déjà conduits de façon à la faire ouvrir... Qu'on m'apporte cette caisse !

On exécuta les ordres du général, et la caisse fut apportée.

Victor Hugues l'ouvrit, et il en tira trois sabres richement ornés.

Mais, s'arrêtant au moment de les présenter :

— C'est l'innocence, dit-il, qui doit récompenser le courage sur l'autel de la patrie. Prévenez la citoyenne qu'elle amène ici sa jeune parente

Charles, Mahuree et Fleur-des-Bois regardaient et écoutaient avec étonnement, mais l'attente ne fut pas longue. Une porte s'ouvrit, et sur le seuil apparurent une femme et une jeune fille.

Toutes deux s'arrêtèrent timidement.

— Venez, citoyennes ! dit Victor Hugues. Que l'innocence donne ces armes gagnées par la bravoure.

Et, s'avançant gravement, il tendit les trois sabres à la jeune enfant et la conduisit vers les trois personnages qu'il lui désignait de la main. La jeune femme les suivit, mais à peine avait-elle fait quelques pas en avant, à peine avait-elle levé ses beaux yeux, que deux cris déchirants s'échappèrent à la fois et retentirent dans la salle. La jeune femme frissonna de tout son être, elle faillit tomber... Charles s'était élancé vers elle et la recevait dans ses bras.

— Léonore ! s'écriait-il.

— Charles ! fit la pauvre enfant, en proie à un tremblement convulsif.

— Et Blanche ?... et Blanche ? demanda le marin dont la voix avait peine à formuler les paroles.

Léonore ne répondit pas; les sanglots l'étouffaient.

XXV

LE DÉPART

Le soir de ce jour, Charles et Victor Hugues étaient seuls tous deux dans la salle où avait eu lieu, le matin, les scènes que nous venons de rapporter. Charles était debout; Victor Hugues, assis devant une table, écrivait rapidement. Quand le proconsul eut achevé son travail, il ferma ses dépêches, et, se tournant vers Charles :

— Écoute, dit-il, je renvoie en France la frégate *l'Andromaque*, celle qui contient tous mes prisonniers. Je te charge de conduire ces prisonniers et de les offrir à la Convention. Voici un passage pour la citoyenne, un autre pour l'enfant et un permis d'embarquement pour le matelot. Est-ce bien tout ce que tu désires?

Charles était très-ému. Il prit l'une des mains du proconsul et la serra vivement.

— Léonore m'a dit ce que tu avais été pour elle, durant la traversée... répondit-il. Léonore, c'est ma sœur, et ce que tu as fait engage à jamais ma reconnaissance.

Victor Hugues secoua la tête.

— Ce matin, dit-il, tu as largement payé ta dette; ne me remercie pas. J'aurais préféré te garder, car, en présence des événements, un homme comme toi m'eût été précieux ici. Je veux réorganiser les corsaires; mais puisque tu veux retourner en France!... Pars!... Seulement, rappelle-toi ta promesse! Avant un an, sois de retour ici, et je t'aurai conservé mon meilleur navire pour le remettre sous ton commandement.

Charles voulut parler, mais le proconsul l'interrompit encore :

— Tu m'as dit que tu t'appelais Charles, poursuivit-il, mais il doit y avoir le nom d'un ci-devant caché sous celui de *le Bienvenu* que je t'ai donné. Ne cherche pas à mentir! D'ailleurs, que m'importe? Tu es brave, tu sers dignement la patrie, que puis-je te demander de plus? Je te parle ainsi pour te prévenir. Il y a de longues années que tu as quitté la France; tu vas retrouver tout bien changé. La nation, d'avilie qu'elle était, s'est faite libre et puissante. Ce nom que tu caches, continue à le cacher. Illustre celui que je t'ai donné; dans un an, sois ici. Il faut que, dans un an, nous attaquions la Martinique, et que nous chassions, à notre tour, les Anglais des Antilles.

— Dans un an, jour pour jour, dit Charles, je serai près de toi!

XXVI

LA CONSPIRATION DES ŒUFS ROUGES

Dans cette rue des Arcis ce commencement de la rue Saint-Martin, qui n'existe plus, se dressait, en face de l'église Saint-Merry une maison étroite et élevée et bordée par deux autres beaucoup plus larges.

Deux fenêtres s'ouvraient à chaque étage de sa façade.

Une boutique de boulanger défendue par une grille aux gros barreaux de fer, était la seule du rez-de-chaussée; et la porte d'entrée portant à un fronton le n° 37, s'ouvrait sur une allée sombre et noire, pavée et aux deux murailles saillies.

La loge n'existant pas, il n'y avait aucun portier en fonction.

Or, en cette année III, le 5 de cette première décade du mois de germinal, Paris était inondé, depuis le commencement du printemps, par des averses incessantes.

Les égouts étaient rarement pratiqués, et chaque rue, sans trottoir, n'ayant qu'un ruisseau qui coulait au milieu, ce ruisseau, quand les pluies étaient abondantes ou orageuses, se transformait en torrent envahissant, avec ses flots, les caves et les rez-de-chaussée par leurs ouvertures.

Dans cette allée de la maison, une mare étendait ses eaux boueuses jusqu'aux deux murs, et elle montait jusqu'à la première marche de cet escalier qui n'était éclairé par aucune fenêtre, ni même par une lucarne.

Un homme, s'abritant sans doute de cette inondation, était assis et accroupi sur le sixième degré conduisant au premier étage.

Il était là, immobile et appuyé contre le mur, dans la pose d'un dormeur.

Les ténèbres l'envahissaient et le cachaient dans leur ombre.

Tout à coup, au milieu de ce silence, un bruit sec retentit sur le carré du second étage.

On entendit une porte s'ouvrir et se fermer, et des pas firent craquer les marches en les descendant.

Un homme apparut au tournant en tenant la corde attachée le long de la rampe de bois.

Il passa lentement devant celui qui était assis et, étendant son bras gauche, les deux mains se touchèrent.

Il y eut un temps d'arrêt, puis l'homme continua à descendre, et, s'arrêtant avant de poser son pied dans l'eau, il enleva le bout d'une planche devant le mur et il l'étendit de la première marche à l'entrée de la porte.

Il passa dans la rue en ouvrant son parapluie.

L'autre attendit un quart d'heure; puis, se levant, il passa aussi sur la planche, et il sortit, sa main droite fermée.

En passant devant l'église, il l'entr'ouvrit, et il vit un œuf d'un rouge vif.

Après l'avoir examiné d'un regard rapide, il le mit avec précaution dans sa poche et se dirigea vers la rue de la Verrerie.

Et pendant que ces deux hommes sortaient de la

maison, une conversation animée avait lieu dans le logement du premier étage.

Là, dans une petite pièce qui n'était que vaguement éclairée par une seule fenêtre, et au moment où cinq heures sonnaient à l'horloge du clocher de Saint-Merry, l'un disait à l'autre :

— Pardieu! nos intérêts sont les mêmes! Robespierre est mort, mais je ne veux pas que les thermidoriens triomphent. Que penses-tu?

— Je pense que les thermidoriens sont puissants!

— Alors, tu renonces à la lutte...?

— Mais la patrie...

— Laisse-moi donc tranquille avec la patrie! ce mot-là est bon dans les clubs et à la Convention. Ma patrie à moi, c'est mon intérêt! Or, si le régime actuel se prolonge, mon intérêt est compromis. Les Jacobins sont à la veille d'être complétement anéantis, et eux seuls peuvent ramener l'anarchie, mais ils sont furieux de la mise en accusation de Billaud, de Barrère, de Collot et de Vadier? puis la disette nous sert merveilleusement. On a fait piller, cette semaine, trois convois que la Convention dirigeait sur Paris, et dans les campagnes on dit que la Convention laisse pourrir le grain dans les magasins pour affamer le peuple. On a promis aux Jacobins de leur redonner, comme devant, leur solde de trois francs par jour, et tout était prêt; il ne manque qu'un drapeau, un mot de ralliement, un nom! Ceux de la montagne sont usés : les bons sont arrêtés, il ne nous reste que le tien.

— Mais que veux-tu donc?

— Ce que je veux? l'anarchie, la terreur, qui nous livrait, pieds et poings liés, les riches et les amis de l'ordre.

— Et tu crois que je consentirai à me mettre à la tête d'un pareil parti?

— Je crois que tu es menacé, que la réaction te poursuit, que tu es attaqué chaque jour à la Convention, que tu as peur d'être guillotiné comme Carrier ou déporté comme les autres, et que tu aimeras encore mieux accepter ma proposition et rester au pouvoir.

Notre cri de ralliement, c'est *du pain et la constitution de 93!* Avec cela, on remuera toutes les masses. Trois mille œufs rouges ont déjà été distribués dans les faubourgs. Quand faut-il casser le blanc qui reste aux coquilles? Songe que, si tu attends trop longtemps, tu ne pourras plus rien !

En ce moment on entendit un bruit sec, comme celui d'une chaise criant sur le carreau.

L'un des deux hommes s'était levé brusquement et marchait à pas rapides dans la pièce obscure.

— Nous sommes le 5 germinal, il faut qu'avant le 15 les Thermidoriens soient à bas. Nous nous arrangerons pour que d'ici là les distributions de pain soient insuffisantes, et nous aurons facilement un commencement d'émeute. La section des Gravilliers est à moi, celle de Montreuil et celle des Quinze-Vingts ne demandent qu'à marcher... Es-tu prêt à te mettre à la tête du mouvement?

N'obtenant pas de réponse, il continua :

— Demain, à cinq heures, une réponse positive!

— Bien, tu l'auras!

Un nouveau silence suivit cet échange de paroles.

— Tu as pu voir aujourd'hui que je ne mentais pas. Hier je t'avais prédit une algarade des faubourgs à la Convention, et les femmes de la section du Temple ont failli faire perdre la tête à *Boissy-Famine*. Je t'avais dit que les dix-huit cents sacs de farine nécessaires à nourrir Paris n'arriveraient pas ce matin, et ils ne sont pas arrivés, les convois ont été pillés cette nuit à Boissy-Saint-Léger; ce matin on n'a pu faire qu'une demi-distribution; les femmes ont refusé la demi-ration et elles ont chanté leur refrain.

« Du pain! du pain! » jusqu'à la barre de la Convention. Or quand les femmes se remuent, les hommes s'agitent; quand les femmes hurlent, les hommes frappent, et les *muscadins* augmentent la colère générale. Donc tu peux avoir confiance en mes paroles. Maintenant, réfléchis. Tu nous es utile parce que tu as un nom; mais, sans toi ou avec toi, nous agirons tout de même. Tu comprends que je ne te parle ainsi que parce que tu ne me connais pas et que tu n'as jamais vu mon visage. J'ai tout déguisé, même le son de ma voix. Les précautions que j'ai prises t'indiquent la dose de mon intelligence; la façon nette et précise dont je te parle te révèle la force dont je dispose.

Et l'homme, qui s'était approché de la porte vitrée donnant sur la première pièce, posa sa main sur le loquet de la serrure :

— J'ai laissé près de ma chaise, dit-il en se retournant, le panier aux œufs rouges... A bon entendeur, salut !

Et, ouvrant la porte avec une vive brusquerie, il la referma en sortant sans se retourner. La lumière extérieure, pénétrant par la fenêtre, éclaira ce personnage qui avait le type du *muscadin*. Ses cheveux longs, retombant en *oreilles de chien*, descendaient jusque sur les yeux en entourant les joues. Un *claque*, orné d'une gigantesque cocarde tricolore, avait ses deux pointes recourbées l'une jusqu'au milieu du dos, l'autre jusqu'au-dessus du nez. Une cravate de *quatre aunes*, et pliée sur *onze pouces* de hauteur, entourait le cou et formait une sorte d'entonnoir dans lequel s'enfouissait le bas du visage.

S'appuyant d'une main sur une longue canne, il tenait de l'autre un binocle à verre bleu.

Et tandis qu'il commençait à descendre en se pavanant, celui qui était resté dans la pièce obscure se glissa dans une autre pièce en se disant :

— En voilà un hardi coquin !

Il resta quelques instants immobile et réfléchissant, quand un léger grincement retentit dans l'ouverture de la serrure ; il se retourna.

Un autre entrait.

Ils échangèrent leurs regards.

— Eh bien ! citoyen Jacquet ? dit l'homme en secouant la tête.

— Eh bien, citoyen Fouché, celui-là est plus fort que nous.

— Quoi ! on ne sait... ?

— Rien !

— Il n'a pas monté l'escalier?
— J'étais au milieu de l'étage supérieur.
— Il est descendu, alors?
— Oui, mais il n'a pas atteint l'allée.
— Comment?
— Pâquerette veillait sur la dernière marche.
— Mais alors, par où passe-t-il?

Jacquet fit signe qu'il ne pouvait répondre.

— Quoi! dit Fouché avec emportement, mais sans cependant élever la voix, à la fin du XVIII° siècle, dans une époque aussi éclairée, un homme sort du premier étage d'une maison, sur un carré privé d'autre porte, cet homme ne monte ni ne descend, et cependant il disparait complètement, instantanément, et cela deux fois de suite, deux jours différents!

— C'est incroyable! et cependant il n'y a aucune communication dans cette partie de l'escalier.

— On en est sûr?

— Parfaitement sûr, mais dans la nuit prochaine je visiterai encore minutieusement.

— Mais quel est-il?

— Nous finirons bien par le savoir!

Fouché frappa le mur avec colère.

— De tels hommes courent les rues et organisent publiquement la révolte. Cordieu! la police de la Convention sera-t-elle donc toujours stupide?

— Qu'en dit Tallien?

— Il me propose de l'organiser.

Jacquet regarda Fouché.

— Accepte, citoyen, dit-il. Si tu organises la police, j'y rentre aussitôt et j'amène avec moi ceux qui m'ont suivi depuis Brest; une belle escouade de sûreté, et qui fera des merveilles si elle est habilement dirigée.

Fouché réfléchissait.

— Il y aurait tout à créer!

— Est-ce le génie qui te manque?

— Non! dit nettement l'oratorien. Je sens que je ferais de grandes choses... Mais, à propos de Brest, continua-t-il en changeant de ton, et ton citoyen Renneville?

— Je le crois à Paris.

— Et la jeune fille?

— On ne sait encore ce qu'elle est devenue. Ah! si tu voulais accepter la tâche d'organiser la police!...

— Je verrai Tallien ce soir, répondit Fouché; mais il faut que tu sois cette nuit sur les traces de cet homme inconnu et dont la puissance mystérieuse me paraît formidable.

— J'y serai cette nuit, du moins je l'espère.

— Comment?

— Si je ne sais encore qui il est, j'ai trompé l'un de ses agents.

— Bah!

Jacquet tira de sa poche sa main fermée qu'il ouvrit.

— Un œuf rouge! dit Fouché; comment l'as-tu eu?

— Je te le dirai plus tard; toujours est-il que je possède un signe de ralliement.

Fouché regarda Jacquet.

— Nous pourrons nous entendre!

Puis, reprenant à voix plus distincte:

— Cet œuf n'a peut-être pas toute la valeur que tu lui donnes, car j'en ai dix pareils dans un panier.

— Ceux que tu as ne renferment pas, dans leur intérieur, un papier semblable à celui-ci.

— Qu'est-ce donc?

— L'indication du lieu de rendez-vous pour cette nuit.

Fouché tendit la main.

— Accepteras-tu la proposition de Tallien? dit Jacquet sans lâcher le papier.

— Oui, répondit sourdement Fouché.

— Alors, prends et lis... Je vais te communiquer le plan que je me suis tracé, et tu verras ensuite ce que je puis faire. Quant aux dix œufs qui sont là, j'en aurais besoin.

XXVII

OU PEUT-ON ÊTRE MIEUX?...

Le lendemain de ce jour, le temps avait changé et le ciel était beau et pur.

En dépit de la disette du blé et du combustible, de la famine qui désolait Paris et du froid qui n'avait point encore cessé de sévir, il y avait fête dans un appartement situé au premier étage de l'une des plus vieilles maisons de la rue Saint-Denis, et qui communiquait par un escalier en colimaçon avec un magasin du rez-de-chaussée portant pour enseigne une gigantesque paire de bas blancs se croisant et se détachant sur un fond brun foncé. La boutique était fermée, car la fête avait pour cause le retour d'un homme que chacun croyait mort, d'un véritable revenant, de notre ami Gervais, enfin. Cette demeure était sienne. La veille encore, la citoyenne Gervais était dans son comptoir, pensant à ses affaires de veuve intéressante, lorsque tout à coup, au moment où, la soirée étant avancée, on allait fermer le magasin, un homme assez mal vêtu, et qui avait tout l'air d'un fou, s'était précipité dans la boutique en levant les bras, en poussant des cris de joie inarticulés et en s'élançant près de la citoyenne. Madame Gervais avait aussitôt reconnu son mari et elle s'était évanouie.

Gervais avait senti des larmes mouiller sa paupière, car il fut convaincu que cet évanouissement était causé par la joie de son retour inespéré; mais des voisines, accourues en toute hâte, tombèrent d'accord le soir en parlant entre elles du grand événement du quartier, que l'évanouissement de la citoyenne devait être mis sur le compte d'un saisissement que les mauvaises langues qualifièrent même de peu agréable. Bien entendu que nous ne croyons pas un mot de ce qu'affirmaient les commères jalouses sans doute du bonheur de leur voisine. Cependant l'évanouissement se prolongea d'une manière presque inquiétante, et, en revenant à elle, la citoyenne était dans un état de faiblesse causé par l'émotion, tellement grand, qu'à peine eut-elle la force de balbutier quelques paroles dénotant sa joie bien vive. Sans doute, madame Gervais aimait son mari; sans doute, elle était réellement heureuse de le revoir, mais le cœur humain est si bizarre, il renferme des sensations tellement inexplicables! Madame Gervais avait éprouvé une vive douleur alors qu'elle avait cru son époux perdu à jamais pour elle; mais on finit par vivre avec la douleur et le temps fait que l'on s'habitue à tout. Puis madame Gervais, qui avait d'abord senti un grand vide autour d'elle par l'absence de Gervais, avait peu à peu pris le courage de vivre seule sans autre volonté que la sienne, sans une foule de petites tracasseries qui parfois envenimaient l'existence intérieure du ménage.

Madame Gervais avait quarante ans. Une femme mariée n'est plus une jeune femme à cet âge, et chacun sait que le veuvage rajeunit de dix ans. A quarante ans madame Gervais était une jeune veuve, et une jeune veuve intéressante possédant une maison suffisamment achalandée... Et ce titre de jeune veuve est tellement gracieux pour une femme! De sorte qu'en voyant subitement, au moment où elle s'y attendait le moins, surgir devant elle...De sorte que madame Gervais qui, au fond, était une excellente créature, se jeta au cou de son mari lorsqu'elle eut repris bien complétement ses sens et lui dit franchement, comme elle le pensait, qu'elle était bien heureuse de le revoir sain et sauf.

On comprend si le retour de Gervais fit du bruit dans le quartier et parmi toutes ses connaissances! Gervais, qui était parti un beau matin pour Saint-Cloud, dont on n'avait plus entendu parler depuis deux ans, et qui revenait un beau soir sans que personne sût d'où ni comment. Il devait y avoir là-dessous quelque terrible et lamentable histoire, que chacun brûlait du désir de connaître. Aussi, dès sept heures du matin assiégeait-on la boutique; mais Gervais, qui se prélassait dans un lit dont il était privé depuis deux ans, Gervais se dorlotait, Gervais dormait, Gervais n'était nullement pressé de satisfaire la curiosité publique. Sa femme avait, dès l'aurore, couru chez tous ses amis, Gorain en tête, pour les inviter à venir fêter, en dînant, le retour du revenant.

A deux heures, tous les convives étaient à table, au premier, et Gervais trônait au milieu d'un cercle d'auditeurs qui l'écoutaient bouche... pleine. En face de lui était assis Gorain, le fameux propriétaire de la rue Saint-Honoré, Gorain que nous n'avons pas revu depuis le jour de la condamnation de MM. d'Herbois et de Renneville. L'ex-propriétaire de l'avocat Danton n'était presque pas changé depuis dix années cependant que nous l'avons rencontré. Gorain était une de ces natures demi-molles, profondément égoïstes, avec des apparences bonnasses, que les événements pétrissent, mais qui ne perdent jamais rien au changement. En 93 il avait eu peur, grand'peur même, mais en voyant qu'après tout on ne lui faisait aucun mauvais parti, il avait pris son mal en patience. Gorain, comme ce orateur emplumé de notre spirituel Granville, était *heureux et fier d'être en tous temps et en toutes circonstances de l'avis du plus fort.* Et notez que Gorain avait la prétention d'être un profond politique!

En 1785, nous l'avons vu, dévoué serviteur du roi et du comte de Breteuil, briguant les honneurs de l'échevisage; mais en 89 et en 90, il avait crié après la cour à pleins poumons, en homme profondément convaincu. En 91, il était garde national, et La Fayette n'avait pas de plus chaud partisan. En 93, il courait les clubs pour avoir sa carte à chacun d'eux, afin d'être bien vu dans tous. Il exécrait alors les émigrés, et ne parlait que du *bon peuple* et de la *belle liberté*. En 93, Danton était toujours son locataire et surtout son Dieu! Gorain ne jurait que par Danton, et ne s'avisait jamais de lui réclamer un terme de loyer. Mais, en 94, Danton tomba, Gorain courut auprès des Jacobins, auxquels il payait volontiers à dîner, se plaindre de cet infâme Danton qui avait faussé sa conscience et qui lui devait beaucoup d'argent. Gorain s'était évertué pour acheter la maison qu'habitait Robespierre, mais une crainte l'avait retenu, c'était qu'on le sût riche, et qu'en conséquence on le guillotinât.

Il s'était contenté de suivre partout *l'Incorruptible*, de chanter les louanges de *l'Incorruptible* et d'aller faire, tous les matins antichambre chez Saint-Just quand celui-ci était à Paris.

Le 9 thermidor arriva. Gorain se renferma dans sa cave pour s'éviter à lui-même l'embarras d'un choix entre les partis en présence. Le lendemain de la mort de l'abominable tyran (Gorain ne l'appelait plus qu'ainsi), le bon bourgeois envoya à la citoyenne Cabarrus un bouquet de fleurs admirables, et, sachant que Tallien et Barras avaient besoin d'argent, il s'empressa d'aller les supplier de puiser dans sa bourse; puis il se tint coi, attendant judicieusement les événements pour savoir de quelle opinion il devait être.

Ce qu'il y avait de superbe, c'est qu'à chaque changement, dans sa manière de voir, Gorain se croyait convaincu et de bonne foi. Mais depuis la lutte des Thermidoriens et des Jacobins, le pauvre Gorain était dans une anxiété extrême, dans une perplexité épouvantable. Qui triompherait des deux partis? Pour lequel devait-il prendre fait et cause? Gorain réfléchit longuement, puis, en homme intelligent et expérimenté, il se résolut à entrer à la fois dans les doux camps. Gorain se fit donc faire deux costumes : l'un de *muscadin*, l'autre de Jacobin. Avec le premier il allait se promener aux Tuileries, avec le second il rendait visite au faubourg Antoine. Comblant de prévenances ici les Thermidoriens, là les Jacobins, il était parvenu à se tenir à peu près en équilibre, et il commençait à se sentir assez heureux de son sort lorsqu'il apprit la subite arrivée de Gervais.

Cet incident, nullement politique, chatouilla agréablement son égoïsme, car un compagnon lui manquait, et Gervais avait jadis toujours été le sien. A l'invitation de la citoyenne Gervais, il avait donc répondu avec empressement, et nous le retrouvons maintenant à table, en face de son digne et ancien ami.

— Comme cela, Gervais, dit-il en reposant devant lui son verre vide, comme cela, vous avez été chez les sauvages ?

— Mon Dieu ! oui, mon cher ami, et j'ai même soupé avec les gens les plus comme il faut, répondit Gervais en se dandinant sur son siége et en prenant des air d'importance; car Gervais, depuis son retour, se trouvait grandi au point de ne plus considérer ses anciens amis que comme des habitants du royaume de Lilliput.

— Et comment sont-ils habillés, les sauvages ? demanda une jeune femme assise à la gauche de Gorain.

— Ils le sont peu, fort peu, chère madame.

— Monsieur Gervais ! dit la citoyenne Gervais d'un ton sévère.

— Ma bonne amie, il faut bien que je sois véridique dans mes narrations... Mais, poursuivit Gervais en changeant de ton, mes bons amis, vous m'ahurissez de questions, vous me persécutez de demandes et vous m'empêchez de parler à mon tour. Songez donc cependant que j'ai besoin de renseignements, moi qui arrive après une absence de deux ans et qui n'ai pas eu le temps de revoir encore mon Paris ! Mon Paris ! répéta Gervais, mon pauvre Paris ! Ai-je assez rêvé à lui ! Figurez-vous que j'avais tant entendu parler de révolution que j'avais peur qu'il ne fût plus à sa place ! Ah ça ! il s'est donc passé des choses bien étonnantes ici ?

A cette question si naturelle de la part d'un homme qui rentrait à Paris après avoir passé loin de son pays deux années comme celles de 1793 et de 1794, tous les convives se regardèrent et personne ne répondit. Chacun effectivement avait peur de parler devant son voisin. La *Terreur* avait si longtemps fermé toutes les bouches, et l'on était si peu sûr qu'elle n'existât plus, que personne n'osait encore émettre son opinion. Gervais, qui ne pouvait se rendre compte de la situation regardait ses amis avec étonnement. Il avait quitté Paris en 1792, quelques jours après le 10 août, et lorsque Louis XVI venait seulement de descendre du trône. A cette époque, la Révolution, bien que fort avancée dans sa marche, n'avait point encore atteint le paroxysme de ses excès. On en était à peine à la dénomination de *citoyen* que Gervais n'avait même jamais prononcée.

L'ex-prisonnier des Anglais n'avait donc pas la moindre idée de ce qui avait eu lieu, et, bien qu'il eût entendu raconter les événements, il n'avait pu les apprécier dans toute leur étendue.

— Eh bien! fit-il en voyant l'embarras de ses convives, qu'est-ce que vous avez donc? Voyons, mettez-moi au courant des nouvelles. Je ne sais plus rien. Voyons, nos anciennes connaissances, que sont-elles devenues?... Et notre excellent ami le comte de Sommes, mon cher Gorain?...

— Je vous prie de croire, interrompit vivement Gorain, que je ne vois pas tous ces aristocrates...

— Mais, dit madame Gervais, mon mari vous parle du citoyen Marcus-Tullius Sommes...

— Ah! fit Gorain, le citoyen Sommes; c'est différent. Je crois qu'il est à Paris en ce moment.

— Oh! dit Gervais, quand je pense à cet excellent homme, je me rappelle toujours le pauvre Bernard et sa femme... A propos, a-t-on des nouvelles de la *Jolie Mignonne?*

— Aucune! répondit Gorain.

— Cependant, il m'avait semblé entendre dire autrefois.. Attendez donc? Qui diable m'avait parlé!... Ah!

j'y suis! Cet ancien garçon de Bernard qui s'était fait soldat... vous savez bien?

— Jean?

— C'est cela! Si le pauvre diable n'a pas été tué, il doit être sergent à cette heure.

Sergent! s'écria Gorain.

— Bah! est-ce qu'il n'aurait pas encore attrapé les sardines? Ça lui viendra...

— Mais il est général! dit madame Gervais.

— Général! fit le voyageur avec stupéfaction. Jean général!... Pas possible! Un garçon que j'ai vu tout petit!... Et depuis quand est-il général?

— Depuis trois décades dit l'un des convives.

— Eh bien! mais... reprit Gervais, et cet autre petit bonhomme, son ami, Nicolas?

— Nicolas? général aussi!

— Alors, l'étudiant qui aimait tant la *Jolie Mignonne* doit être à cette heure président de section, au moins. Vous savez, M. Brune?

— Brune? fit encore Gorain, il est général comme les autres.

— Et Hoche aussi est général, ajouta madame Gervais.

— Et Lefebvre est général, et Michel est général...

— Ah! s'écria Gervais, ils sont donc tous généraux...

— Tous!

— Et moi qui ne suis rien! Dieu! quel temps! Si j'étais resté à Paris au lieu de me faire prendre bêtement par les Anglais!

— Tu serais peut-être aussi général, dit en riant la citoyenne Gervais.

— Dame! puisqu'ils le sont tous.

— Mais, avec tout cela, mon cher Gervais, dit l'un des convives, tu ne nous as pas dit encore comment il s'était fait que tu étais resté deux années absent, et tu ne nous as pas appris par quel motif, étant parti un beau jour pour Saint-Cloud, tu t'es trouvé entraîné jusqu'au diable...

— C'est vrai, dirent plusieurs voix.

— Raconte-nous tes voyages?
— Dis-nous tout!...
— Mon Dieu! fit Gervais d'un air modeste, ce sera peut-être bien long...
— Bah! dis tout de même, cria l'assemblée.

Gervais fit entendre un *hum!* sonore. Il se renversa sur sa chaise, prit une pose, et balançant son couteau dans sa main droite, tandis qu'il confectionnait une boulette de mie de pain avec les doigts de la main gauche :

— Figurez-vous, mes bons amis, commença-t-il d'un ton solennel qu'un soir, (madame Gervais doit se souvenir comme moi), j'étais dans mon arrière-boutique avec ma femme en train d'examiner les beaux habits brodés nous d'orqui restaient, et dont la République une et indivisible paralysait la vente, lorsque tout à coup...

Un violent coup de sonnette, qui ébranla subitement les échos du logis, interrompit brusquement Gervais. Chacun avait tressailli, surpris par cette sonnerie violente et inattendue.

— Qui est-ce qui vient? dit Gervais.
— Je n'attends personne! répondit sa femme en faisant un mouvement pour se lever. Mais, au même instant, la porte de la salle à manger s'ouvrit, et une grosse Normande bien joufflue, remplissant à la fois chez la citoyenne Gervais les fonctions de cuisinière et celles de garçon de magasin, fit irruption dans la pièce.

— Qu'est-ce qu'il y a, Norine? demanda la maîtresse du logis.
— Il y a, citoyenne, répondit la servante, que l'on apporte ceci pour vous et cela pour le citoyen'

Et Norine déposa sur la table, devant la citoyenne Gervais, une petite corbeille recouverte de papier; puis elle tendit à Gervais une lettre cachetée.

— C'est un cadeau qu'on vous envoie? dit Gervais en s'adressant à madame Gervais.
— Voyons vite; montrez-nous cela! cria-t-on de toutes parts.

Pendant ce temps, Gervais, très-étonné de recevoir une lettre dès le lendemain de son retour à Paris, Gervais examinait l'adresse, et sa stupéfaction croissait en constatant que la suscription portait, parfaitement lisibles, son nom et son adresse.

— Voilà qui est bien bizarre! dit-il en rompant le cachet de cire.

Madame Gervais, émue de ce double incident inattendu, coupait avec impatience les ficelles qui retenaient le papier sur la corbeille. Enfin les liens tombèrent, le papier fut enlevé vivement, et tous les cous s'allongèrent à la fois pour permettre aux yeux de mieux voir; mais un même cri de déception s'échappa de toutes les lèvres. La corbeille contenait une demi-douzaine d'œufs rouges.

— Qui a apporté cela, Norine? demanda la citoyenne Gervais en se tournant vers la servante.

— Un citoyen commissionnaire, répondit la grosse Normande.

— Où est-il?

— Il est parti.

— Sans attendre de réponse?

— Il a dit comme ça qu'il n'y en avait pas. Il m'a donné le panier et la lettre et puis il est parti tout comme ça aussi.

— Qui est-ce qui peut nous envoyer ces œufs rouges? dit la citoyenne Gervais.

— Mais ils ne sont pas tout rouges, ma tante, dit une jeune fille qui venait de plonger sa petite main dans la corbeille. Regardez, ils sont mi-blancs, mi-rouges!

— Eh bien! on les mettra dans la salade, dit un convive.

— M'est avis, citoyen, fit Gervais poussé par un sentiment de prudence qui ne l'abandonnait jamais, m'est avis que l'on ne doit toucher à rien de ce qui se mange quand on n'en connaît pas la provenance.

— Bah! est-ce que vous croyez que l'on veut nous empoisonner?

— C'est quelqu'un qui se sera trompé, fit la citoyenne Gervais en repoussant la corbeille.

Quant à Gervais, il lisait toujours la lettre qu'il venait de recevoir. Il parcourut les premières lignes avec un saisissement manifeste, puis, tournant vivement la page, il interrogea la signature.

— Ah! mon Dieu! fit-il.
— Quoi donc? demanda Gorain.

Gervais se leva avec agitation :

— Mes chers amis, dit-il en s'adressant à ses convives, il faut que vous m'excusiez, mais j'ai une course à faire sur l'heure.

— Une course! s'écria madame Gervais.
— Vous sortez! dirent les assistants avec étonnement.
— Oui... oui... je sors, répondit Gervais de plus en plus agité.

Et se tournant vers Gorain :

— Il faut que vous m'accompagniez! ajouta-t-il.
— Moi! fit Gorain stupéfait.
— Oui, vous!
— Mais où allez-vous?
— Venez toujours, vous le saurez!
— Cependant...
— Il faut que vous veniez!

Et prenant Gorain par le bras il l'entraîna dans un angle de la pièce :

— Nous parlions tout à l'heure d'un tas de gens devenus généraux, ajouta-t-il, voulez-vous que nous aussi nous devenions quelque chose... millionnaires, par exemple!

— Millionnaires! dit Gorain.
— Chut donc!
— Mais, compère, je ne comprends rien..
— Tenez, lisez! vous comprendrez!

Et Gervais, qui, depuis quelques instants, ressemblait certes plus à un homme subitement privé de raison qu'à un digne citoyen parfaitement maître de ses esprits, Gervais tendit à Gorain la lettre qu'il venait de lire et qui avait fait naître en lui cette agitation extraordinaire.

Gorain prit le papier et s'approcha d'une fenêtre.

12.

Tous les convives faisaient silence et, s'interrogeant du regard, se demandaient mutuellement ce que tout cela voulait dire.

— Ah! mon Dieu! fit Gorain à son tour et en paraissant tout aussi impressionné que l'avait été Gervais.

— Eh bien! lui dit celui-ci.

— Quoi! cet excellent citoyen Sommes...

— Vous voyez qu'il ne nous a pas oubliés!

— Et nous irons?

— Naturellement.

— Mais, cependant...

— Quoi? fit Gervais en voyant Gorain s'arrêter.

— Ce n'est que pour ce soir, et nous avons le temps de réfléchir...

— Le temps de réfléchir! Êtes-vous fou, Gorain? Réfléchir à quoi, je vous prie?... Y a-t-il des réflexions à faire quand un homme comme le comte de...

— Gervais! dit Gorain alarmé.

— Le citoyen Sommes, veux-je dire, daigne se mêler de nos affaires... Pensez donc! quel intérêt il me porte! Je suis arrivé hier soir, et aujourd'hui je reçois de ses nouvelles!... Excellent ami!... Il n'y a pas de réflexions à faire. D'ailleurs, je ne suis pas fâché de prendre l'air! Cette nouvelle a failli m'étouffer de joie! Songez donc, Gorain! avant deux ans nous pouvons être millionnaires tous deux!

— J'en suis tout ébahi, Gervais! dit Gorain.

Gervais revint vers sa femme. En ce moment ses yeux tombèrent sur la corbeille qu'ils n'avaient point encore rencontrée.

— Ah! fit-il.

Et s'emparant aussitôt des œufs :

— Mes chers amis, reprit-il en s'adressant à ses convives de plus en plus ébahis, ces œufs, ces bienheureux œufs, sont les gages de ma fortune; prenez-en tous chacun un, et dans deux ans d'ici, je prends aujourd'hui l'engagement de vous échanger ces œufs rouges contre des œufs d'or.

— Des œufs d'or? s'écria madame Gervais.

— Oui, mon épouse!

— Mais...

— Pas d'explication ! je n'en ai pas le loisir.

Et se tournant aussitôt vers Gorain :

— Allons ! ajouta Gervais, partons, partons !

Et comme s'il était en proie à une frénésie inexplicable, il courut vers un meuble, y prit d'une main son chapeau et celui de Gorain, tout en ramassant de l'autre deux cannes appuyées dans l'angle, et revenant vers l'ex-propriétaire de l'avocat Danton, il lui enfonça son feutre sur la tête et lui glissa son jonc sous le bras.

— En route ! dit-il en entraînant Gorain qui se laissa emmener sans la moindre tentative de résistance.

Madame Gervais et ses amis étaient demeurés stupéfaits.

— Mon Dieu ! mes pauvres amis, s'écria la citoyenne Gervais en levant les bras au ciel, le voyage a donné un coup de marteau à Gervais ! Mon mari est fou, pour sûr !... Pourvu qu'il ne fasse pas arriver malheur à ce malheureux Gorain.

— Qu'est-ce qu'il veut dire avec ses œufs rouges qu'il changera en œufs d'or ? dit l'un des voisins de la maîtresse du logis.

— Il est fou, répéta madame Gorain.

XXVIII

LE FIDÈLE BERGER

Ce magasin de confiseries, de la rue des Lombards, est, certainement, le plus ancien à Paris, car son origine remonte à plus d'un siècle.

Toujours de mode, de sa naissance à sa vieillesse, les dragées renommées du *Fidèle Berger* provoquent encore, maintenant, les fidèles acheteurs.

A ce moment de transition, provoquée par le 9 thermidor, le luxe succédant à la pauvreté affectée des séides de la révolution, les soirées et les bals prenaient de la consistance.

Le *Fidèle Berger*, triste et abandonné pendant ces deux années de terreur, reprenait toute son animation, et la *jeunesse dorée* envahissait ses comptoirs en fouillant, dans les bocaux, avec une pince qui retirait les pralines et les pistaches à la *Tallien* et les dragées *à la nation*.

Ce magasin ne ressemblait pas à ceux de notre époque aux couleurs verdoyantes et si chaudement éclairés par la succession des becs de gaz, ce qui attira tous les regards. Il avait la simplicité de tous ses voisins.

Dans ce commencement de la journée, de midi à une heure, le magasin était solitaire.

Une jeune fille, assise derrière le comptoir, attendait les visiteurs et les visiteuses.

Mignonne, gracieuse et fine dans son ensemble, elle avait une jolie expression sur son visage dont les traits étaient réguliers, mais quelques cicatrices étaient tracées en bas des joues et un peu sur le menton.

Costumée simplement, comme une honnête fille, elle n'affichait aucune coquetterie.

Attendant les clients et les chalands, des regards vagues s'échappaient de ses beaux yeux, aux prunelles bleu azur.

En ce moment de silence, un bruit de roulement de voiture retentit en augmentant.

La jeune fille se redressa.

Un équipage s'arrêta net devant le magasin.

Un valet de pied ouvrit la portière et une jeune et jolie femme, posant le bout de son petit soulier sur le marchepied, s'élança vers l'ouverture de la porte.

Une seconde femme, d'une autre beauté que sa compagne, descendit après elle.

Leurs costumes étaient en avance de la mode.

Celle qui quitta, la première, l'équipage, portait une robe de lluon de nuance très-claire, et dont une partie de la jupe était ramenée en gros plis sur le bras droit, disparaissant à demi sous son châle de cachemire couleur *sang de bœuf*. Un chapeau de *paille à la lucarne* couvrait la tête, sans cacher les cheveux, dont les boucles soyeuses encadraient le visage. Des bas de soie brodés à jour, des souliers de peau noire attachés comme les cothurnes antiques et pointus du bout complétaient l'ensemble de ce costume élégant.

La seconde descendue portait aussi une toilette parfaitement à la mode. La robe traînante était enveloppée d'un cachemire, et un chapeau à *la Paméla* surchargé de fleurs artificielles et de nœuds de rubans aux brides énormes envahissait sa tête. Elles pénétrèrent toutes deux dans la boutique du *Fidèle Berger*.

— Bonjour, mon enfant, dit la gracieuse personne en adressant à la jeune fille du comptoir un adorable sourire.

— Votre servante, citoyenne! répondit en s'inclinant la jeune fille.

— Je viens savoir pourquoi l'on ne m'a pas envoyé ce matin les pralines que j'ai fait commander hier?

— Si la citoyenne veut bien me dire son nom... »

En parlant ainsi, la jeune fille ouvrit le livre des commandes placé à côté d'elle.

— La citoyenne Beauharnais, répondit la jeune femme.

— Et moi, dit aussitôt la seconde cliente du magasin, je viens commander ce qu'il me faut pour mon bal de ce soir.

— Je vais prendre la commande, citoyenne, répondit la demoiselle de comptoir.

— La citoyenne Tallien, ajouta la belle jeune femme, afin que la marchande pût écrire le nom de sa cliente.

— Citoyenne, reprit l'enfant en s'adressant à la citoyenne Beauharnais, vos pralines à la *Dorat* ont été manquées hier; mais on est en train de les recommencer et vous les aurez ce soir.

La citoyenne Beauharnais regardait la jeune fille avec attention.

— Il me semble ne vous avoir jamais vue ici, mon enfant? dit-elle.

— Il n'y a, en effet, que quinze jours que je suis au magasin, citoyenne, répondit la jeune fille.

— Ah! et vous vous appelez?...

— Rose.

— Un joli nom qui vous convient à merveille, mon enfant.

— Cela est vrai, dit la citoyenne Tallien; cette jeune fille est charmante; elle a un air de distinction et de modestie qui fait plaisir à voir.

— Vous êtes parente de la maîtresse de la maison? demanda la citoyenne Beauharnais.

— Non, citoyenne, répondit Rose.

— Que font vos parents, alors, pour vous avoir mise si jeune dans le commerce ?

Rose courba la tête et deux larmes glissèrent le long de ses grands cils.

— Je n'ai plus de parents, dit-elle.

Les deux femmes firent un geste de douloureuse surprise.

— Vous êtes orpheline ? dit la citoyenne Tallien.

— Oui, répondit Rose.

— Pauvre petite ! fit la citoyenne Beauharnais.

— Depuis longtemps ?

— Depuis dix ans.

— Oh ! c'est affreux !

— Et où étiez-vous avant de venir ici ?

— Je n'étais pas en France, citoyenne.

— Vous êtes étrangère ?

— Oh ! non, dit vivement Rose avec un sentiment d'orgueil blessé par cette supposition ; je suis Française.

— Et Parisienne peut-être ?

— Oui, citoyenne.

— Vous avez donc voyagé, alors ?

— J'étais allée aux colonies...

— Lesquelles ?

— Les Antilles.

— Les Antilles ! répéta la citoyenne Beauharnais avec vivacité ; mais c'est mon pays ! Je suis créole. A quelle île des Antilles étiez-vous ?

— A la Guadeloupe, citoyenne.

— Ah ! mon Dieu ! mais il y avait la guerre à la Guadeloupe !

— J'étais arrivée avec l'escadre de Victor Hugues.

— Avec l'escadre ! s'écria la citoyenne Tallien ; et qu'alliez-vous faire avec les soldats ?

— Je suivais une personne qui s'intéressait à moi et qui m'a servi de seconde mère.

— Et pourquoi cette personne allait-elle à la Guadeloupe avec Victor Hugues ?

Rose hésita un moment.

— Pardonnez-moi, citoyenne, dit-elle ensuite avec un léger embarras ; je ne puis vous répondre. Il s'agit d'un secret de famille qui n'est pas plus le mien que cette famille elle-même n'est la mienne.

Les deux clientes du *Fidèle Berger* se regardèrent de nouveau.

Il y avait dans l'accent avec lequel Rose avait prononcé cette réponse un tel sentiment de réserve, et en même temps de gracieuse franchise, que ses interlocutrices en parurent touchées.

— Mais comment êtes-vous revenue? demanda la citoyenne Beauharnais.

— Avec l'officier qui a été chargé par Victor Hugues de ramener en France les prisonniers anglais, répondit Rose.

— Le citoyen Bienvenu?

La jeune fille fit un signe affirmatif.

— Cet homme si extraordinaire que j'ai vu chez vous avant-hier? dit la citoyenne Beauharnais à sa compagne.

— Lui-même, si Rose ne se trompe pas, répondit la citoyenne Tallien.

— Bonaparte, qui l'a entendu parler, m'a dit que c'était un homme très-remarquable.

— Je le crois, en effet; et Tallien et Barras supposent même que ce nom de *le Bienvenu* n'est qu'un pseudonyme destiné à donner le change sur un nom de l'ancienne noblesse.

— Ah! fit la citoyenne Beauharnais en revenant à la jeune fille. Et cette personne que vous nommez votre seconde mère est revenue avec vous?

— Oui, citoyenne; oh je ne l'eusse pas quittée! dit vivement Rose.

— Et c'est elle qui vous a placée dans ce magasin?

— Oh! non.

— Qui donc, alors?

— C'est moi qui ai voulu y entrer.

— Pourquoi?

— Parce qu'à mon âge je ne devais plus être à charge à personne.

— Elle est charmante, cette petite! dit la citoyenne Beauharnais : elle m'intéresse vivement.

— Et moi aussi, répondit la citoyenne Tallien.
— Je prierai Bonaparte de faire prendre sur elle les renseignements nécessaires, et si tout ce qu'elle dit est vrai, je la prendrai sous ma protection.
— J'en parlerai également à Tallien ; mais en attendant, il faut que je lui donne ma commande.

En ce moment, la porte de la boutique s'ouvrit, et un homme d'une quarantaine d'années, tout de noir habillé, et qui avait une apparence toute doctorale, fit irruption dans le magasin.

— Tiens ! fit la citoyenne Beauharnais avec un geste de surprise, le citoyen Raguideau !

— Ah ! citoyenne ! dit avec un joyeux étonnement le nouvel arrivant qui s'était arrêté court, voilà pour moi une heureuse rencontre.

— Vous venez acheter des bonbons, mon cher notaire ? demanda la citoyenne Tallien.

— J'avoue... que... balbutia le tabellion.

— Vous voulez faire le galant auprès de la citoyenne Raguideau ? Vous avez raison ! c'est d'un bon mari ; mais permettez, avant qu'on s'occupe de vous, que je donne ma commande.

— A vos ordres, citoyenne, à vos ordres !... dit maître Raguideau en s'inclinant profondément.

La citoyenne Tallien se pencha alors vers le comptoir, et Rose, prenant la plume, s'apprêta à écrire sous sa dictée. Le notaire, s'approchant de la citoyenne Beauharnais, l'entraîna dans un angle du magasin avec l'insistance d'un homme qui a quelque confidence particulière à faire.

— Qu'est-ce que vous avez donc ? dit la jeune femme en riant.

— Ah ! citoyenne, dit le notaire d'une voix très-émue, c'est le ciel qui m'a fait vous rencontrer aujourd'hui.

— Pourquoi donc ?
— Ce qu'on m'a dit est-il vrai ?
— Cela dépend de ce que l'on vous a dit.
— Ce serait effrayant !
— Quoi ?
— J'en serais au désespoir !

— Ah ! vous m'impatientez !
— Citoyenne ! vous savez si je vous suis dévoué ?
— Je sais, maître Raguideau, que vous êtes mon notaire depuis longtemps et que j'ai, en vous, toute confiance. Certes, je crois à votre dévouement.
— Alors, comment se fait-il que vous ne m'ayez pas consulté ?
— A quel propos ?
— Vous le savez bien.
— Mais non.
— Eh bien ! votre mariage.
— Ah ! fit la citoyenne Beauharnais en rougissant légèrement.
— C'est donc décidé ?
— Mais non ! rien n'est décidé encore.
— Le ciel en soit loué ! fit le notaire en poussant un profond soupir.
— Pourquoi donc ?
— Citoyenne, encore une fois, vous connaissez mon attachement ; vous savez quel mal je me suis donné pour faire lever le sequestre apposé sur vos biens...
— Sans doute.
— Citoyenne ! vous avez aujourd'hui vingt-cinq mille livres de rente qui ne doivent rien à personne.
— Après ?
— Comment ! après ?... vous ne comprenez pas ? Mais dans votre magnifique position de fortune vous ne pouvez épouser que quelqu'un digne de vous.
— Eh bien, cher maître ?
— Le mariage que vous vouliez faire était impossible alors.
— Je ne trouve pas, et je le crois très-possible, au contraire.
— Quoi ! ne s'agit-il pas de ce petit général sans armée que j'ai vu chez la citoyenne Tallien ? du général Bonaparte enfin ?
— De lui-même, en effet.
— Allons ! allons ! vous n'y songez pas.
— Si fait !
— Jamais je ne vous laisserai accomplir une pareille folie !

— En vérité? dit en riant la citoyenne Beauharnais. Et pourquoi donc?

— D'abord, votre général n'est pas beau.

— Cela dépend des goûts, mon cher notaire.

— Ensuite, il n'a pas de position.

— Il s'en fera une.

— Il ne fera rien du tout : j'ai pris des renseignements sur son compte. Il n'a aucune fortune.

— Puisque j'ai vingt-cinq mille livres de rente, moi.

— Raison de plus pour ne pas l'épouser.

La citoyenne Beauharnais se mit à rire. Maître Raguideau fit un geste d'impatience et de commisération.

L'excellent notaire, effrayé pour sa belle cliente des conséquences de l'union irréfléchie qu'elle voulait faire, levait au ciel les yeux et les bras, et certes il eût également levé les épaules sans le respect qu'il avait pour les dames en général et pour la citoyenne Beauharnais en particulier. La gracieuse jeune femme paraissait, elle, s'amuser fort des contorsions expressives auxquelles se livrait son conseiller.

Pendant ce temps, la belle citoyenne Tallien continuait à énumérer les différents articles de sa commande à la jeune fille qui écrivait sous sa dictée.

— Mais, reprit maître Raguideau après un silence, ma belle et chère cliente, vous ne me ferez pas la douleur de voir dresser un contrat dans de telles circonstances.

— Si la douleur est trop vive pour vous, repondit en riant la citoyenne Beauharnais, vous vous ferez remplacer par votre premier clerc.

— Ah çà ! c'est donc bien décidé?

— Mais à peu près fait !

— Ce n'est pas une plaisanterie?

— Nullement.

— Mais... mais... mais !... savez-vous bien que votre général Bonaparte n'a que la cape et l'épée[1] !

---

1. Madame Bonaparte fit part au général de cette réflexion du notaire après le mariage accompli. Le général sourit en gardant

— Quoi donc? fit la citoyenne Tallien en se retournant, car maître Raguideau avait élevé la voix.

— Rien! répondit la citoyenne Beauharnais en revenant vers sa compagne. Avez-vous fini votre commande?

— Oui.

Et se retournant vers la jeune fille, la belle citoyenne ajouta :

— Donc, ce soir à sept heures chez moi! que l'on n'oublie rien!

— Soyez tranquille, citoyenne, répondit Rose.

Les deux charmantes femmes adressèrent un geste amical à l'enfant et quittèrent alors la boutique.

— Il faudra nous occuper de cette petite, dit encore la citoyenne Beauharnais; elle est intéressante.

Puis apercevant maître Raguideau qui, le chapeau à la main, se tenait devant la portière ouverte du carrosse :

— Montez donc, mon cher notaire, ajouta-t-elle, je veux vous convaincre que je ne fais pas un aussi sot mariage que vous paraissez le croire.

La voiture partit emportant les deux femmes et le notaire.

mémoire de ce tabellion qui resta toujours, cependant, à son service.

Maître Raguideau fut souvent invité à la Malmaison par le Premier Consul. Puis, en 1804, le 2 décembre, où Napoléon, entouré de son auréole de gloire, traversait, en costume du sacre, cette galerie des Tuileries envahie par la foule empressée qui s'inclinait, maître Raguideau, portant les insignes de notaire impérial, était au premier rang.

L'empereur l'appela doucement près de lui, et posant sa main en attirant le pan du manteau parsemé d'abeilles d'or, et de la gauche frappant la longue épée de Charlemagne qui pendait à son côté.

— Eh bien, maître Raguideau, voici la *cape* et voilà *l'épée*.

Le notaire, stupéfait par cette citation inattendue, perdit toute contenance.

- Sire... essaya-t-il de dire.

Ce fut tout ce qu'il put balbutier. Napoléon le regarda avec son sourire si célèbre auquel les puissants ne pouvaient résister.

— Mon Dieu! fit maître Raguideau en s'adressant à l'un de ses voisins, il sait tout! il peut tout et se rappelle tout!

XXIX

ROSE.

La jeune fille étant seule dans le magasin, sa maîtresse entra, en lui disant:
— Rose, le citoyen Bienvenu vient de rentrer, et il veut vous voir. Montez vite! je vais rester au comptoir.
— Oh! merci! ma bonne maîtresse! répondit la jeune fille en s'élançant vers l'arrière-boutique.
Rose gravit lestement les marches de cet escalier et atteignit le palier du troisième étage. Une porte était en face d'elle, la clef était sur la serrure, Rose fit jouer le pêne. La première pièce dans laquelle elle pénétra était vide, mais un sourd bruit de voix partait d'une seconde pièce située à droite de la première. Rose passa immédiatement dans cette pièce.
Au moment où elle y pénétrait, trois personnages, deux hommes et une femme, étaient groupés près d'une fenêtre ouverte. La femme était étendue sur un fauteuil et paraissait absolument privée de sentiment. Les deux hommes étaient occupés à lui prodiguer leurs

soins : l'un la soutenait, l'autre lui faisait respirer des sels contenus dans un flacon. La pâleur de la femme était effrayante ; ses membres étaient roidis comme si le corps eût été en proie à une violente crise nerveuse. Les lèvres avaient perdu leur coloris, les yeux étaient fermés. Cette jeune femme était Léonore de Niorres. Les deux hommes étaient, l'un le marquis d'Herbois, l'autre le vicomte de Renneville. Ils étaient tellement absorbés par les soins qu'ils s'empressaient de donner à la pauvre femme évanouie, qu'ils ne s'aperçurent pas de l'entrée de Rose dans la pièce.

A peine la jeune fille eut-elle fait un pas en avant, à peine eut-elle contemplé le tableau qu'elle avait devant les yeux, qu'elle poussa un grand cri et se précipita vers Léonore.

— Ma sœur ! ma sœur !... fit-elle avec un accent déchirant.

Puis se tournant vers le marquis et vers le vicomte :
— Mon Dieu ! ajouta-t-elle, qu'y a-t-il donc encore ?
— Un nouveaux malheur ! répondit Charles en secouant la tête.

Léonore revenait à elle. En apercevant Rose qui s'était agenouillée devant sa chaise et dont le visage mélancolique était tourné vers elle avec l'expression de la plus vive sollicitude, Mlle de Niorres jeta ses bras en avant, entoura le cou de la jeune fille et, l'attirant doucement contre sa poitrine, la pressa sur son cœur en éclatant en sanglots.

— Mon Dieu ! mon Dieu ! dit Rose. Mais qu'y a-t-il donc encore ?
— Blanche !... murmura Léonore.
— Eh bien ?
— Elle est perdue pour nous !
— Perdue ! s'écria Rose.
— Ne dites pas cela ! ne dites pas cela ! fit le marquis d'Herbois avec une extrême vivacité. Si Blanche était à jamais perdue pour moi, je me tuerais sur l'heure !
— Charles ! s'écria Léonore épouvantée par l'accent avec lequel le marquis avait prononcé ces paroles.
— Oui ! je me tuerais ! répéta Charles.
— Dieu ne saurait permettre que Blanche n'échappe

pas à ses bourreaux, lorsque j'ai pu, moi, échapper aux miens! ajouta le vicomte de Renneville.

— Et cependant, dit Léonore en s'efforçant d'arrêter les larmes qui inondaient son visage, elle est encore entre les deux mains de ce monstre...

— Je l'en arracherai ! s'écria Charles dont les yeux lançaient des éclairs.

Et le marquis, comme s'il n'eût pu tenir en place, tant l'émotion qui l'agitait était violente, se mit à parcourir la chambre. Henri se pencha rapidement vers Léonore :

— Par pitié pour lui, cachez votre douleur! murmura-t-il.

Rose les regardait, tous trois : elle n'osait pas parler, elle n'osait interroger, mais ses regards formulaient clairement l'anxiété que ne traduisaient pas ses lèvres muettes. Léonore fit un effort et parut se remettre.

— Charles, dit-elle en tendant la main vers le marquis, pardonnez-moi d'avoir augmenté les tortures qui brisent votre cœur, mais je n'ai pas été maîtresse de mon désespoir en apprenant cette horrible nouvelle.

Charles s'approcha, prit la main tendue vers lui et y déposa un baiser, puis se retournant vers Henri :

— Il faut maintenant, dit-il, que tu nous donnes le détail de ce fatal événement. Blanche est toujours en la puissance du comte de Sommes?

Henri fit un signe affirmatif.

— De qui tiens-tu cette certitude? ajouta Charles.

— De Papillon et de Pâquerette.

— Ils ont vu Blanche?

— Oui.

— Où cela?

— Dans cette voiture dont je te parlais et qu'ils ont rencontrée sur la route de Sèvres.

— Et de Sommes était également dans cette voiture ?

— Il y était !...

— Papillon et Pâquerette n'ont-ils donc pu la suivre?

— Ils l'ont tenté, mais sans doute de Sommes les

avait reconnus, eux, en même temps que Papillon et
Pâquerette reconnaissaient Blanche ; les chevaux sont
partis au galop.
— Et cette voiture se dirigeait ?...
— Vers Paris !
Léonore poussa un profond soupir.
— As-tu vu Jacquet ? reprit Charles.
— Non, répondit Henri.
— Alors il ne sait rien ?
— Si fait ; Papillon a dû le prévenir.
Charles regarda la pendule placée sur la cheminée.
— Deux heures ! dit-il : il tarde bien à venir !
Puis le jeune homme reprit sa promenade saccadée
par la chambre, et un profond silence régna dans la
pièce. Tout à coup Henri marcha vers Charles, l'arrêta,
et se posant en face de Léonore et de Rose qui fixaient
sur lui leurs regards douloureusement inquiets :
— Voyons, dit-il, pesons froidement chaque chance
de la situation, et sachons s'il y a lieu à désespérer
complètement. Longtemps nous avons pu croire tous
que Dieu nous avait abandonnés ; et cependant, au
milieu des plus grands malheurs, sa main protectrice
semblait s'étendre sur nous. Douter encore serait
peut-être une offense. Il y a dix ans, alors que la mort
frappait sans pitié autour de celles que nous aimions
plus que l'existence, n'ont-elles pas échappé elles-
mêmes par un miracle ? Ne pouvions-nous pas croire
tout perdu à jamais pour nous, alors qu'un jugement
inique flétrissait notre nom ? Et quand, séparés les
uns des autres, chacun de nous croyant à la mort de
ceux sur lesquels il pleurait, ne devions-nous pas
supposer que le malheur atteignait ses dernières limites et que notre espoir n'avait un refuge que dans
la mort ? Qui nous eût dit alors que nous nous rever-
rions tous trois un jour ? Lequel d'entre nous eût pu
espérer un rayon de joie au milieu du lugubre avenir
qui nous apparaissait à l'horizon de la vie ? Nous pou-
vions désespérer, et cependant Dieu réservait une
consolation à nos douleurs sans nombre. Pourquoi
douter encore aujourd'hui ? Blanche est séparée de

nous ; Blanche est entre les mains de nos ennemis ; mais du moins nous savons que Blanche existe, et il y a quelques heures seulement nous ne savions pas si nous ne devions pas pleurer sur elle. Qu'y a-t-il entre nous et Blanche? Un obstacle ; mais cet obstacle est-il invincible? Non, non, il n'y a que des hommes à renverser, et Charles a raison, nous les renverserons!

Charles serra énergiquement la main de son ami.

— Merci! dit-il.

En ce moment, un coup sec frappé à la porte de l'appartement retentit jusque dans la pièce.

— C'est Jacquet! dit vivement Henri.

— Non! répondit Charles, ce n'est pas sa manière de frapper.

Un pas lourd résonna dans la première pièce; sans doute le nouveau visiteur, en être familier du logis, s'était contenté de frapper pour avertir de sa présence; mais il n'avait pas jugé nécessaire d'attendre que l'on vînt lui octroyer la permission d'entrer. La porte s'ouvrit et la bonne figure de Mahurec apparut par l'entre-bâillement.

— Entre, lui dit Charles en le voyant hésiter.

— Tonnerre de Brest! fit le gabier en portant la main à son bonnet de laine, en ai-je couru des bordées de longueur dans ce gueusard de Paris! J'en ai la carène en mâchemoure, qué!

— Tu as vu le général! demanda Henri.

— Lefebvre! Non ; mais j'ai vu son épouse

— La citoyenne Lefebvre?

— Eh! oui; la crème des braves femmes, quoi! Et quoique son mari soit passé sur la *dunette* elle n'en est pas plus fière pour ça! « Tiens! matelot, qu'elle m'a fait, c'est toi! » Et qu'elle m'a embrassé, et que je lui ai rendu, et que nous avons bu le rhum de l'amitié. Tonnerre! Un cœur d'or, quoi! C'est digne d'être matelot une femme comme ça. Et qu'elle m'a demandé comment que je gouvernais, et qu'est-ce quelle pourrait faire pour moi, et un tas de choses. Alors, comme elle et le général je les connais tous les deux, et que c'est du vrai *nanan* l'un et l'autre, je lui ai largué en grand toute l'histoire de la petite.

13.

Mahurec désigna Rose.

— La *Jolie Mignonne*, qu'elle m'a fait, reprit-il ; la fille à Bernard. Pauvre chouchoute, j'ai vu mourir sa bonne femme de mère...

— Elle a vu mourir ma mère ? interrompit Rose en courant au matelot.

— Oui, continua Mahurec ; et comme elle lui avait promis aussi, à cette pauvre défunte, de veiller sur vous si on vous retrouvait jamais, elle est prête à tenir son serment à cette heure.

Rose regarda successivement Léonore, Henri, Charles et le gabier.

— Mais, dit-elle, c'était donc pour moi seule que M. Mahurec est allé voir le général Lefebvre ?

— Oui, dit Léonore.

— Vous lui avez demandé sa protection pour moi ? Mahurec fit un signe affirmatif.

— Ah ! fit Rose en regardant encore les deux jeunes gens et la jeune femme.

Puis, après un moment de silence, elle reprit avec des larmes dans la voix :

— Vous voulez donc me séparer de vous ?...

Charles et Henri firent un même mouvement ; Léonore les arrêta du geste.

— N'as-tu donc pas voulu toi-même te séparer de nous, dit-elle en prenant la main de Rose, alors que tu as si fort insisté pour prendre la place vacante qu'il y avait au *Fidèle-Berger* ?

— Je voulais travailler, répondit Rose. Vous avez tous été si bons pour moi, que je ne devais pas abuser de cette bonté. Que suis-je pour vous, madame, pour vous messieurs ? Une malheureuse orpheline à laquelle vous êtes attachés par les seuls liens de la pitié. Devais-je continuer plus longtemps à demeurer à la charge de vos bienfaits ? Ne faut-il pas que, sans fortune, sans parents comme je le suis, je cherche à me créer une position pour l'avenir ? Le travail conduit à tout : c'est pourquoi j'ai voulu travailler.

Léonore attira Rose à elle, la contraignit doucement à s'asseoir sur ses genoux, et, l'entourant de ses bras avec la tendresse d'une sœur aînée devenue la seconde mère de sa sœur cadette :

— C'est parce que nous avons compris tout cela, Rose, répondit-elle, que ces messieurs et moi avons consenti à te laisser agir suivant tes volontés. C'est parce que nous n'avions nous-mêmes aucune fortune à te donner, parce que nous sommes en droit de douter de notre propre avenir, parce que nous sommes tous trois à la merci, non-seulement des circonstances politiques et des hommes, mais encore d'évènements privés que je ne puis te confier, que nous avons cessé de combattre ton désir de devenir indépendante. Mais, ma jolie Rose, ton enfance avait été si malheureuse qu'il était de notre devoir, à nous que Dieu dans sa bonté avoit placés sur ta route, de veiller sur ton bonheur de jeune fille. D'un moment à l'autre, tu ne l'ignores pas, nous pouvons être proscrits, arrêtés, emprisonnés... Si Charles peut, sous le nom qu'il porte et à la condition de ne pas être reconnu, séjourner à Paris en raison de la mission que lui a confiée Victor Hugues, Henri et moi avons été trop heureux de trouver cet asile que la reconnaissance de la citoyenne Bertrand, ta nouvelle maîtresse, a bien voulu m'offrir en raison de services rendus jadis par notre maison à elle et aux siens. Mais notre situation déjà précaire peut devenir terrible d'un moment à l'autre. Que les bourreaux de Brest reconnaissent Henri, que les Jacobins triomphent un moment et nous sommes perdus. La déportation est le moindre danger qui nous menace. Or, la déportation pour nous serait, si tu nous suivais, un nouveau malheur pour toi; et, si tu demeurais à Paris, un abandon effrayant pour un enfant de ton âge. Il fallait donc te trouver des amis puissants, et nous n'en connaissions aucun. Par bonheur, continua Léonore en désignant Mahurec, cet excellent homme s'est souvenu de l'amitié qui l'avait lié jadis au général Lefebvre, alors que celui-ci était simple soldat. Ce qu'il n'aurait pas voulu demander pour lui, dans la crainte d'être méconnu à cause d'un aussi grand changement de position, il l'a demandé pour toi et il l'a obtenu. Voilà.

ma chère enfant, la cause de la démarche du bon matelot. Tu vois que si nous avons pensé à te donner des protecteurs, à te séparer de nous, c'est notre amour pour toi qui nous guidait.

Rose avait écouté ces paroles avec un religieux recueillement. Quant Léonore eut achevé, la jeune fille leva sur elle ses grands yeux humides de larmes :

— Quoi ! dit-elle en joignant les mains, au milieu des préoccupations effrayantes qui vous entourent, en présence des dangers sans nombre qui vous menacent, vous avez ainsi pensé à moi qui ne vous suis rien, cependant ? à moi qu'un hasard a jetée sur votre route ! Vous avez daigné vous occuper de la pauvre orpheline que tous avaient abandonnée ! Mon Dieu ! que pourrai-je donc faire un jour pour vous témoigner ma reconnaissance ?

— Tu nous aimeras comme nous t'aimons, mon enfant, répondit Léonore. Tu prieras Dieu afin qu'il nous rende l'ange sur lequel nous pleurons, tu prieras Dieu pour le bonheur de Blanche, et comme le Seigneur accueille toujours les prières des enfants, Blanche échappera peut-être aux mains cruelles qui l'étreignent.

Mahurec avait contemplé cette petite scène sans oser y prendre une part active.

Comme toutes les nobles et fortes natures, le digne gabier avait le cœur profondément sensible et facile à remuer. Comme toutes les organisations franches et naïves, il était touché profondément par les actions simples et généreuses.

Tortillant son bonnet de laine dans ses mains calleuses, il dansait tantôt sur un pied, tantôt sur un autre, pour se donner une contenance et cacher l'émotion qu'il ressentait, et son visage faisait une affreuse grimace afin de contenir sous ses paupières les larmes que l'attendrissement s'efforçait d'en faire jaillir.

Enfin, ne sachant trop quel parti prendre pour éviter de se montrer *femmelette* devant ses chefs, il fouilla dans sa poche et en tira un énorme morceau de tabac qu'il s'enfonça dans la gorge avec le poing fermé.

Ce moyen héroïque, en provoquant une toux sonore, le tira d'embarras.

— Eh ! oui, tonnerre de Brest ! fit-il en s'avançant, j'ai vu la mère Lefebvre, c'est-à-dire, ajouta-t-il en se reprenant vivement, la citoyenne générale, et que la brave femme en a eu ses écubiers qui embarquaient lame sur lame. As pas peur, elle est solide au poste ! Il y a longtemps que je l'ai relevée et elle est un peu proprement orientée que je dis ! Crême des femmes, quoi ! « Je l'aime, cette petite que je ne connais pas, qu'elle a ajouté, et j'en larguerai deux mots dans le pertuis de l'entendement à la citoyenne Beauharnais et à la citoyenne Tallien. » As pas peur ! elle tiendra parole et elle vous fera courir un bon bord !

— La citoyenne Beauharnais ! la citoyenne Tallien !... répéta Rose, mais je viens de les voir !

— Où donc ? demanda Léonore.

Rose raconta la visite que les deux charmantes femmes venaient de rendre à la boutique du *Fidèle-Berger*, et elle rapporta les paroles obligeantes qui lui avaient été adressées.

— Oh ! Dieu est bon ! dit Léonore, car ces deux personnes peuvent beaucoup en ce moment. Et n'avoir plus rien à craindre pour toi, Rose, serait déjà pour nous une grande consolation dans notre malheur

Puis, se tournant vers Charles :

— Mais n'allez-vous pas ce soir chez la citoyenne Tallien ? demanda-t-elle.

— Oui, répondit Charles, elle m'a envoyé une invitation.

— Parlez-lui encore de Rose !

Charles fit un signe affirmatif

— Oh ! fit Léonore, si Blanche était près de nous !

Henri détourna douloureusement la tête ; le marquis serra les poings et son regard lança un jet de flammes.

Léonore s'était levée en étouffant un soupir.

— Tiens ! dit-elle à Rose, nous allons descendre auprès de madame Bertrand.

Toutes deux sortirent, laissant les trois hommes seuls dans la pièce.

Charles s'était jeté sur un fauteuil et avait la tête appuyée sur ses deux mains croisées. Henri, debout près de la fenêtre, paraissait en proie aux réflexions les plus douloureuses. Un profond silence régnait autour d'eux.

Mahurec, toujours à la même place, tournait et retournait son bonnet de laine dans ses doigts avec une expression plus vive d'émotion inquiète.

Ses petits yeux allaient de Charles à Henri, parcouraient la chambre comme pour s'assurer que la porte était bien fermée, puis revenaient fixer sur les deux jeunes gens leurs regards expressifs.

Mahurec rougissait et pâlissait tour à tour comme si les pensées les plus puissantes et les plus contradictoires eussent successivement envahi son cerveau.

Deux fois, en contemplant la douleur de Charles et l'abattement d'Henri, le gabier fit un mouvement comme s'il eût voulu se rapprocher d'eux, et deux fois ses lèvres s'entr'ouvrirent comme s'il eût voulu parler, mais deux fois il s'arrêta et deux fois sa bouche se referma sans laisser échapper une parole.

Un profond soupir se dégagea, semblable à un râle douloureux, de la gorge du marquis d'Herbois. Mahurec fit encore un mouvement, mais il s'arrêta encore.

— Non! non! murmura-t-il, tourne ta langue au taquet, matelot! Tu crois avoir pincé l'aire du vent... mais, minute! Avant de traîner l'espérance à la remorque, faut savoir sur quel fond qu'on navigue! Jette la sonde et veille! Après ça, tu verras à larguer ton rapport!

— Jacquet ne vient pas! dit tout à coup Charles en se levant. Fouché aurait-il changé d'avis?...

— Voici Jacquet! dit vivement Henri qui, placé près de la fenêtre, regardait depuis un instant dans la rue.

— Ah! fit Charles avec un accent de soulagement.

XXX

L'AGENT DE POLICE.

Des pas légers se firent entendre et la porte ouverte, Jacquet entra en costume de muscadin.

Henri et Charles le regardaient avec un étonnement approbatif, car Jacquet n'était pas reconnaissable.

Mahurec ouvrit des yeux énormes !

— Tonnerre de Brest ! dit-il, je veux bien être croché sur l'heure au bout d'une vergue, comme un failli chien que je suis, si j'aurais relevé votre frimousse dans cette air là ! En voilà un déguisement numéro un !... pire que celui du *père la Ligne*, quoi !

Jacquet adressa un geste amical au matelot sans lui répondre autrement, en lançant autour de lui un regard rapide :

— Tout va bien ! dit-il ensuite.

— Quoi ? firent ensemble les deux jeunes gens avec une même expression de joyeux étonnement.

— Fouché accepte !

— Il va s'occuper de la police ? dit Henri.

— Oui.
— Quand cela ?
— Dès ce soir.
— Qu'est-il donc ? demanda Charles.
— Rien encore officiellement. Il travaillera dans l'ombre, pour le compte du bureau de la Convention. Mais dans peu, il exercera en pleine lumière, vous verrez !
— Et vous avez confiance en lui ?
— Si j'ai confiance en lui ! dit Jacquet avec une expression d'admiration profonde. Ce ne sera pas un directeur de la police, ce sera la police incarnée ! Jamais un horizon plus beau ne s'est ouvert devant cette utile carrière ! Fouché est un génie ! Il ne se devine pas encore, mais je l'ai deviné, moi ! C'est l'expression la plus complète de ce que doit être un chef de police !

Les petits yeux de Jacquet flamboyaient. Ce n'était pas un simple agent parlant de son chef, c'était un artiste enthousiaste de son art, admirateur passionné de celui qu'il connaissait pour un grand maître.

Jacquet, homme d'une intelligence supérieure, esprit fin, adroit, rusé, ami de l'intrigue, né pour cette police qui était pour lui son existence, Jacquet avait nombre de fois rongé son frein sous la direction de M. Lenoir.

Durant les dix années qu'il était rentré dans la vie privée, il n'avait eu qu'un espoir, parcourir de nouveau cette carrière pour laquelle il se sentait créé.

Depuis le temps qu'il connaissait Fouché, depuis le fameux voyage à Saint-Nazaire dont nos lecteurs se souviennent, il avait étudié et compris cet homme impénétrable : il l'avait placé dans son esprit à la hauteur où il convenait qu'il fût.

Et maintenant qu'il voyait ce vaste et sombre génie prêt à occuper la place qui était si bien la sienne, Jacquet se sentait revivre ; il se voyait rajeunir, il respirait à pleins poumons enfin dans cette atmosphère d'intrigues, de dangers, de luttes, qui lui était familière.

Si Fouché prenait sa place, lui aussi allait remonter à la sienne.

— Et, dit Henri, Fouché sait...

— Tout ! interrompit Jacquet.

— Il s'occupera de nous ?

— Son honneur y est engagé.

— Mais Blanche ? dit Charles.

— Elle est toujours entre les mains de de Sommes.

— Et de Sommes est-il à Paris ?

— Oui.

— Où cela ?

— Je l'ignore encore, mais laissez organiser le service ; accordez-moi huit jours seulement, et dans huit jours mes hommes sauront tout !

— Huit jours encore ! dit Charles avec impatience.

— Peut-être plus tôt, répondit Jacquet.

— Et le *Roi du bagne* ? fit Henri. Celui-là est important aussi : c'est la cause principale de tous les maux qui nous accablent !

— Le *Roi du bagne* est à Paris.

— Sait-on qui il est ?

— Pas encore non plus. Quatre fois Pâquerette a cru le reconnaître, et quatre fois il s'est trompé ; mais Cormoran, la Baleine et lui sont à cette heure même sur la piste !

— Alors il faut espérer ? dit Henri.

— Sans aucun doute ! répondit nettement Jacquet.

Puis se tournant vers Charles :

— Citoyen Bienvenu, continua-t-il, vous allez ce soir chez la citoyenne Tallien ?

— Je ne sais, répondit le marquis.

— Il faut y aller !

— Pourquoi ?

— Pour y présenter l'un de mes amis

— Qui donc ?

Jacquet se désigna lui-même.

— Voulez-vous aller chez la citoyenne Tallien ? dit Charles avec étonnement.

— Oui, répondit Jacquet.

— Pourquoi ?

— Pour mes affaires. Il faut que je sois reçu dans cette maison, que j'y aie mes coudées franches. Introduisez-moi seulement, je me charge du reste.

— Mais...

— Je ne puis rien vous dire maintenant. Vous saurez tout plus tard.

— Bien ! dit Charles. Vous nous avez témoigné, monsieur Jacquet, un dévouement tellement grand, tellement sincère, tellement désintéressé, vous nous avez donné de telles preuves de votre affection et de votre haute intelligence, que ne point accomplir vos moindres désirs serait un acte d'ingratitude. Vous voulez que je vous présente; je vous y présenterai au titre que vous voudrez prendre...

— Très-bien ! fit Jacquet. A quelle heure irez-vous chez la belle citoyenne ?

— A neuf heures.

— Vous partirez d'ici ?

— Oui.

— A huit heures et demie je viendrai vous prendre, j'aurai ma voiture.

Charles fit un signe affirmatif.

— Vous partez ? dit Henri en voyant Jacquet faire un mouvement vers la porte.

— Oui, répondit l'agent. J'ai affaire, et beaucoup, avant la nuit.

Et, revenant vers les deux jeunes gens :

— Ah ! j'oubliais ! fit-il en fouillant dans les poches de son habit.

Retirant sa main, il présenta successivement au marquis et au vicomte deux œufs mi-partie rouges et blancs, en tous points semblables à celui qu'il avait reçu la veille de l'inconnu dans l'escalier de la rue des Arcis, et à ceux que Gervais avait pris, pour les distribuer à ses amis, dans la corbeille dont l'arrivée, d'une façon si étrange, avait interrompu le repas de fête. Charles et Henri prirent chacun un des œufs qui leur étaient offerts à tous deux et les regardèrent avec étonnement.

A la vue des œufs rouges et blancs, Mahurec avait

poussé un cri sourd, comme si la bizarrerie de ces œufs lui eût causé l'impression la plus inattendue et la plus profonde.

— Qu'est-ce que cet œuf? demanda Charles.

Jacquet reprit l'œuf, le tourna, et dans la partie rouge qui recouvrait le gros bout, il fit distinguer aux deux jeunes gens un point imperceptible qui se trouvait placé au sommet de la coquille.

— Prenez une épingle, dit Jacquet d'une voix rapide, appuyez-en doucement la pointe à cet endroit de la coquille, aussitôt l'œuf s'ouvrira. Dans chacun de ces œufs vous trouverez l'explication de ce qu'ils signifient, explication que le temps ne me permet pas de vous donner, mais dont vous comprendrez facilement toute l'importance dès que vous en aurez pris connaissance.

Charles et Henri se regardèrent avec étonnement.

— Ce soir, à huit heures et demie, citoyen Bienvenu, ajouta Jaquet.

Et, ouvrant la porte, il s'élança rapidement au dehors.

— Que peuvent signifier ces œufs rouges? dit Charles en regardant encore Henri après le brusque départ de Jacquet.

Et il tournait et retournait dans sa main le singulier objet qu'y avait placé l'agent de police.

— Tonnerre de Brest! ouvrez! ouvrez vite, mon commandant! cria Mahurec dont l'inexplicable émotion à la vue des œufs rouges semblait redoubler et dégénérer en impatience fiévreuse.

— Qu'as-tu donc? fit Henri en s'apercevant enfin de l'état de surexcitation du gabier.

— Rien!... Rien!... balbutia Mahurec. Vous saurez après de quoi il retourne... mais ouvrez!... ouvrez vite! Tenez! voilà des épingles!

Et Mahurec ouvrit sa veste, et prit sous le revers du vêtement deux grandes aiguilles de voilier.

Charles et Henri se saisirent des instruments pointus et en appuyèrent l'extrémité acérée sur les petits points qu'avait indiqués Jacquet.

Les deux œufs s'ouvrirent aussitôt.

Chaque coquille vide contenait un papier roulé en boule et tenant la place de l'intérieur de l'œuf.

De plus en plus surpris, Charles et Henri déposèrent les coquilles sur une table et développèrent les papiers qui étaient recouverts d'une écriture fine, serrée, mais tracée très-nettement.

— Tonnerre de Brest! fit Mahurec en se frottant les mains. C'est-il heureux, mon commandant, qu'à Saint-Vincent vous ayez passé votre temps à m'apprendre à lire et que ma boussole ait gardé le point! Vous permettez, hein!

Et il se pencha sur l'épaule de Charles. Le jeune homme s'effaça pour mieux permettre au gabier de lire en même temps que lui.

Quand Charles eut achevé la lecture du papier qu'il tenait, il releva la tête.

Henri avait fini également et, faisant un mouvement semblable, les regards des deux jeunes gens se rencontrèrent.

Ces regards exprimaient le plus grand saisissement de l'esprit.

Sans prononcer une parole, ils se tendirent mutuellement les deux papiers, les échangèrent, et chacun reprit sa lecture, Mahurec toujours penché sur l'épaule du marquis.

A mesure que les regards parcouraient les papiers que froissaient convulsivement les doigts, la physionomie des trois lecteurs reflétait ce que produisait intérieurement sur eux la contenance de chaque écrit.

Henri et Charles étaient devenus tous deux très-pâles, Mahurec était cramoisi.

Les regards des deux jeunes gens devenaient plus sombres et plus chargés de tristesse, celui du gabier étincelait et un rayon de joie partait à chaque instant de sa prunelle dilatée.

— Grand Dieu! fit enfin Charles en laissant retomber la main qui tenait le papier. Des hommes peuvent-ils donc rêver de telles monstruosités! Oh! pauvre France! pauvre France!

— Deux cent mille têtes! dit Henri.

— Quelle horreur! que devons-nous faire?

— Garder précieusement ces œufs et ces papiers. Cet infernal complot n'est plus à craindre, puisque Jacquet et Fouché l'ont découvert.

— Pourquoi alors Jacquet nous a-t-il remis ces œufs?

— Je ne devine pas! fit Henri en cherchant dans son esprit.

Mahurec, qui s'était tenu en arrière depuis quelques instants, s'avança brusquement entre les deux jeunes gens. La figure du gabier rayonnait de la plus fière espérance :

— Mes commandants, balbutia-t-il d'une voix extrêmement émue, mes commandants... tout à l'heure... jà... je voulais... parce que... c'est-à-dire, non, je ne voulais que... mais... tonnerre de Brest!...

— Quoi! interrompit Charles avec impatience.

Mahurec fit un effort.

— Mon commandant! reprit-il d'une voix assurée, vous savez si le gabier vous est dévoué à tous deux comme la *drisse* à la *flamme!* Mon commandant! je n'ai jamais brassé à culer devant ma parole, eh bien! tonnerre de Brest! écoutez celle-là! Vous avez le cœur chaviré par rapport à mademoiselle Blanche, pas vrai? Vous avez l'âme en panteune, parce que la pauvre chère mignonne est aux griffes d'un *hâle bouline* dont je ne voudrais pas pour bourrer ma pipe! On ne sait pas dans quelle erre qu'elle est, cette pauvre demoiselle; Jacquet et les autres courent des bordées pour venir dans ses eaux. Eh bien, écoutez-moi! Je saurai où elle est, moi! je le saurai avant peu de jours! je la trouverai, je la verrai, et je vous jure sur mon Dieu que je vous la ramènerai! Oui! continua Mahurec avec un accent plus expressif, je vous la rendrai, moi tout seul, cette chère créature, et pour que je ne la croche pas au failli chien qui la garde, il faudrait qu'il n'y ait plus de doigts à mes mains, plus de sang dans mes veines! As pas peur, mon commandant! Vous avez eu soin jadis de la bonne vieille mère du gabier, à cette heure le gabier payera sa dette! Gardez les œufs rouges du citoyen, gardez-les! car c'est eux qui m'ont donné le relèvement. Tonnerre de Brest! mon commandant, Mahurec n'a jamais menti!...

En achevant ces mots, Mahurec s'élança et, d'un seul bond, il atteignit la porte de la chambre.

— As pas peur! dit-il encore, le gabier est là!

Et il disparut avant qu'aucun des deux jeunes gens eût pu faire un pas vers lui.

— Mahurec! s'écrièrent-ils à la fois; mais le matelot descendait déjà rapidement l'escalier.

— Qu'a-t-il voulu dire? que signifient ces paroles? s'écria Charles en se précipitant vers la fenêtre pour voir sans doute Mahurec à sa sortie de la maison.

— Mais il est fou! dit Henri.

— Oh! fit Charles en frappant du pied avec impatience. Cette inaction me pèse! Mon ami, il faut que j'agisse, il faut que je fasse... Mais que faire? mon Dieu, que faire?... Ah! que n'ai-je devant moi tous nos ennemis! Je combattrais au moins, mais je me perds dans ces réseaux d'intrigues!

— Charles! Charles! dit Henri effrayé de la surexcitation à laquelle son ami semblait en proie. Patience et courage! Oh! ne crois pas que je souffre moins parce que Léonore est près de moi! Je te le jure, Charles! Léonore ne sera ma femme que le jour où Blanche te sera rendue!...

— Et l'infamie qu'un jugement fait peser sur nos noms, s'écria Charles, la leur apporterions-nous donc en dot?...

Henri frissonna et courba la tête.

En ce moment Mahurec, après avoir quitté la rue des Lombards, gagna rapidement les quais, traversa la première partie du Pont-Neuf et se dirigea, au pas de course, vers la Cité.

Les expressions les plus différentes se succédaient sur la physionomie mobile du matelot.

— Les œufs rouges... les Jacobins... tout le *bataclan*! murmurait-il. Ah! si j'avais su cela ce matin!... Tonnerre!... je crois que je suis en chasse! Gare aux gueux de corsairien!... Je l'accoste et je le coule! En avant l'abordage en grand!

Le matelot avait dépassé le palais de Justice et s'engageait alors dans cette myriade de rues étroites, sombres, boueuses, tortueuses, qui formaient, à cette époque, le cœur de la vieille Cité parisienne et qui ont heureusement disparu depuis sous les coups de marteau de l'édilité de la capitale.

— Minute! fit le gabier en s'arrêtant et en regardant autour de lui, relevons le point! Il ne s'agit plus de faire fausse route.

Deux rues s'offraient à lui, l'une à droite, l'autre à gauche.

— Bâbord ou tribord? continua-t-il en réfléchissant. Le particulier de ce matin venait sous le vent à moi et il a fait son abattée à tribord... Pour lors donc, faut que je fasse la mienne à bâbord et j'aurai le vent en poupe!

Et Mahurec tourna à gauche.

La rue, petite et affreuse, dans laquelle il s'engageait, était la rue aux Fèves.

Mahurec parcourut cette voie étroite, sur le pavé fangeux de laquelle le soleil ne donnait jamais et le jour parvenait à peine.

Vers les deux tiers de cette rue (à l'endroit où passe aujourd'hui la rue de Constantine) s'élevait une maison très-haute, au ventre saillant, au pignon aigu, noir et enfumé, dernier vestige des constructions du moyen âge.

Une boutique sale, à l'aspect repoussant, occupait le rez-de-chaussée de cette maison. De cette boutique, qui avait l'apparence d'un ignoble cabaret où devait s'assembler le rebut de la société la plus basse, partaient des chants furieux, des cris frénétiques.

— C'est là! se dit Mahurec en s'arrêtant devant la porte de cet établissement sans nom. Je relève le point.

Et, les deux mains dans ses poches, le nez au vent, le regard assuré, le gabier, sans hésiter, pénétra dans cet antre dont la porte vitrée, garnie d'un rideau de calicot rouge en loques, se referma lourdement sur lui.

Quatre heures sonnaient alors à l'horloge du Palais-de-Justice.

XXXI

LA LETTRE.

En sortant de chez lui, Gervais, passant son bras sous celui de Gorain, avait entraîné le digne propriétaire dans la direction de la rue de la Féronnerie quand ils atteignirent la rue Saint-Honoré.

— Gervais! dit tout à coup Gorain en ralentissant la marche rapide de son ami, Gervais! est-ce bien prudent ce que nous allons faire?

— Comment! si c'est prudent? fit Gervais avec surprise.

— Oui!... je ne sais pas... mais...

— Et quelle imprudence allons-nous commettre?

— Mais dame! si c'était un piége...

— Quoi?

— Cette lettre!

— Allons donc! fit Gervais en haussant les épaules.

— Est-elle bien du citoyen Sommes?

— Il me semble que vous connaissez son écriture comme moi...

— Tutoie-moi! tutoie-moi! dit vivement Gorain, on pourrait nous entendre et on nous prendrait pour des aristocrates. Voyons, Gervais, tu es bien certain que cette lettre est du citoyen Sommes?

— J'en suis sûr.

— Et pourquoi nous écrit-il?

— Pour nous mettre à même de faire notre fortune.

— Mais pourquoi nous met-il à même de faire notre fortune?

— Parce qu'il nous aime!

— Il nous aime? dit Gorain en secouant la tête; ce n'est pas une raison cela!

Gorain était incapable de faire la fortune de quelqu'un pour tout autre motif que celui de son intérêt propre, et naturellement ce sentiment qu'il ne pouvait éprouver, il ne l'admettait pas chez un autre.

— Tout cela n'est pas clair! finit-il par dire.

— Comment, pas clair? s'écria Gervais.

— Non! non!...

— Cependant...

— Mon cher ami, interrompit Gorain, tu reviens à Paris avec tes idées d'autrefois, mais les temps sont bien changés et les hommes... Enfin, je ne veux dire de mal de personne, mais il me semble que, si nous prenions quelques informations sérieuses avant de...

— Gorain! Gorain! s'écria Gervais, tu me fais rougir pour le digne ami qui nous veut obliger! Des informations à prendre! sa conduite peu claire!... mais tu n'as donc pas lu sa lettre? Tiens, écoute!

Et Gervais, fouillant dans la poche de son habit, en retira la lettre qu'il venait de recevoir.

— Mettons-nous dans cette embrasure de porte, dit vivement Gorain, qu'on ne puisse pas nous entendre.

Gervais se laissa conduire.

— Là! dit-il quand il vit que Gorain se trouvait satisfait de la place qu'il avait choisie; écoute.

Et il lut à voix basse :

« Excellent citoyen,

« La nouvelle de ton retour en France, celle de ton arrivée à Paris, ont été pour moi un véritable bonheur, car je ne saurais oublier que je suis en partie cause de tes nombreuses tribulations... »

— C'est pourtant vrai ce qu'il dit ! fit Gervais en interrompant sa lecture ; sans lui, je ne serais pas allé à Saint-Cloud.

— A Cloud ! dit vivement Gorain : il n'y a plus de saints : les saints sont des aristocrates !

— Et si je n'avais pas été à Cloud... reprit Gervais.

— Après ?... la lettre ? interrompit Gorain.

« ... Et je me suis toujours promis de réparer ma faute involontaire, » continua Gervais.

— Excellent homme ! ajouta-t-il en s'arrêtant.

— Après ? après ?... fit Gorain.

« — Aujourd'hui, reprit Gervais, par un hasard réellement miraculeux et qui prouve la puissance de l'Être suprême, ton arrivée à Paris coïncide précisément avec cette occasion de t'être utile que je recherchais si activement. Il s'agit d'une nouvelle fourniture pour les armées de la République, c'est-à-dire d'un gai énorme et assuré... »

— Un gain énorme et assuré ! répéta Gervais en frappant de l'index de la main droite le papier qu'il tenait de la main gauche.

— Oui ! oui ! j'entends bien ! dit Gorain, et cela ne m'étonne pas ! Les munitionaires ont remplacé avec avantage ces aristocrates de ci-devant fermiers généraux.

— Tu vois bien, alors !...

— Après ?... après ?

« — Le comité m'a laissé la libre disposition de cette fourniture, continua Gervais en reprenant sa lecture, et en apprenant ton retour à Paris, j'ai pensé aussitôt à toi, et pour t'assurer autant que faire se peut cette occasion unique de faire ta fortune, je t'envoie, avec cet avis, la corbeille contenant six œufs mi-rouges, mi-blancs, qui est, comme tu dois le savoir, la manière symbolique employée par le comité de la guerre pour accréditer près de lui ses fournisseurs principaux... »

— Par exemple, je ne savais pas cela ! dit encore Gervais en s'interrompant.

— Ni moi ! fit Gorain.

— C'est incroyable comme on apprend des choses nouvelles en avançant dans la vie !

— Oui! qui aurait jamais pu croire que des œufs rouges, comme on en vend chez les fruitières, servaient au gouvernement pour correspondre avec ses agents!

— Oh! je trouve cela très-beau, moi!

— Moi aussi, Gervais!

— Seulement, je voudrais qu'il fût défendu d'en vendre.

— Mais que dit encore la lettre?

— Je reprends:

« J'espère, citoyen Gervais, qu'après ce léger service, que je suis heureux de te rendre, tu ne conserveras plus de rancune contre moi à propos du mal involontaire que je t'ai causé... »

— Je le crois bien; excellent ami!

« Et comme tu ne peux être seul pour faire cette affaire importante, je te prie de prendre pour associé, de préférence à tout autre, ton digne ami Gorain... »

— Mon nom y est? interrompit le propriétaire.

— En toutes lettres!

Gervais montra le papier à Gorain.

— C'est vrai! dit celui-ci. Ensuite.

— Ensuite, reprit Gervais, il y a des compliments affectueux, et puis la recommandation de nous trouver ce soir, à sept heures, dans les galeries du Palais-Égalité... Eh bien! Gorain, as-tu encore quelque objection à faire?

— Tu es bien sûr que cette écriture est celle du citoyen Sommes? demanda Gorain.

— Je t'en réponds! je te l'affirme!

— Alors, c'est bien beau!

— C'est superbe!

« Je ne l'avais pas bien comprise, cette lettre, en la lisant chez toi. Dans le premier moment, j'étais tout ébaubi... mais maintenant...

— Tu es convaincu?

— Certainement. D'ailleurs, qu'est-ce qu'on pourrait nous faire? Seulement...

— Quoi?

— Puisque le rendez-vous est pour sept heures, nous eussions pu attendre chez toi...

— J'avais besoin de prendre l'air, interrompit Gervais. Une pareille nouvelle, surtout quand on arrive, comme moi, du bout du monde, est faite pour vous agiter! Munitionnaire!... comprends-tu, Gorain? La fortune et les honneurs!

— Chut! il ne faut rien dire!

— Pourquoi cela?

— Si on nous entendait!

— Eh bien! ne sommes-nous pas les agents du gouvernement, les protégés du comité de la guerre?

— Oui, mais il faut être prudent!

— Et dire, ajouta Gervais, que tous les munitionnaires ont des œufs rouges comme ceux que j'ai reçus!

— C'est sans doute pour que cela leur serve à se reconnaître entre eux.

— Probablement.

— C'est superbe!

— C'est magnifique!

Et les deux amis, dans l'enthousiasme que leur causait leur nouvelle position sociale, doublèrent le pas en remontant la rue Saint-Honoré.

— Mais, fit observer Gervais, avec tout cela, il ne nous dit pas quelle espèce de fourniture nous allons avoir à faire.

— Il nous le dira ce soir.

— Ah! nous le trouverons au Palais-Égalité?

— Oui, puisqu'il nous dit de l'y attendre.

— C'est encore vrai! En vérité, je ne sais plus où j'ai la tête!

— Le Palais-Égalité, répéta Gervais; je ne suis pas fâché de le revoir, moi qui l'ai quitté Palais-Royal...

— Ci-devant royal! se hâta d'interrompre Gorain.

— Paris n'est pas changé, après tout, confirma l'ex-voyageur en regardant les maisons autour de lui; mais c'est bien agréable de s'y retrouver après être parti depuis si longtemps! Ah! fit-il en s'arrêtant, je m'y reconnais : voici la rue de l'Arbre-Sec et la rue des Vieilles-Étuves; là-bas est l'hôtel d'Aligre...

— Ci-devant d'Aligre! dit encore Gorain en secouant fortement le bras de son ami.

— Et voilà bientôt le Palais-Égalité! Ouf! il me semble que je n'ai pas respiré, depuis deux ans, comme je respire aujourd'hui! L'air de Paris ne se retrouve nulle part! Entrons au Palais-Égalité, Gorain! J'ai hâte de revoir ses galeries, son jardin, ses bassins, ses arbres; et le *Café mécanique*, y est-il toujours?

— Il y a fait banqueroute, répondit Gorain.

Les deux amis traversaient alors la place du Palais-Égalité, petite, difforme, comme elle était encore quelques années après la révolution de juillet 1830.

C'était l'heure de la promenade, et une foule bigarrée composée de tous les éléments de la société, depuis les plus élevés jusqu'aux plus bas, envahissait les abords du palais, ses galeries et son jardin. Gervais ouvrait des yeux énormes; il regardait et admirait; il s'ébahissait en homme n'ayant pas contemplé depuis de longues années les splendeurs et les merveilles de la capitale. En effet, Gervais pouvait être, à bon droit, étonné de tout ce qu'il voyait, de tout ce qu'il entendait. Le Paris de 1792 ressemblait bien peu au Paris de 1795. Entre les deux, il y avait eu la *Terreur* et tout l'établissement des institutions républicaines. Mœurs, coutumes, costumes, usages, langage même, tout était changé.

Gervais avait hâte, en vrai Parisien qu'il était, de se retremper dans cette atmosphère que l'on ne respire que dans le centre de la capitale, ce centre formant un Paris dans Paris, et ce Paris-là étant le seul et unique méritant la renommée de son nom prestigieux. Entraînant Gorain, qui se laissait conduire, il marchait en véritable badaud, ouvrant des yeux énormes, se heurtant aux passants, s'arrêtant devant chaque boutique, stationnant devant chaque affiche et poussant des exclamations de surprise et de joie à chaque pas, à chaque temps d'arrêt.

— Tiens! fit-il en reconnaissant la rue qu'il traversait, la rue de Richelieu n'a pas changé.

Gorain serra énergiquement le bras de son compagnon.

— Chut! fit-il.

— Quoi? demanda Gervais avec étonnement.
— C'est la rue de la Loi qu'il faut dire.
— Ah! on l'a débaptisée aussi, elle?
— Chut! fit encore Gorain.
— Quoi? répéta Gervais.
— Il n'y a plus de baptême.
— Bah!

Les deux amis entraient sous les galeries du Palais-Égalité.

— Voyons! fit Gervais en s'arrêtant, que je me souvienne un peu depuis combien de temps je n'ai vu le Palais-Roy... Égalité!

Un nouveau coup de coude de Gorain avait arrêté l'épithète, dangereuse à prononcer, sur les lèvres de Gervais.

— Voyons! reprit celui-ci en faisant mentalement ses calculs, nous sommes aujourd'hui... mercredi...
— Chut! dit Gorain.
— Quoi?
— Il n'y a plus de mercredi...
— Comment! plus de mercredi?
— Eh! non! pas plus que de jeudi, de vendredi, de samedi, de dimanche ni de lundi...
— Qu'est-ce qu'il y a donc alors dans la semaine?
— Chut!
— Mais saperlotte!...
— Il n'y a plus de semaines!
— Plus de semaines!
— Non! il y a des décades. Le calendrier d'autrefois était aristocrate, les bons patriotes l'ont changé!
— Ah! bah! fit Gervais.

Le malheureux voyageur commençait à tomber de surprise en surprise. Revenu en France depuis quelques jours à peine, ainsi que nous le verrons bientôt, car Gervais n'était pas arrivé en même temps que Charles et que Léonore, l'ami du citoyen Gorain n'était au courant d'aucun des nouveaux usages. Il croyait retrouver la France et son Paris tels qu'il les avait laissés, et il s'apercevait, à chaque pas nouveau qu'il faisait sur le sol natal, du changement radical qui s'y était opéré. Gorain surtout, dans sa terreur incessante d'être compromis et de devenir *suspect*, ne passait rien à son compagnon.

— Des décades, répéta Gervais, mais comment se nomme alors le jour où nous sommes?
— Il s'appelle *septidi*, répondit Gorain.
— Bon! septidi. Quel saint est-ce cela?
— Chut!
— Comment?
— Il n'y a plus de saints!
— Hein?
— Tous des aristocrates!
— Mais, mon patron...
— Silence, donc! Veux-tu nous faire arrêter?
— Sapristi! je ne sais plus où j'en suis, moi!
— Septidi est consacré au *bouleau*.
— Au bouleau?
— Oui!
Gervais tombait de son haut.
— Enfin, reprit-il, nous sommes en mars!...
— Veux-tu te taire!
— Quoi encore?
— Nous sommes en *germinal!*
Gervais leva les bras au ciel.
— Mars était donc aussi un aristocrate comme ce pauvre mercredi? dit-il...
— Il paraîtrait, répondit Gorain.
— Voilà qui est bien étonnant. Dire qu'en l'année 1795....
— Chut donc! fit Gorain avec colère; nous sommes en l'an III!
— L'an III?
— Oui.
Gervais crut qu'il rêvait ou que Gorain était devenu fou.
— Voyons! reprit-il, quel jour sommes-nous, décidément?
— Septidi de germinal an III de la République une et indivisible! répondit Gorain.
— C'est vrai, ce que vous...?
— Tutoie! tutoie malheureux!

— C'est vrai, ce que tu dis là?

— Vrai comme il n'y a qu'un Être suprême!

— Un *Être suprême*? répéta Gervais en baissant la voix, car il craignait de dire une nouvelle sottise. Autrefois on disait : Vrai comme il n'y a qu'un Dieu!

— Il n'y a plus de Dieu! dit vivement Gorain.

— Pas possible!

— Ça été décrété!

— Eh bien! mais la messe...

— Il n'y a plus de messe!

— Alors les églises...

— Il n'y a plus d'églises!

— Ah! s'écria Gervais poussé à bout; mais il n'y a donc plus rien du tout!...

— Il y a encore la guillotine! murmura Gorain.

Le pauvre Gervais était abasourdi; il n'osait plus parler.

— Voyons! dit-il timidement, répète-moi encore quel jour nous sommes?

— Septidi de germinal an III! répondit Gorain.

— Et quand mon épouse fait une facture, elle est obligée de la dater ainsi?

— Oui.

— Et elle a pu s'y habituer?

— Il le fallait bien!

— Moi, je ne pourrai jamais!

— Alors, tu te feras guillotiner!

— Bigre! fit Gervais, si j'avais su, je serais resté chez les sauvages!

— Chez les sauvages, on ne devient pas munitionnaire! dit une voix dont le souffle glissa à l'oreille des deux bourgeois.

Gervais et Gorain s'arrêtèrent subitement; ils se retournèrent d'un même mouvement. Ils étaient alors sur le seuil de l'une des arcades donnant sur le jardin : la foule se pressait derrière eux et devant eux. Ils virent la masse des promeneurs et des curieux examinant les boutiques, mais rien ne leur décela le personnage dont la voix était venue s'immiscer d'une façon si mystérieuse à leur entretien. Gervais était stupéfait,

Gorain tremblait de tous ses membres.

— Tu... tu... tu... es perdu! balbutia Gorain.

— Comment, perdu? dit Gervais en devenant très-pâle.

— On a entendu ce que tu as dit... Tu passes pour un ennemi de la République...

— Moi!...

— Sauvons-nous dans le jardin!...

Et Gorain entraîna Gervais au milieu de la foule des promeneurs.

— Mais... mais, dit tout à coup Gorain, je suis compromis aussi, moi!

— Comment? balbutia Gervais.

— On va peut-être nous arrêter...

— Nous arr...

Gervais vacilla sur ses jambes; il voyait déjà la guillotine en perspective.

— Aussi, s'écria Gorain auquel la peur redonnait de l'énergie, tu vas parler d'un tas de choses...

— Dame! je ne savais pas, moi!

— Si nous allions nous cacher?

— Allons!

Les deux braves amis voulurent hâter leur marche, mais leurs jambes tremblaient et refusaient le service.

— Heureusement, reprit Gervais en se ravisant, que le citoyen Sommes nous protége et que nous sommes munitionnaires! Que diable! des munitionnaires ne se traitent pas comme les premiers venus!

— C'est vrai, dit Gorain en se rassurant un peu. Nous sommes munitionnaires! Je n'y pensais plus, moi!

— Et nous avons même les signes dans...

— Les œufs! interrompit Gorain. Est-ce que tu en as pris?

— J'en ai deux dans ma poche!

— Vite! vite! donne-m'en un et prends l'autre. En nous les voyant à la main, on nous reconnaîtra pour des fournisseurs de la République, puisqu'il paraît que c'est à cela qu'on les distingue, et dès lors on n'osera plus nous arrêter si on en a envie!

— Bonne idée! dit Gorain en fouillant dans sa poche.

Il en tira deux des œufs rouges de la corbeille, en garda un et donna l'autre à Gorain.

Puis tous deux reprirent leur promenade, la main ouverte et chaque œuf rouge bien placé en évidence.

A demi rassurés par la superbe position sociale qu'ils croyaient occuper tous deux, et dont ils pensaient tenir à la main les glorieux insignes, Gorain et Gervais se mêlèrent aux beaux *muscadins* et aux jolies citoyennes qui envahissaient les allées du jardin.

Tout d'abord personne ne sembla attacher la moindre importance aux deux promeneurs; mais bientôt quelques regards s'arrêtèrent sur les œufs pour se reporter ensuite sur les visages de ceux qui les portaient.

— Vois-tu! vois-tu! dit Gervais en se redressant, on nous remarque!

— Oui, dit Gorain, nos œufs font leur effet.

— Et on se dit en nous voyant : Voilà deux munitionnaires!

— Deux gros fournisseurs de l'État!

— Des gaillards qui doivent avoir du foin dans leurs bottes! Décidément la République a du bon!

— C'est aussi mon avis!

— Ah! voilà une belle citoyenne qui nous sourit!

— Et un muscadin qui cligne de l'œil en nous regardant.

— C'est agréable, tout de même, d'inspirer l'envie!

— C'est l'avantage d'une belle position!

Et Gorain et Gervais, jouant tout en causant avec leurs œufs rouges, qu'ils considéraient comme un talisman infaillible, les faisant sauter doucement dans le creux de leur main, se plaisaient à les faire admirer aux regards curieux. En pensant qu'on s'occupait d'eux, les bons amis ne se trompaient pas. Plusieurs promeneurs, en passant, leur avaient adressé quelques signes d'intelligence auxquels ils n'avaient naturellement rien compris. D'autres leur avaient souri;

d'autres encore leur avaient lancé des regards étincelants. Gorain et Gervais ne se sentaient pas d'aise. Comme ils atteignaient l'entrée des galeries de bois, un groupe de causeurs se trouva en face d'eux. L'un des causeurs les laissa arriver à sa hauteur, puis, se tournant brusquement :

— Ce soir, à huit heures ! dit-il à voix basse.

— Hein ! fit Gorain avec étonnement.

— Au lieu convenu !

— Plaît-il ? ajouta Gervais.

L'inconnu sourit, et, ouvrant sa main fermée, il fit voir aux deux bourgeois un œuf tout pareil à ceux qu'ils avaient eux-mêmes.

— Ce soir ! répéta-t-il en reprenant sa place dans le groupe.

— C'est aussi un munitionnaire ! dit Gervais à l'oreille de Gorain.

— Sans doute ! répondit celui-ci : il a l'œuf.

— Il a dit ce soir...

— A huit heures...

— Au lieu convenu !

— Pourquoi ?

— Il y a peut-être une réunion de munitionnaires.

— C'est probable.

— Nous devons y aller.

— Mais nous ne savons pas où ?

— Il faut le demander.

Et Gervais, entraînant son compagnon, retournait avec lui sur ses pas pour revenir près de l'inconnu dont ils s'étaient éloignés en courant, lorsque des doigts secs, touchant légèrement l'épaule du premier des deux bourgeois, le firent arrêter sur place. En dépit de l'assurance qu'il avait reconquise, Gervais frissonna et se retourna vivement en faisant faire une pirouette à Gorain. Un homme vêtu en muscadin, c'est-à-dire ayant la figure à demi-cachée, par sa cravate, ses cheveux et son chapeau, se tenait devant les deux bourgeois. Cet homme portait à la main droite une canne énorme qui avait l'aspect d'une véritable massue, et sa main gauche était enfoncée dans la poche de son habit. Retirant vivement cette main, il fit voir aux deux amis l'extrémité d'un œuf rouge.

— Vous comprenez? dit-il.

Les deux bourgeois, ne comprenant pas du tout, ne répondirent pas.

— Imprudents! fit le muscadin en désignant du geste les œufs que tenaient les deux hommes.

— Quoi! fit Gervais, il ne faut pas montrer...

— Cachez ces œufs! interrompit le muscadin.

Gorain et Gervais obéirent.

— C'est toujours pour ce soir? dit Gorain d'un air entendu.

— Oui, répondit l'homme.

— A neuf heures?

— A neuf heures.

— Où cela?

— Au lieu convenu.

— Ah! voilà le *hic!* fit Gervais. Où prenez-vous le lieu convenu?

Le muscadin toisa les deux amis d'un air inquiet.

— Vous ne le savez pas? demanda-t-il.

Gorain et Gervais firent un signe négatif.

— Depuis quand avez-vous donc ces œufs? demanda encore l'homme à voix basse.

— Depuis tantôt... dit Gorain.

— Aujourd'hui seulement, ajouta Gervais.

— Ah! vous êtes nouvellement inscrits?

— Oui.

— Et on ne vous a pas donné d'instructions?

— Aucune.

— On a eu tort.

— C'est mon avis, dit Gorain.

— Alors, reprit Gervais, le lieu convenu c'est?...

Le muscadin le regarda sans répondre.

— Soyez ici, à cette place, ce soir à huit heures et demie! dit-il; je vous conduirai moi-même.

— Décidément, il y a réunion? demanda Gorain.

— Oui.

— Pour la grande affaire?... fit Gervais d'un air malin.

— Vous le saurez.

— Très-bien, citoyen, tu es bien bon !

— Le citoyen est peut-être pour la fourniture des armes ? ajouta Gervais.

— C'est possible, dit l'autre, mais ce n'est pas le lieu de parler d'affaires.

— C'est juste.

— Ce soir, ici, à huit heures et demie.

— Et ne montrez plus ces œufs, sinon...

Le muscadin fit un geste de menace.

— Mais... commença Gervais.

Le muscadin tourna sur ses talons et quitta brusquement les deux amis.

— Encore un munitionnaire! dit Gervais.

— Un collègue ! ajouta Gorain.

— Mais il y en a beaucoup, savez-vous !

— C'est même inquiétant.

— Je suis sûr que j'ai deviné juste, et que celui-là fournit les armes.

— Je ne dis pas le contraire. Il paraît qu'il y a grande réunion ce soir; c'est sans doute pour discuter un marché. Ah çà! mais avant de nous lancer là-dedans, il faut que nous fassions ensemble nos petites conditions particulières...

— Faisons-les, mon compère !

— Chut ! Dis donc : citoyen !

XXXII

LA MAISON DE LA RUE BEAUJOLAIS

Dans cette maison de la rue Beaujolais portant le numéro 10, il y avait, au rez-de-chaussée, une boutique bizarre dans ses ventes, car il y avait là tout ce qu'un homme et une femme pouvaient acheter pour s'habiller et s'orner de bijoux.

Dans l'arrière-boutique, trois hommes assis autour du poêle qui leur servait de table (car sur ce poêle on voyait des verres et des carafons à demi remplis de liqueurs), trois hommes causaient avec une animation extrême, en ayant soin cependant de ne pas élever la voix de façon à être entendus du dehors. Il était impossible, dans l'ombre qui régnait, de distinguer les traits des trois interlocuteurs, mais au son de la voix on pouvait facilement reconnaître des hommes dont l'âge approchait des limites de la maturité.

— Tu les as vus? disait l'un d'eux qui semblait parler avec un ton de commandement.

— Oui, répondit une voix rude.
— Et ils sont tous trois ?
— Dans la maison du *Fidèle-Berger*.
— Bien ! nous nous occuperons d'eux plus tard.
— Oui, ajouta une troisième voix, il s'agit moins des dangers venant de ce côté que de ceux provenant de l'autre.
— Pick a raison, reprit la seconde voix, il est temps d'agir, Bamboula !
— Croyez-vous que Camparini ne soit pas sur ses gardes ?
— Tu l'as vu, toi, Roquefort !
— Oui, répondit la seconde voix.
— Eh bien ?
— Il m'a reçu à merveille.
— Il ne se doute de rien, alors ?
— De rien !
— D'ailleurs, reprit Pick, quand il se douterait de quelque chose, que nous importe ?
— Beaucoup ! dit Bamboula.
— Comment?
— Camparini n'est pas homme à manquer de précautions, et avec lui une lutte ouverte serait trop dangereuse.
— Tu as peur ?
— Non, mais je veux prévoir toutes les mauvaises chances, afin de ne conserver que les bonnes.
— Cependant la position est simple et lucide. Camparini jouit de toute la fortune de sa femme, l'ex-marquise d'Horbigny ; or, cette fortune appartenait à l'enfant de la marquise, l'enfant est mort. La substitution qui a eu lieu est facile à prouver, maintenant que l'autre petite est à Paris (c'est même un fier service que les marins nous ont rendu en la ramenant). La substitution prouvée, Camparini est ruiné, et cette substitution, nous la prouverons. Dès lors Blanche rentre en possession de la fortune de la folle. Tu as toujours l'acte de donation ?
— Il ne me quitte jamais.
— Eh bien ! agissons, il est temps. Jusqu'ici nous ne

savions où était Rose, mais puisqu'elle est revenue, ne perdons plus de temps!

— Il faut attendre cependant, dit Bamboula.
— Attendre encore?
— Il le faut!
— Mais pourquoi?
— D'abord parce que, pour agir contre Camparini, il faut que Blanche devienne ma femme, sans quoi quels sont mes droits?
— Eh bien! force-la à t'épouser?
— Eh! le moyen avec cette loi stupide que l'on ne sait comment violer!
— Le moyen est facile, cependant, dit Pick.
— Comment?
— Veux-tu que je te le donne?

Bamboula se leva vivement.

— Tu as le moyen de contraindre Blanche à m'épouser? dit-il.
— Oui, répondit nettement l'ex-agent de M. Lenoir.
— Dans un court délai?
— Dans moins de huit jours!
— Alors, dit Bamboula, ce moyen, donne-le promptement, car si tu as trouvé un expédient pour forcer Blanche à devenir ma femme, j'en ai trouvé un, moi, pour nous débarrasser à jamais du *Roi du bagne!*

Roquefort et Pick se levèrent à leur tour.

— Nous débarrasser à jamais de Camparini! dirent-ils ensemble avec une intonation dénotant toute l'importance qu'ils attachaient à la crainte que leur inspirait le hideux monarque.

— Oui! dit Bamboula.
— Comment? fit Pick.

Bamboula prit un objet placé sur le poêle au milieu des verres et des flacons, et le fit sauter dans sa main ouverte.

Pick et Roquefort se penchèrent pour regarder.

— Voilà le moyen! continua Bamboula.
— Un œuf rouge! dit Roquefort avec étonnement.
— Quoi! fit Pick, il en est?
— Oui!

— Comment l'as-tu su ?

— J'ai ma police.

Pick s'inclina, comme s'il reconnaissait son infériorité en présence de l'ex-comte de Sommes.

— Nous t'écoutons, dit-il.

— Parle d'abord, répondit Bamboula. Le moyen de contraindre Blanche à me donner sa main et à nous faire nager dans un flot de richesses ?

— C'est simple comme deux et deux font quatre, répondit Pick en reprenant son siége. Seulement il y aura peut-être du sang à verser.

Bamboula haussa dédaigneusement les épaules.

XXXIII

TROIS TÊTES DANS UN BONNET

— Voyons, reprit Bamboula après un moment de silence, ton moyen?

— Voici la chose, répondit Pick. C'est une idée qui nous est venue à Roquefort et à moi ce matin même, en sortant de la rue des Lombards, et après nous être fait vendre des dragées par la *Jolie Mignonne*, en personne. Les deux marins sont à Paris avec Léonore, mais ils ne savent pas que Blanche y est aussi, n'est-ce pas?

— Si fait, ils le savent!

— Comment?

— Papillon et Pâquerette m'ont rencontré alors que je ramenais Blanche ici. Ils nous ont vus tous deux, ils nous ont reconnus tous deux.

— Ah! ah!
 Cela te contrarie?

— Au contraire, tout n'en marchera que mieux.

— Cependant, nous avons à cette heure à notre recherche tous les gens du ci-devant vicomte.

— Eh bien ! non-seulement il faut qu'ils nous cherchent, mais encore il faudra qu'ils nous trouvent.

— Hein ? fit Bamboula avec étonnement.

— Il s'agit, d'après mon plan, de les attirer dans une embuscade adroitement combinée, et s'ils nous cherchent, la chose ne sera que plus facile à exécuter.

Bamboula haussa les épaules.

— Faire disparaître les deux marins, dit-il ; à quoi bon ? Ils ne nous gênent en rien, eux. D'ailleurs, ils sont toujours sous le coup de la condamnation qui pèse sur eux. Pourquoi courir un danger en cherchant à nous en défaire?

— Il ne s'agit pas de nous *défaire*, dit Pick en appuyant sur ce mot, des deux marins, mais bien de laisser Léonore seule et sans défense.

Bamboula saisit la main de Pick.

— Je comprends ! s'écria-t-il.

— Les marins pris au piège, continua Pick, nous nous emparons de la demoiselle, et, le couteau sur sa gorge, nous forçons Blanche à t'épouser ; est-ce clair?

Bamboula parcourait la pièce avec agitation.

— C'est une idée, fit-il.
— Bonne! ajouta Roquefort.
— Sans doute.
— Tu approuves donc? demanda Pick.
— Maintenant, les moyens d'exécution?
— La maison de la rue aux Fèves n'est-elle pas là?
— Oui ! oui ! tu as raison. Il faut maintenant savoir à quels instants de la journée Léonore se trouve seule.

— Nous aurons la certitude de sa solitude alors que nous tiendrons les deux marins.

— Il est inutile de s'occuper d'eux.
— Comment ?
— Ton idée m'en a fait venir une autre.

Bamboula reprit son siége. Ses yeux fauves lançaient des éclairs, et un rictus, semblable à celui de la face du tigre flairant sa proie, fit grimacer son visage.

— Ecoutez, dit-il en s'adressant à ses deux interlocuteurs ; chercher à faire tomber Charles et Henri dans une embuscade, c'est le chemin le plus long pour arriver au but. C'est exciter la difficulté au lieu de la tourner adroitement. Il faudrait préparer cette embuscade, y pousser les deux marins, lutter avec eux, les tuer peut-être, c'est-à-dire perdre un temps précieux et courir les chances d'un combat. Il faut agir vite et ferme! Ce qu'il nous faut pour réussir, ce n'est pas la capture des deux jeunes gens, c'est celle de Léonore, et cette capture doit s'opérer sans bruit, sans scandale, sans rien enfin qui puisse attirer l'attention sur ceux qui l'opéreront.

— Parbleu, dit Pick, tu parles d'or. Il est évident que ce que tu proposes serait le meilleur à exécuter; mais le moyen?

— Pour amener Léonore entre nos mains sans que le marquis et le vicomte sachent même où elle est?

— Oui, comment faire?

Bamboula, sans répondre, passa dans la boutique infiniment mieux éclairée que la seconde pièce.

Il prit place au comptoir désert, attira à lui tout ce qui lui était nécessaire pour écrire et traça quelques lignes rapides sur une feuille blanche.

— Tiens! dit-il en appelant Pick près de lui et en lui tendant le papier.

Pick le prit et lut.

— Eh bien? demanda Bamboula.

— Merveilleux! répondit l'autre.

— Crois-tu qu'elle vienne!

— Sans en douter.

— Donc le point uniquement important est de faire parvenir cette lettre à Léonore, sans que le marquis ni le vicomte puissent en avoir connaissance.

— Je m'en charge.

— Qui la portera?

— Brutus ou Scœvola.

— Où sont-ils?

— Là-bas!...

— Rue aux Fèves?

Pick fit un signe affirmatif.

— Quand Léonore aura-t-elle cette lettre? demanda Bamboula.

Pick réfléchit.

— Demain, dit-il, avant trois heures, très-probablement.

— Alors, très-probablement aussi, demain avant quatre heures, Léonore sera entre nos mains.

— Et moi je me charge de contraindre Blanche.

— Et un municipal?

— Léonidas en connaît un.

— Parfait.

— Et, dit Roquefort en s'approchant, avant quinze jours la noce! Après, que ferons-nous de la sœur?

Bamboula fit une moue significative.

— On ne sait pas, dit-il.

— Elle sera bien gênante, fit observer Pick.

— Bah! on verra.

— Maintenant, reprit Roquefort, à ton tour de nous dire comment nous pouvons nous débarrasser de Camparini.

Bamboula, qui était rentré dans l'arrière-boutique, reprit l'œuf rouge qu'il avait replacé sur le poêle et le fit de nouveau danser dans sa main.

— Le moyen est là-dedans! dit-il.

— La conspiration des œufs rouges? fit Roquefort.

— Oui.

— Camparini en est?

— Il est un des chefs.

— Eh bien! fit Pick en faisant des efforts évidents pour deviner.

— Eh bien! reprit Bamboula, si Camparini est un des chefs, je suis, moi, un des conjurés. Seulement, je sais qu'il est à notre tête et lui ne sait pas que je suis affilié. Donc je connais les intentions des conspirateurs. Je sais ce qu'ils veulent faire, ce qu'ils espèrent, ce qu'ils oseront tenter. Depuis que cette conspiration est née, je la suis dans l'ombre pas à pas! Des hommes à moi se sont faits les agents indispensables des principaux chefs. Rien ne m'échappe; je sais jour par jour ce qui se passe, ce qui a été convenu et décidé. Je pressentais que cette affaire, tramée avec soin et s'étendant sur une vaste échelle, me fournirait tôt ou tard, qu'elle réussit ou non, l'occasion de me débarrasser enfin de mes plus dangereux ennemis.

— Mais, en réalité, qui conspire? demanda Pick.
— Les Jacobins.
— Pour faire une réaction terroriste?
— Sans doute.
— Mais quel est le chef suprême? le nom qui servira de drapeau?
— Il n'y en a pas encore de définitivement adopté ; c'est pourquoi on a retardé jusqu'ici le moment où la conspiration doit éclater. A la dernière assemblée, Camparini s'était fait fort de donner un chef illustre. Qui voulait-il prendre? Je ne l'ai pas deviné...
— N'a-t-il donc pas réussi? n'a-t-il pas tenu sa promesse?
— Je l'ignore.
— Il n'y a pas eu d'assemblée nouvelle depuis?
— Non, mais il y en a une ce soir même.
— Et si Camparini a trouvé le chef, le nom qui doit servir de drapeau?
— La conspiration éclatera prochainement
— Et s'il n'a rien trouvé ?
— Le temps presse, la patience manque aux jacobins opprimés : la conspiration éclatera tout de même ; seulement elle aura moins de succès.
— Eh bien? dit Pick qui écoutait avec une attention profonde.
— Eh bien! donc, poursuivit Bamboula, la conspiration éclatera. Or, de deux choses l'une, ou elle réussira, ou elle ne réussira pas. Si elle réussit, il y a en France un bouleversement général, l'anarchie règne en maîtresse absolue, la Terreur revient plus formidable encore que par le passé, et Camparini, tout-puissant, grâce à la part qu'il aura prise, Camparini, doublant les forces invisibles dont il dispose de celles que lui donnera une autorité publique, Camparini devient un géant invincible. Oh! je reconnais là son génie, je reconnais là les ressorts magiques de son infernale imagination !
— C'est un grand homme! dit Roquefort en poussant un soupir.

— C'est dommage qu'il soit notre ennemi! ajouta Pick.

— Oui! dit Bamboula; mais c'est notre ennemi, et si nous triomphons, nous serons plus grands que lui!

— Mais, pour triompher, ajouta Pick, il ne faut pas que la conspiration réussisse!

— Peut-être!

— Cependant...

— N'avons-nous donc rien à gagner à l'anarchie? dit Bamboula.

— Oh! fit Roquefort, la pêche en eau trouble.

— Mais Camparini...

— Si les Jacobins menacent les Thermidoriens, ceux-ci sont hommes à se défendre, poursuivit Bamboula. Si les Jacobins ont pour eux les Sans-culottes, les Thermidoriens seront soutenus par la *jeunesse dorée*. La moitié des sections de Paris sera pour la Convention, si les sections des faubourgs les menacent. Donc, il y aura lutte, et lutte terrible. Il faudra bien que les chefs marchent. D'ailleurs Camparini est brave, il jouera une grande partie, il voudra tenir les cartes lui-même. Tout résidera donc pour nous dans une main ferme et une arme solide.

— Tuer Camparini au milieu de l'émeute! dit Roquefort.

— Oui! répondit froidement Bamboula.

— Le tuer est impossible!

— Pourquoi?

Roquefort haussa les épaules.

— Tuer le *Roi du bagne*, dit-il, c'est vouloir se faire l'ennemi de toute l'association des enfants des galères. Quel homme sera assez brave pour tenter un tel coup? Et puis, qui en profiterait? Ne connais-tu pas les lois du bagne? Vengeance jusqu'au cinquième descendant sur celui qui aura tué un *roi des galères*! Mort pour tous les siens, pour tous ses amis, anéantissement complet. Pour dix qui manqueraient au serment fait, dix mille le tiendraient! Oh! Camparini est inattaquable en face! Il le sait bien, et c'est ce qui fait sa sécurité. Tuer le *Roi du bagne*, le trésorier de l'association, celui qui a tous les secrets, tout l'argent, tous les pouvoirs, ce serait se tuer soi-même. Pour entrer seulement en lutte avec lui, il faut avoir l'intérêt puissant que nous avons, nous! Il faut qu'il s'agisse de millions à conquérir... Et combien sommes-nous? Six peut-être, et encore, à bien prendre, nous ne sommes que trois : toi, Pick et moi, car Brutus, Scœvola et Léonidas, qui nous sont dévoués, j'en suis sûr, ne savent pas que c'est contre le *Roi du bagne* qu'ils agissent. Ils ignorent la cause qui est en jeu; ils ignorent qu'ils servent nos intérêts privés aux dépens des intérêts généraux. S'ils le savaient, ils seraient les premiers contre nous. Propose-leur un coup contre Camparini, non-seulement ils te refuseront, mais encore, pour obéir aux lois qui nous gouvernent tous, ils te vendront et, au besoin, ils te tueront! Lutter sourdement contre le *Roi du bagne* est possible à la rigueur, mais agir ouvertement, mais le tuer en pleine rue, en plein jour!... Allons! donc c'est sottise que d'y penser!

Bamboula avait écouté Roquefort sans l'interrompre.

Quand celui-ci eut achevé, l'ex-comte de Sommes haussa dédaigneusement les épaules.

— Tu entasses à plaisir obstacles sur obstacles, dit-il.

— Qui te parle de te mettre sur les bras tous les enfants des galères ? Il faut les amener à toi, au contraire!...

— Mais tu dis... fit Roquefort.

— Je dis, interrompit Bamboula, qu'il faut que Camparini disparaisse à jamais; je dis qu'il faut qu'il meure mais je n'ai jamais dit qu'il faille aller le frapper bêtement au grand jour, en pleine rue et aux yeux de tous, de façon à ce que, l'action accomplie, chacun en connaisse l'auteur.

— Cependant, pour qu'il meure, il faut bien le tuer.

— Bah ! Est-ce qu'on ne meurt que des suites d'une violence ouverte ? dit Pick.

— Et les accidents, pourquoi les comptes-tu? ajouta Bamboula.

— Le *Roi du bagne* est à l'abri des accidents, répondit Roquefort. Sa force physique prodigieuse, et jusqu'ici sans égale, le sauvegarde contre une attaque : sa dextérité à se servir de toutes les armes connues est justement devenue proverbiale. Enfin, vous savez tous qu'adoptant les anciens usages royaux pour mieux veiller à sa sécurité, il ne prend aucun aliment sans que cet aliment n'ait été essayé devant lui par deux de ses compagnons, et que chaque jour ces compagnons sont changés, afin que l'estomac d'aucun d'eux ne puisse s'habituer à un poison lent qui tuerait le *Roi du bagne.*

— Je sais tout cela, dit Bamboula avec impatience. Mais si Camparini est de force, je le reconnais, à triompher dans une lutte, quelque inégale qu'elle soit, s'il manie l'épée mieux que Saint-Georges, et s'il colle au pistolet vingt-cinq balles les unes sur les autres, ainsi que je le lui ai vu faire plusieurs fois ; si enfin le poison ne peut atteindre jusqu'à lui, il sort, il se promène, il se sert d'armes, il se lève, il se couche, donc il est exposé à ces mille accidents qui menacent à chaque minute la vie humaine!

Une pierre ne peut-elle lui tomber sur la tête? Un trou ne peut-il se pratiquer sous ses pieds ? Une arme ne peut-elle éclater dans sa main? Une voiture ne peut-elle l'écraser ? Une balle, dirigée ostensiblement sur un autre, ne peut-elle le tuer en ricochant ?

— C'est difficile.

— Soit! mais c'est possible ?

— Il faudrait l'un de ces hasards...

— D'autant plus facile à diriger, interrompit Bamboula, qu'on l'a fait naître. Tout gît dans l'adresse.

— Et tu es adroit, ajouta Pick qui prêtait l'attention la plus soutenue à ce que disait Bamboula.

— Or, reprit celui-ci, en temps d'émeutes, au milieu des insurrections, ces hasards sont incessants. Je suppose que la conspiration éclate, je suppose que la Convention soit menacée. Parmi les défenseurs du pouvoir actuel, parmi les Thermidoriens, ne peut-il se trouver l'un de ces hommes qui ne reculent devant rien pour faire triompher la cause à laquelle ils sont attachés! Eh bien! que cet homme, poussé par sa passion politique, connaisse la marche de l'insurrection, qu'il devine (et cela lui serait facile) l'endroit par lequel se précipitera la foule, conduite par ses chefs, pour envahir l'Assemblée. Qu'il ait sapé une maison qui s'écroule, qu'il ait miné une chaussée qui éclate. D'un même coup tous les chefs et une partie des émeutiers seront anéantis. Qui accusera-t-on d'avoir voulu tuer un seul homme? Quels enfants des galères supposeront que cette machination a été dirigée contre le *Roi du bagne?*

— C'est vrai ! dit Roquefort en réfléchissant.

— Et, continua Bamboula en s'animant de plus en plus, sans avoir recours même à ces moyens extrêmes, mille autres accidents ne peuvent-ils pas atteindre un homme au milieu de ce cataclysme social?

— Ouï! oui! dit Pick.

— On n'a qu'à chercher...

— Et on trouvera!

— Eh bien! reprit Pick, l'insurrection a éclaté, le moyen a été trouvé, Camparini est mort, après?...

— Il faut un successeur au *Roi du bagne,* dit Bamboula.

— Et ce successeur serait?...

— L'un de nous !

— C'est-à-dire toi !

Bamboula regarda ses deux interlocuteurs.

— En connais-tu un plus digne de l'être? fit-il.

Les deux hommes secouèrent la tête.

— J'apporterais dans la caisse de l'association les millions des Niorres, joints aux millions des d'Horbigny!

Pick et Roquefort se consultaient du regard; puis après un moment de silence, tous deux tendirent à la fois la main à Bamboula.

— C'est dit ! firent-ils d'une même voix.

— Vous serez mes lieutenants! fit Bamboula. A nous trois la puissance, les richesses, le bonheur de réaliser les impossibilités !

— Donc, reprit Pick, l'insurrection éclate, Camparini meurt par accident, il faut un chef aux enfants des galères, tu es nommé ! après ?

— Crois-tu que la citoyenne d'Horbigny puisse lutter ensuite ! Elle restitue les millions qu'on lui arrache en prouvant la substitution de l'enfant : ces millions deviennent la fortune de Blanche en vertu de la donation faite par Mlle de Morandes, et, comme je te le disais, je joins ces millions à ceux des Niorres, et grâce au renversement des Thermidoriens, nous nageons en pleine richesse et en pleine anarchie.

— Bien, mais maintenant si l'insurrection est repoussée...

— Camparini n'en sera pas moins mort.

— Mais notre situation politique, à nous ?... Elle est assez importante par le temps qui court, cette situation !

— Elle est facile à établir d'avance.

— Comment ?

— Je suis affilié à une conspiration, et je la sers.

— Sans doute.

— Toi, tu seras affilié ce soir à cette même conspiration, et tu la trahiras !

— Je préviendrai Fouché ?

— Dès demain.

— Bravo ! je comprends.

— C'est heureux. Que la conspiration réussisse, Camparini disparu, je deviens l'un des chefs et je t'assure l'impunité, à toi qui auras trahi. Que la conspiration échoue, je m'efface, et toi qui as prévenu l'autorité, tu me présentes à elle comme un sauveur de la patrie, car alors ce sera moi qui t'aurai poussé à agir... C'est compris ?

— A merveille ! dirent à la fois les deux hommes.

— Eh bien ! maintenant tout est prévu. Il ne s'agit que de faire parvenir à Léonore cette lettre que je viens d'écrire. Elle viendra, Blanche cédera, je l'épouserai, et...

— A nous enfin les millions ! s'écria Roquefort. Seulement...

— Quoi ? demanda Bamboula qui s'était levé.

— J'ai une vengeance particulière à exercer !

— Contre qui ?

— Contre Brune.

— Le général ?

— Oui ; toutes les fois que cet homme s'est trouvé sur ma route, il m'a écrasé.

— Eh bien! laisse-nous réussir; une fois puissants, nous trouverons facilement à faire naître une accusation...

— Oh! fit Roquefort avec un accent de haine et d férocité indescriptibles, je veux qu'il meure ignominieusement.

— Je te l'abandonne d'autant plus volontiers qu'il a té contre nous un adversaire implacable, lui et Fouché!

— Fouché!... fit Pick; son heure n'est pas venue à celui-là!

— Non, dit Bamboula, mais elle viendra!

Les trois hommes s'étaient levés et s'apprêtaient à se séparer.

— Tu me conduiras ce soir parmi les conjurés? dit Pick en s'adressant à Bamboula.

— Non, pas moi, je ne veux pas me montrer, répondit vivement l'ex-comte de Sommes. Je donnerai des instructions à Brutus, et c'est lui qui te présentera. Mais emploie toutes les ruses pour te déguiser : Camparini sera là, il ne faut pas qu'il te devine ; il nous croit encore à Brest, je le sais, et je me suis arrangé de façon à ce que cette conviction ne lui fasse pas défaut, mais il a un coup d'œil d'une pénétration extraordinaire; s'il peut te soupçonner, s'il a seulement un doute, il ne peut supposer encore nos intentions, mais il est homme à lire clairement dans notre jeu s'il voit seulement le dos de nos cartes. Donc, redouble de précaution et ce soir ici, à huit heures et demie!

Pick fit un signe d'assentiment.

FIN.

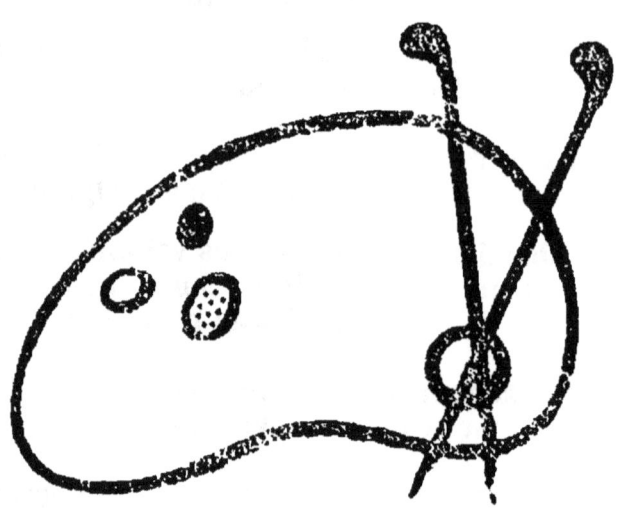

Original en couleur

NF Z 43-120-8

www.ingramcontent.com/pod-product-compliance
Lightning Source LLC
Chambersburg PA
CBHW050318170426
43200CB00009BA/1375